현대 한국 지성의 모험

100년의 기억, 100년의 미래

현대 한국 지성의 모험

모험

100년의 기억, 100년의 미래

김호기 지음

메디치

김진헌(1923~2005)과 우종순(1926~1985)

우리 현대의 역사를 묵묵히 살아오신 부모님께

기억과 사랑 그리고 그리움을 담아

머리말:
100년에서 100년으로의 한국 지성사

이 책은 우리 현대 지성의 역사를 인물과 그의 대표 저작을 중심
으로 살펴보는 데 그 목적이 있다. 우리 현대사를 움직여온 사유와
담론, 이를 포괄하는 지성을 미래지향적으로 성찰함으로써 우리 사
회의 선 자리와 갈 길을 탐색해 보고자 한다.

우리 역사에서 지난 100년은 '대한민국'의 역사였다. '대한민국'
이 본격적으로 표방된 것은 1919년 4월 11일 대한민국 임시정부 수
립에서였다. '대한(大韓)'이 뜻하는 바는 '우리나라'이고, '민국(民
國)'이 의미하는 바는 '국민이 주인'인 나라다. '대한민국'이란 '국민
이 주인인 우리나라'라는 의미를 담고 있다.

주목할 것은 대한민국을 앞세운 임시정부가 3·1운동의 정신
을 계승했다는 점이다. 3·1운동의 가장 중요한 의의는 일제 식민지

배에 맞서서 민족해방과 민족자결을 요구한 것에서 찾을 수 있다. 3·1운동과 임시정부 수립은 우리 역사에서 현대 민족주의와 민주주의의 출발점을 이뤘다.

그렇다면 이런 대한민국의 역사를 어떻게 봐야 할까. 역사란 본디 과거에 대한 기억이다. 이 기억은 실존적 기억과 집합적 기억으로 나뉜다. 실존적 기억은 개인의 삶을 이끌어가는 원동력이다. 사랑과 미움, 성공과 좌절, 고독과 연대에 대한 실존적 기억은 현재의 삶을 돌아보게 하고 미래의 삶에 용기를 준다.

집합적 기억은 크고 작은 공동체가 공유하는 기억이다. 3·1운동과 임시정부, 일제 식민지배와 민족해방운동, 광복과 분단, 산업화와 민주화에 대한 집합적 기억은 대한민국이라는 공동체를 더 나은 미래로 이끄는 성찰의 출발점을 제공한다. 역사의 기억이 중요한 까닭이 여기에 있다.

이 책에서 내가 전하려는 것은 이러한 기억에 대한 지식인의 책무다. 진리를 탐구하는 이들에게 부여된 중요한 과제 중 하나는 잊어서는 안 될 과거의 기억들을 소환하고 다음 세대에게 전승하는 것임은 두말할 필요가 없다.

이 책에서 다룬 60명의 인물들은 바로 그 기억의 지식인들이다. 몇몇 사람들은 지식인의 범위를 넘어선다. 이승만, 김구, 안창호, 이은숙, 여운형, 박정희, 김영삼, 김대중, 노무현은 독립운동가 또는 정치가라는 이름이 더 잘 어울린다. 하지만 이들이 지식사회에 미친 영향은 결코 작지 않다.

이들 독립운동가와 정치가를 주목한 까닭은 '시대정신'에 있다. 지난 100년 우리 현대사를 이끌어온 시대정신은 세 가지였다. 첫째는 독립된 국가와 사회를 이루려는 민족해방이다. 둘째는 빈곤으로부터 벗어나려는 산업화다. 셋째는 자유·평등·인권을 누리려는 민주화다. 민족해방과 산업화와 민주화는 독립운동가, 정치가, 그리고 지식인들의 삶을 끌고 또 밀어온 시대정신이었다.

이승만, 김구, 안창호, 이은숙, 여운형 등은 모두 민족해방에 순정한 열망을 품고 있었다. 그리고 1945년 광복을 이룬 다음 우리 정치가들은 새로운 국가와 사회를 위한 경제적 산업화와 정치적 민주화에 매진했다. 박정희가 산업화를 상징하는 정치가였다면, 김영삼과 김대중과 노무현은 민주화를 상징하는 정치가였다. '지긋지긋한 가난'에서 벗어나고 '사람 사는 세상'을 일궈가는 것보다 더 중요한 시대정신은 없었다. 그렇다면 이제 어디로 가야 하는 걸까.

"나는 우리나라가 세계에서 가장 아름다운 나라가 되기를 원한다. (…) 오직 한없이 가지고 싶은 것은 높은 문화의 힘이다. 문화의 힘은 우리 자신을 행복하게 하고 나아가서 남에게 행복을 주겠기 때문이다."

해방된 조국으로 돌아온 후 김구가 남긴 간절한 바람이다. 김구는 우리와 다른 나라에 모두 행복을 안겨주는 문화국가를 꿈꿨다. 동북아는 물론 인류의 평화와 번영에 기여하는 문화국가는 대한민국 미래 100년에서 추구해야 할 궁극적 목표일 것이다.

민족해방, 산업화, 민주화에 대한 열망이 제도적 차원에서 사회변동을 이끌어왔다면, 존재의 위안과 구원과 해방에 대한 소망은 개인적 차원에서 우리 삶을 계몽해왔다. 삶이란 자신에게 부여된 의미를 추구한다는 점에서 종교적이며 철학적일 수밖에 없다. 나는 누구인가, 어떤 삶이 바람직한 것인가는 우리 현대사에서도 반복해 던져진 질문들이었다. 지식인 함석헌, 박종홍, 김수환, 법정, 김형석, 신영복의 기여는 바로 여기에 있었다.

돌아보면 지난 100년은 자본주의라는 현대성의 역사였다. 이 과정에서 나타난 소외, 불평등, 관료화 등 넘치는 지상의 비명들은 기독교적 사랑이든 불교적 해탈이든 철학적 자각이든 존재의 위안과 구원과 해방을 소망하게 했다. 인간은 본래 연약하고 외로운 미완성의 존재다. 이런 삶의 위안과 구원과 해방을 향한 김수환, 법정, 신영복의 언어는 쉽게 탈색하지 않을 소중한 기억들이었다.

기억해야 할 또 다른 이름들은 예술가의 존재들이다. 이 책에서 다루는 예술가들은 시인, 소설가, 문학평론가들이다. 한용운, 이광수, 이육사, 윤동주, 황순원, 김수영, 박경리, 최인훈, 김윤식, 김우창, 조세희, 박완서, 박노해, 한강이 바로 그들이다.

예술은 존재에 대한 사려 깊은 이해와 인생에 대한 의미 있는 실천을 이끈다. 나아가 예술은 자기 사회의 새로운 방향을 모색하는 데 타자와 공유할 수 있는 공감과 연대를 선물한다. 예를 들어, 민족해방과 존재 해방을 추구한 한용운, 지난 20세기 우리가 어떻게 살았는지를 돌아본 박경리, 가부장적 폭력과 후기현대적 규율을 성찰한 한강은 우리 현대 지성의 빛나는 성취의 하나로 평가할 수 있다.

우리 현대 지성사를 이끌어온 또 하나의 흐름은 역사학자들과 사회과학자들의 탐구였다. 반만년에 이르는 전체 역사와 근대 이후 진행된 역사를 어떻게 볼 것인지에 대해선 역사학자 신채호, 김성칠, 이기백, 김용섭, 강만길의 기여가 결코 작지 않았다. 민족주의가 민주주의와 함께 우리 현대성을 이끌어온 가장 중요한 사상적 원천이었다면, 역사학자들은 이 민족주의에 새로운 해석과 생명을 불어넣었다.

역사학의 시선이 우리나라에만 맞춰진 것은 아니다. 서양사학자 주경철은 서구 근대 역사에 대한 탐구를 통해 우리의 시야를 넓혀줬다. 동양사학자 민두기를 포함해 더 많은 역사학자들의 연구를 살펴보지 못한 게 아쉬움으로 남는다.

우리 현대사에 대한 사회과학자들의 기여에서 주목한 점은 산업화와 민주화, 분단과 통일, 법과 제도, 사회구조와 문화변동, 페미니즘과 생태학에 대한 탐구였다. 이 기획에서 다룬 나혜석, 유진오, 이용희, 장일순, 리영희, 이어령, 박현채, 이효재, 한완상, 백낙청, 최장집, 박세일, 정운찬, 김종철, 유홍준, 임혁백, 손호철, 조희연, 함재봉, 안승준, 강상중, 신기욱, 장하준은 이러한 연구들을 대표했다.

유진오의 헌법론, 이효재의 여성해방론, 백낙청의 분단체제론, 최장집의 민주주의론, 박세일의 선진화론, 김종철의 생태학, 장하준의 발전국가론 등은 광복 이후 우리 현대사에 대한 심도 깊은 이해를 제공했을 뿐만 아니라 우리 사회의 나아가야 할 방향을 제시했다. 과거 100년이 '민주공화국'을 일궈왔다면, 미래 100년은 이 민주공화국을 풍요롭게 해야 한다.

지성의 역사를 인문학과 사회과학이 독점할 순 없다. 이 책이 갖는 아쉬움의 하나는 생물학자 석주명과 최재천을 제외하곤 자연과학자를 소홀히 다뤘다는 점이다. 자연과학에 대한 내 공부가 부족한 탓이다. 앞으로 기회가 주어진다면 좀 더 풍부히 다룰 것임을 약속드린다.

이제 우리 사회 앞에는 새로운 미래 100년이 기다리고 있다. 3·1 운동부터 시작한 지난 100여 년이 결코 짧은 시간은 아니다. 지난 100년을 돌아봐도 일제강점기, 광복, 산업화, 민주화의 사회변동이 이어졌다. 새롭게 펼쳐질 미래 100년의 역사는 크게 '단중기 미래'와 '중장기 미래'로 구분해볼 수 있다.

단중기 미래는 지난해 맞이한 '민주공화국 100년'과 2045년에 맞이할 '광복 100년' 사이의 기간이다. 이 단중기 미래에 우리 사회는 산업화와 민주화를 토대로 성숙한 국가와 사회를 열어가야 할 과제를 안고 있다. 경제·사회적으로 완전한 선진국으로의 공고화, 동북아의 협력과 번영을 주도하는 중추국가로의 도약이 그 양대 과제를 이룰 것이다.

중장기 미래는 '민주공화국 200년'으로 가는 기간이다. 100년에서 100년으로 가는 이 기간에 우리 사회는 단중기 미래를 기반으로 중장기 미래 비전을 모색하고 추구해 가야 한다. 인류 평화와 번영을 선도하는 문화국가로의 부상은 중장기 미래의 중심 비전으로 삼을 수 있을 것이다.

미래는 과거 기억의 현재적 성찰을 바탕으로 새로운 역사를 일궈나가는 과정이다. 기억은 지나간 역사의 증거인 동시에 새로운 역사에 용기를 선사한다. 지난 100년 우리 현대 지성의 고투에 대한 기억이 새로운 100년을 향한 용기를 안겨주길 나는 소망한다.

이 책에 실린 글들은 2018년 2월부터 2019년 5월까지 매주 연재한 한국일보 기획 '김호기의 100년에서 100년으로'에 바탕하고 있다. 원고를 정리하면서 다소 수정하고 보완했음을 밝힌다.

마지막으로 이 책을 내는 데 도움을 준 이들을 기억하고 싶다. 이 기획을 마련해준 한국일보 이성철 콘텐츠본부장과 이태규 편집국장에게 감사를 드린다. 담당기자였던 조태성 문화부장과 강윤주 기자에게도 고마움을 전한다. 물론 책의 내용에서 잘못된 부분이 있다면 전적으로 나의 책임임을 밝혀둔다.

2020년 8월

김호기

차례

머리말: 100년에서 100년으로의 한국 지성사

I. 독립운동가와 나라 세우기

II. 종교와 철학

III. 문학 1: 시

IV. 문학 2: 소설과 평론

V. 역사

I. 독립운동가와 나라 세우기

1. 김구:
《백범일지》와 민족주의의 미래

사상과 정치는 불가분의 관계를 맺는다. 사상의 궁극적 목표가 개인과 사회를 변화시키는 데 있다면, 정치는 그 개인과 사회를 바꿀 수 있는 구체적 힘이다. 그래서 사상은 정치에, 동시에 정치는 사상에 큰 영향을 미친다.

지성사의 시각에서 볼 때 지난 100년 동안 활동한 정치가들 가운데 누구를 주목할 수 있을까. 이승만, 김구, 여운형, 박정희, 김대중, 노무현을 먼저 떠올릴 수 있지 않을까. 이들에 대한 평가는 사람에 따라 다를 수 있다. 그러나 이들이 우리 사회의 현실·이념·사상에 결코 작지 않은 영향력을 행사해온 것은 분명해 보인다.

바로 이런 이유 때문에 나는 이 책에서 몇 사람의 정치가들을 다뤄보고자 한다. 가장 먼저 주목하고 싶은 이는 김구다. 까닭은 세

가지다. 첫째, 김구는 지난 100년 동안 가장 넓고 깊게 존경받아온 독립운동가였다. 둘째, 그의 민족주의는 우리 현대사에 큰 영향을 미쳐온 이념이었다. 셋째, 그가 삶의 마지막에서 추구했던 통일국가는 여전히 중대한 미완의 과제다.

독립정부의 문지기라도 되고 싶다던 김구는 광복을 이룬 조국에 돌아온 지 4년이 지난 후 세상을 떠났다. 김구의 삶은 고난과 저항으로 점철된 인생이었다. 그는 이승만처럼 '이승만 시대'를, 박정희처럼 '박정희 시대'를 열지 못했다. 그러나 그가 평생을 걸쳐 증거한 민족독립의 열망은 지난 20세기 전반 우리 민족이 걸어온 길을 비춘 정신의 광채 중 하나였다. 이 광채가 담긴 저작이 바로 《백범일지(白凡逸志)》다.

동학 접주에서 독립투쟁 지도자로

《백범일지》는 김구의 자서전이다. 원본은 국한문 혼용으로 집필됐다. 1947년 처음 출간된 후 널리 읽혀왔다. 1994년 김구의 아들 김신이 원본을 공개했고, 이를 바탕으로 역사학자 도진순은 1997년 주해본 《백범일지》를 펴냈다. 도진순은 2016년에 다시 정본 《백범일지》를 내놓았다.

많은 국민이 《백범일지》를 읽어온 까닭은 뭘까. 김구를 민족지도자로 존경했기 때문일 것이다. 이 못지않게 주목할 것은 《백범일지》가 여느 자서전들과 다르다는 점이다. 《백범일지》는 자신의 모든 것을 솔직히 고백하고 기록함으로써 19세기 후반부터 20세기 전반까지 김구 개인사와 우리 민족사를 생생히 만날 수 있게 한다.

《백범일지》는 '상권'과 '하권', 그리고 '나의 소원'으로 이뤄져 있다. 1876년 황해도 해주에서 태어난 김구의 본명은 김창암이었다. 김창암은 양반을 꿈꾸던 상놈이었다. 동학에 입문해 김창암은 김창수로 개명하고 접주가 됐으며, 김창수는 황해도 동학농민운동에 참여했다. 김창수는 명성황후 시해에 대한 복수의 일환으로 일본인을 죽였고, 김구(金龜)로 개명했다. 김구는 기독교를 받아들였으며, 애국계몽주의의 민권 사상과 일제에 맞서는 국권 사상을 배웠다. 이름을 다시 김구(金九)로 바꾼 그는 1919년 중국으로 망명해 상해 임시정부에 참여했다. 임시정부에서 경무국장·내무총장·국무령을 맡았고, 이봉창 의거와 윤봉길 의거를 주도했다. 1930년대 이후 임시정부를 대표하고 주석에 취임했으며, 광복군 창설 등 독립투쟁을 이끌었다. 1945년 광복이 이뤄지자 11월 그리운 조국으로 돌아왔다.

이처럼 김구는 반봉건·반외세를 외친 동학의 접주였고, 애국계몽을 내세운 교육운동가였으며, 민족독립을 추구한 독립운동가였다. 김구의 삶은 개인적 차원뿐 아니라 국가적 차원에서 민족이 헤쳐온 가시밭길을 상징했다.《백범일지》를 읽노라면 우리는 한민족이란 누구이고, 나라 사랑이란 무엇인가의 질문들과 조우할 수밖에 없다. 그리고 민족과 애국의 현재적 의미를 성찰하게 된다.《백범일지》가 안겨주는 선물이다.

김구의 민족주의에 담긴 의미

김구의 사상을 잘 드러낸 글은《백범일지》말미에 실린 '나의 소원'이다. '나의 소원'은 '민족국가', '정치 이념', '내가 원하는 우리나라'로 나눠져 있다. 김구는 말한다.

"오늘날 소위 좌우익이란 것도 결국 영원한 혈통의 바다에 일어나는 일시적인 풍파에 불과하다는 것을 잊어서는 아니 된다. (…) 혈통적 민족만은 영원히 성쇠흥망의 공동 운명의 인연에 얽힌 한 몸으로 이 땅 위에 남는 것이다. (…) 현실의 진리는 민족마다 최선의 국가를 이루어 최선의 문화를 낳아 길러서 다른 민족과 서로 바꾸고 서로 돕는 일이다. 이것이 내가 믿고 있는 민주주의요, 이것이 인류의 현단계에서는 가장 확실한 진리다."

김구의 민족주의 사상을 집약한 말이다. 도진순은 김구의 민족주의가 혈연을 기반으로 하는 단일민족론, 문화와 역사의 공통성을 강조하는 문화민족론으로 구성돼 있고, 이 민족주의가 내부적으론 자유민주주의, 남북 간에는 민족단결론, 대외적으론 열린 민족주의와 연결돼 있다고 정리했다.

현재의 시점에서 민족에 대한 김구의 혈통주의적 접근은 방어적 민족주의론으로 볼 수 있다. 세계화에 따른 다문화사회의 도래를 고려할 때는 더욱 그러하다. 그러나 일제강점기와 해방 공간이라는 당대의 시점에서 완전한 독립국가의 건설은 더없이 중대한 민족적 과제였다. 지난 20세기 전반 우리 민족은 억압됐고, 상처받았으며, 자기 운명을 스스로 결정할 수 없었다.

인간은 본디 복수적 자아들로 구성된다. 실존적 자아, 민족적 자아, 지구적 자아가 그것이다. 1945년 이후 전후 시대가 막 열렸던 당시 우리나라에 가장 시급한 과제는 새로운 국가와 사회를 건설하는 것이었고, 민족은 의당 그 주체일 수밖에 없었던 것으로 보인다. 김구의 민족주의가 안겨주는 울림이 컸던 이유다.

《백범일지》를 출간한 이듬해인 1948년 김구는 통일정부 수립을 요구한 '3천만 동포에게 읍고함'을 발표했다. 그리고 김규식과 함께 평양을 방문해 남북연석회의에 참여했다. 김구의 남북협상은 국민들로부터 큰 지지를 받았지만 결국 좌절됐다. 1949년 6월 김구는 안두희의 총탄에 맞아 운명했다.

역사학자 서중석은 《한국 현대사 60년》에서 다음과 같이 적었다. "김구는 이승만의 가장 유력한 정치 라이벌이었고, 1948년에 남북협상을 주장한 이래 통일독립운동의 민족적 지주로 존경을 받았다. 김구의 장례 행렬에는 무려 50만여 명이나 참여해 역사상 최대 인파를 기록했다." 강화도조약이 맺어진 해에 태어난 김구는 대한민국 정부가 수립된 이듬해에 이렇게 안타깝게 세상을 떠났다.

민족주의의 미래

김구의 사상은 혈통과 문화와 역사를 중시한 민족주의였다. 민족주의는 민주주의와 함께 광복 이후 우리 사회를 이끌어온 이념이었다. 21세기에 들어와서도 민족주의는 여전히 강력한 힘을 발휘한다.

서구 지식사회에서 민족주의에는 두 이론적 전통이 맞서왔다.

바로 영속주의와 현대주의다. 영속주의가 민족을 과거로부터 이어진 영원하고 불변하는 존재로 본다면, 현대주의는 민족을 현대성의 발명품으로 파악한다. 민족의 기원을 고대나 중세로부터 찾는 게 영속주의이며, 근대화가 민족주의를 만들고 이 민족주의가 민족을 창조했다고 보는 게 현대주의다.

주목할 것은, 서구 민족주의와 비서구 민족주의 사이에 상당한 차이가 존재한다는 점이다. 비서구 민족주의의 경우 반제국주의 성향이 두드러지고 민족의 역사성이 강조된다. 김구의 민족주의는 이러한 전통 속에서 배태됐다. 우리 역사를 돌아보면, 서구와 달리 근대 이전에 민족과 민족주의는 실재했다고 보는 게 온당하다. 사회학자 신용하는 우리 역사에서 민족이 먼저 형성되고 이어서 민족주의가 출현했다고 분석한 바 있다.

그렇다면 21세기 현재 민족주의의 미래를 어떻게 볼 수 있을까. 한편에선 세계화 시대가 열린 이후 서로 다른 민족주의들이 격렬히 충돌하고 있다. 하지만 다른 한편에선 세계시민사회의 등장과 다문화사회의 도래에서 볼 수 있듯, 민족주의의 배타성이 시험대 위에 올라서 있다.

분명한 것은, 강대국과 약소국이 경쟁하는 지구적 차원에서 민족주의를 일방적으로 거부할 수만은 없다는 점이다. 미국과 중국이 주도하는 G2 시대에 민족주의는 그 의미를 상실하지 않은 정치적 기획이라 할 수 있다. 그러나 그렇다고 해서 민족주의에 내재된 권위주의와 인종주의를 승인해서도 안 된다. 민족주의의 배타성과 폐쇄성은 극복돼야 한다. 민족적 정체성과 세계시민적 정체성을 어떻게 생산적으로 공존시킬 것인지는 새로운 100년으로 가는 우리 사회에 부여된 매우 중대한 과제의 하나라고 나는 생각한다.

乙酉文庫 120

島山安昌浩論説集

安昌浩著

乙酉文化社

2. 안창호:
《도산 안창호 논설집》과 청년의 미래

우리 현대사에서 대표적인 독립운동가로 꼽히는 이들은 김구, 안중근, 윤봉길, 유관순, 그리고 안창호이지 않을까. 이승만, 이회영, 신채호, 김규식, 여운형을 떠올리는 이들도 있을 것이다. 이들 가운데 특히 일제강점기에 안타깝게 세상을 떠난 이들을 생각하면 더없이 마음이 시리다. 민족독립을 누구보다 간절히 소망했었을 안중근, 윤봉길, 유관순, 안창호, 이회영, 신채호는 광복을 끝내 보지 못했다.

1932년 안창호는 윤봉길 의거가 일어난 날 상하이에서 일본 경찰에 체포됐다. 국내로 압송돼 3년의 옥고를 치렀다. 그리고 1937년 동우회 사건으로 다시 투옥됐다. 건강이 악화된 그는 경성제국대학병원에 옮겨졌다가 1938년 3월 결국 세상을 떠났다. 1897년 독립협회에 가입해 독립운동에 발을 들여놓았던 그는 40여 년 동안 민족독립 추구와 독립국가 건설이란 한길을 걸어왔다.

안창호는 사회운동가이자 정치가였고, 교육자이자 사상가였다. 그는 독립운동은 물론 독립사상에도 큰 영향을 미쳤다. 다른 독립운동가와 비교해 안창호는 교육과 청년을 중시했다. 그가 창립을 주도했던 흥사단은 오늘날에도 시민단체의 하나로 활발한 활동을 벌이고 있다. 이처럼 안창호는 과거의 인물인 동시에 현재의 인물이기도 하다.

안창호의 생애와 사상

안창호는 1878년 평남 강서에서 태어났다. 구세학당에 다녔고, 독립협회에 들어가 독립운동에 발을 내디뎠다. 1902년 미국 샌프란시스코로 유학을 떠났고, 현지에서 한인친목회를 조직해 회장이 됐다. 1905년 을사조약이 체결되자 귀국해 신민회를 조직하고 평양 대성학교를 설립하는 등 독립운동과 교육운동을 펼쳤다. 1911년 다시 미국으로 건너가 대한국민회 중앙총회를 조직하고 흥사단을 창립하는 활동을 전개했다.

안창호의 독립운동에서 전환점을 이룬 것은 대한민국 임시정부였다. 1919년 4월 상하이에서 출범한 임시정부에서 안창호는 내무총장 겸 국무총리 서리를 맡았다. 그는 3개 임시정부(상하이, 한성, 대한국민의회)의 통합을 추진했고, 통합 임시정부에선 노동국총판에 취임했다. 그의 구상은 임시정부를 중심으로 단결하고 외국과 동맹을 맺어 독립운동의 토대를 구축하는 데 있었다.

안창호의 생애와 사상을 살펴볼 수 있는 저작들은 많다. 흥사단 홈페이지에는 주요한의《안도산전서》, 장리욱의《도산의 인격과 생애》, 안병욱의《민족의 스승 도산 안창호》, 이광수의《도산 안창호》가 소개돼 있다. 도산안창호선생기념사업회는 2001년 총 14권으로 이뤄진《도산안창호전집》을 내놓았다.

여기서 주목하려는 책은 1973년 을유문화사에서 나온《도산 안창호 논설집》이다. 안창호가 펼쳤던 논설과 연설들을 모은 저작이다. 이광수의 서문과 최남선의 발문이 달려 있다. 이 책은 1970년대 초반에 출간된 만큼 주요한·안병욱의 저작과 함께 안창호의 사상을 알리는 데 작지 않게 기여했다.

안창호의 사상을 이 짧은 글에서 모두 다루기는 어렵다. 내가 주목하려는 것은 국민주권과 준비론에 관한 그의 생각이다. 먼저 국민주권에 대해 안창호는 말한다.

"우리의 권능은 세 가지 있소. (…) 우리가 우리 주권을 잃고 사는 것은 죽은 것만 못함이오. 그러므로 우리는 최후의 핏방울까지 흘려 이것을 찾아야겠소. (…) 한반도 위에 모범적 공화국을 세워 2천만으로 하여금 천연의 복락을 누리려 함이오. (…) 우리가 신공화국을 건설하는 날이 동양 평화가 견고하여지는 날이요. 동양 평화가 있어야 세계 평화가 있겠소."

1919년 6월 행한 연설 '내무총장에 취임하면서'에 나오는 구절이다. 안창호가 강조하려는 것은 민주공화국 정신이었다. 1919년 4월 11일 선포된 대한민국 임시헌장 제1조는 "대한민국은 민주공화제로 함"이었다. 민주공화국이란 개념은 귀족공화국에 대비되는, 그 주권이 바로 국민에게 있다는 것을 부각한다. 이렇듯 국민주권은 안창호 독립운동을 지탱하는 가장 중요한 사상적 거점이었다.

안창호 독립사상의 의의

안창호의 독립사상에서 주목할 또 하나는 이른바 준비론이었다. 준비론은 독립운동 전선을 정비해 결정적 시기에 대비하자는 논리였다. 이 준비론은 일제와 타협하는 소극적 노선이 아니라 실력을 양성함으로써 독립전쟁을 주도하자는 적극적 노선이었다. 실력 양성을 위해 안창호는 민족혁신을 주목했고, 이 민족혁신을 위해 '무실(務實)·역행(力行)·충의(忠義)·용감(勇敢)'이라는 자기개조를 강조했다.

안창호의 사상에 대해선 그동안 비판이 없지 않았다. 안창호는 타협적 점진주의자였고, 이러한 노선은 결국 친일파로 귀결됐다는 게 그 핵심이었다. 이러한 비판은 안창호로부터 큰 영향을 받은 이광수의《민족개조론》을 그 구체적인 사례로 꼽았다.

그러나 이러한 평가에 대해 반론이 제시됐다. 안창호가 준비와 실력양성만 강조한 게 아니라 독립투쟁과 전쟁 또한 주장했다는 게 그 핵심이었다. 안창호가 남긴 논설과 연설을 두루 고려할 때 안창호의 독립사상에는 준비론과 투쟁론이 결합돼 있었던 것으로 보인다. 1919년 6월 그는 "원망도 말고, 시기도 말고, 딴 집 세우지 말고, 무슨 일을 당하든지 지금은 다만 한곳으로 모여 돈을 모으고, 통일·외교·전쟁 세 가지를 잘해나가자"고 말했다. 안창호는 민족통일전선을 위한 사상으로 '대공주의(大公主義)'를 주창하기도 했다.

안창호의 독립운동은 정치·경제·문화·언론을 망라한다. 역사학자 이명화에 따르면, 독립협회 관서지회, 공립협회, 국민회, 미주대한신민회, 국내 신민회, 대한인국민회, 대한적십자회, 시사책진회, 한국노병회, 한국독립당, 공립신보, 독립신문(상하이판), 동광, 점진학교, 평양 대성학교, 상하이 인성학교, 난징 동명학교, 북미 클레어몬트 학생양성소, 태극서관, 청년학우회, 흥사단, 흥사단 원동임시위원회, 동우회, 그리고 무엇보다 대한민국 임시정부는 그가 주도하거나 참여했던 조직들이었다.

안창호의 독립운동은 태평양 양쪽 모두에 걸쳐 있었다. 역사학자 윤병석이 지적하듯, 안창호는 국내에서 애국계몽운동을, 미주에서 민족운동을, 중국에서 민족독립운동을 벌였다. 이러한 운동들에 헌신했던 안창호의 사상은 민족독립을 위한 민족주의와 국민주권을 위한 민주주의를 양 축으로 삼았다. 시대정신의 관점에서 안창호가 남긴 민족주의와 민주주의를 올바로 계승하고 새롭게 혁신하는 것은 21세기 현재 중대한 과제라고 나는 생각한다.

청년의 미래

안창호가 심혈을 기울인 것 가운데 하나는 청년운동이다. 그는 청년학우회를 결성했고, 이를 계승하는 흥사단을 창립했다. 1913년 이국 땅 샌프란시스코에서 민족의 자주독립과 번영을 위해 출범한 단체가 흥사단이었다.

"우리 단의 목적은 무실역행으로 생명을 삼는 충의남녀(忠義男女)를 단합하여 정의(情誼)를 돈수(敦修)하며 덕(德)·체(體)·지(智) 삼육을 동맹수련하여 건전한 인격을 지으며 신성한 단체를 이루어 우리 민족 전도번영(前途繁榮)의 기초를 수립함에 있다."

흥사단 약법 제2조다. 이 내용은 안창호가 직접 작성한 것을 약간 수정한 것이다. 이처럼 안창호는 독립운동과 건국사업에 헌신할 지도적 인물들을 양성하기 위한 교육운동과 청년운동을 주창하고 실천했다.

청년이 나라의 미래임은 두말할 필요가 없다. 그런데 문제는 이 청년의 미래가 현재 대단히 불투명하다는 데 있다. 우리 사회에선 몇 해 전부터 청년세대를 지칭하는 말로 '삼포(연애·결혼·출산 포기) 세대', '사포(삼포 + 취업 준비로 인한 인간관계 포기) 세대', 나아가 '오포(사포 + 내 집 마련 포기) 세대'라는 말이 유행해왔다. 청년의 암울한 현실을 드러내는 표현이다.

주목할 것은 이러한 청년세대의 고통에 기성세대의 책임이 작지 않다는 것이다. 그 핵심 문제 중 하나인 청년실업에서 기성세대는 면책되지 않는다. 세계화 시대에 좋은 일자리를 만들기가 어렵더라도, 이 역시 다른 나라에서 볼 수 있듯 대응하기 나름이라고 봐야 한다.

청년은 미래 100년을 이끌어갈 주역이다. 주역을 밀쳐두고 새로운 미래를 열어갈 순 없다. 청년세대가 상처 입었다면 위로하고, 이들의 문제를 해결할 대안을 마련하는 것은 기성세대의 당연한 책무다. '청년이 죽으면 민족이 죽는다'는 것은 안창호 사상의 핵

심을 이룬다. 안창호 사상이 갖는 또 하나의 현재성은 바로 여기
에 있다고 나는 생각한다.

西間島始終記
서간도 시종기

우당 이회영의 아내 이은숙 회고록

일조각

3. 이은숙:
《서간도시종기》와 대한민국의 미래 ①

이 책을 쓰면서 머릿속에 계속 맴돈 의문은 '역사란 무엇인가' 였다. 역사란 지나간 시간 속에 일어난 사건과 형성된 구조다. 동시에 역사란 그 사건과 구조에 대한 개인적·집합적 기억이자 기록이다. 이런 역사를 배우는 까닭은 뭘까. 그 답변의 하나로 나는 철학자 조지 산타야나의 말을 떠올리고 싶다. "역사를 기억하지 못하는 사람들에겐 그 역사가 반복될 것이다"라는 언명이 그것이다.

그렇다면 지난 100년을 돌아보며 기억해야 할 우리 역사는 무엇이 있을까. 3·1운동과 대한민국 임시정부 출범 100주년에 나는 먼저 두 사람의 역사를 기억하고 싶다. 이회영과 이은숙이 바로 그들이다. 두 사람은 부부다. 남편 우당 이회영이 널리 알려진 반면, 아내 이은숙은 상대적으로 덜 알려져 있다.

이은숙이 자신의 존재를 드러낸 것은 《서간도시종기(西間島始終記)》를 발표하면서부터였다. 원고가 완성된 것은 1966년이었지만, 책으로는 1975년 정음사에서 《민족운동가 아내의 수기: 서간도시종기》라는 제목으로 나왔다. 1981년 인물연구소에서 《가슴에 품은 뜻 하늘에 사무쳐: 이은숙 자서(自敍) 서간도시종기》라는 제목으로 다시 나왔고, 2017년에는 일조각에서 풀어 쓰고 주석을 덧붙인 《서간도시종기: 우당 이회영의 아내 이은숙 회고록》이란 제목으로 한 번 더 나왔다.

《서간도시종기》는 책 제목이 보여주듯 수기이자 자서전이자 회고록이다. 이 저작으로 이은숙은 1975년 제1회 월봉저작상을 받았다. 김구의 《백범일지》에서 장하준의 《사다리 걷어차기》까지 지난 100년 우리 역사를 빛낸 저작들에 내가 《서간도시종기》를 더하는 까닭은 두 가지다.

첫째는 역사적 가치다. 이 책은 일제강점기에 이회영을 위시한 독립운동가들의 활동에 대한 구체적인 증언을 담고 있다. 둘째는 실존적 가치다. 이 책은 전통적인 한 여성이 민족적 자아를 획득해 가는 희생과 고난과 의지의 삶을 생생하고 기품 있게 보여준다. 어떤 저작이나 사상도 삶을 선행할 순 없는 것이다.

이회영의 삶과 항일투쟁

이은숙은 1889년 충남 공주에서 태어났다. 다른 이름은 이영구다. 양반의 후예답게 전통적인 유교 교육을 받았고, 1908년 이회영과 결혼했다.

이후 이은숙의 삶은 파란만장했다. 1910년 이회영이 형제들을 규합해 만주로 망명하자 그 역시 합류했다. 1917년 고국으로 돌아왔고, 1919년 이회영이 북경으로 가자 그곳으로 떠났다. 1925년 고국에 다시 돌아왔고, 고무공장을 다니고 삯빨래와 삯바느질을 하면서 생활비 및 독립운동 자금을 마련했다. 1932년 이회영이 뤼순 감옥에서 순국한 다음 그는 아버지를 좇아 독립운동가의 길을 걸은 아들 이규창의 옥바라지를 하면서 서울과 만주를 오가며 광복을 기다렸다.

《서간도시종기》는 이러했던 자신과 남편의 삶을 돌아보는 내용을 담고 있다. 이은숙은 이회영으로부터 큰 영향을 받았다. 이회영은 평생 민족독립과 해방을 꿈꾸고 이끌었던 혁명가였다. 1910년 나라가 망하자 그는 형제들과 재산을 정리해 만주로 망명해서 신흥무관학교를 세웠다. 신흥무관학교는 항일투쟁의 선봉을 이룬 독립군 양성소였다. 이회영과 그의 형제들은 우리 현대사에서 드문 '노블레스 오블리주'를 실천한 이들이었다.

이회영은 교육·외교·무장투쟁 등 다방면의 독립운동에서 주도적인 역할을 맡았다. 신흥무관학교 외에 신민회, 서전서숙, 상동청년학원, 헤이그 밀사 파견, 경학사, 고종 망명 계획, 3·1운동, 의열단, 다물단, 재중국 조선무정부주의자연맹, 항일구국연맹, 흑색공포단 등은 그가 이끌거나 관여한 조직 또는 운동이었다.

이승만, 김구, 안창호 등과 비교해 이회영이 뒤늦게 알려진 것은 그의 사상의 마지막 거처가 무정부주의였기에 자신에 대한 자료를 남기지 않았기 때문이다. 이회영의 손자이자 김대중정부 초대 국정원장이었던 이종찬은 말한다. "할아버지는 흔적을 남기지 않기 위해 스스로 당신의 모든 자료를 전부 없애셨던 분이었습니다. (…) 이런 철저함 없이 어떻게 악독한 경찰 고등계나 헌병들을 따돌릴 수 있었겠습니까?"

이회영의 항일투쟁이 본격적으로 알려지게 된 것은 이정규·이관식의 《우당 이회영 약전》(1985), 김명섭의 《자유를 위해 투쟁한 아나키스트 이회영》(2008), 이덕일의 《이회영과 젊은 그들》(2009), 김삼웅의 《이회영 평전》(2011) 등을 통해서였다. 한국방송공사(KBS)의 드라마 《자유인 이회영》(2011)은 그의 존재를 국민들 마음속에 뚜렷이 각인시켰다. 개혁적 유학자에서 개인의 자유로운 정신과 협력을 중시한 아나키스트까지의 이회영의 사상적 변화는 근대 초기 우리 지식인이 갈 수 있던 가장 먼 길이었다.

이은숙의 삶과 독립운동

《서간도시종기》를 보면 이은숙은 이회영이 순국하자 축문을 쓴다. 이은숙은 이회영에 대해 말한다.

"일생의 몸을 광복 운동에 바치시고 사람이 닿지 못하는 만고풍상을 무릅쓰고 다만 일편단심으로 '우리 조국, 우리 민족' 하시고 지내시다가 반도 강산의 무궁화꽃 속에 새 나라를 건설치 못하시고 중도에서 원통 억색히 운명(殞命)하시니 슬프다."

지난 100년 우리 현대사에서 내가 만난 가장 시리면서도 기품 있는 글 가운데 하나다.

이은숙이 이회영처럼 항일투쟁의 전면에 나선 것은 아니었다. 그러나 그의 활동은 주목받아 마땅하다. 그는 만주와 북경을 누비면서 남편 이회영을 도와 국내외 중요한 독립운동을 지켜보고 관여했다. 앞서 말했듯 공장에 다니고 삯일을 하면서 생계비를 벌며 독립운동 자금을 보냈고, 아들 이규창의 옥바라지를 맡았다. 1979년 세상을 떠난 이은숙에겐 2018년 광복절에 건국훈장 애족장이 추서됐다.

《서간도시종기》가 갖는 의미는 결코 작지 않다. 우리 독립운동사는 남성중심적으로 기록돼 있다. 인류학자 한경구와 역사학자 한홍구는 말한다. 2017년 현재 "국가가 독립유공자로 서훈하고 있는 독립운동가들이 모두 1만3,000여 명에 달하는데, 그중 여성은 3,000명이 아니라 300명도 채 되지 않는다. (…) 정정화의 《장강일기》와 더불어 이은숙의 《서간도시종기》는 우리 독립운동의 전체상을 복원하고 이에 대한 온전한 인식을 위해 반드시 읽어야 할 소중한 자산이다."

어떤 이는 《서간도시종기》에 담긴 가부장주의를 비판할지 모른다. 이에 대해 사회학자 김귀옥은 말한다. "이은숙은 이회영을 중심으로 부차시된 아내로서의 모습이 역력하면서도 또 다른 한편 구시대적 '마님'으로서의 지위에 대한 미련을 두지 않은 채, 디아스포라적 현실 속에서 '부재하는 남편'을 대신하여 자기 개척적인 모성으로서 자식을 키우고 생활을 책임지며, 적극적으로 남편의 민족운동을 지원하는 역할을 수행하는 면모를 보였

다.”한 개인의 삶을 평가하는 데는 시대적 강제를 고려하지 않을
수 없다.

이은숙의 삶은, 김귀옥의 말처럼, 가부장 문화에 구속된 여성
에서 디아스포라 난민을 경유하여 능동적으로 저항하는 여성이
라는 정체성을 획득해 가는 과정으로 볼 수 있다.《서간도시종
기》는 봉건적 자아에서 근대적 자아로, 개인적 자아에서 민족적
자아로, 순응하는 자아에서 저항하는 자아로 성숙하는 실존적 차
원의 우리 현대사를 기억하게 하는 셈이다.

대한민국의 미래 ①

3·1운동과 대한민국 임시정부 100주년을 맞이하면서 가장 먼
저 떠오르는 것은 지난 100년의 역사를 이끌어온 시대정신이다.
이 정신은 임시정부 임시헌장 제1조인 “대한민국은 민주공화제로
함”에 있다고 나는 생각한다. 민주공화국이란 국민이 주인인 나
라, 국민이 더불어 살아가는 나라라는 의미다.

민주공화국 100년을 일궈온 이들 가운데 앞자리에 서 있는
사람들은 일제강점기 독립운동에 헌신해온 선조들이었다. 독립
운동가 가운데는 보수도 진보도 무정부주의자도 있었고, 남성
도 여성도 있었고, 노인도 청년도 있었다. 이렇듯 복수(複數)의
국민들 모두 한껏 힘을 모아 무궁화의 나라는 1945년 빛을 되찾
았다.

다시 한 번 더 말하면, “역사를 기억하지 못하는 사람들에겐
그 역사가 반복될 것이다.” 지난 100년을 돌아보고 새로운 100년

을 그려보는 지금, 우리는 잘못된 역사를 되풀이하지 않기 위해 어떤 이들의 삶을 기억하고 기려야 하는 걸까. 우리 사회를 공부하는 이로서 이회영과 이은숙의 삶과 역사를 여기에 적어두는 까닭이다.

범우비평판한국문학 46◆

조선독립의 당위성 (외)

책임편집·해설 강준 쇄깨기

46 여운형편

Bw 범우

4. 여운형:
《조선 독립의 당위성 (외)》과 중도의 미래

역사학자 박찬승은 우리 근현대사에서 평전이 가장 많이 쓰인 인물이 여운형이라고 말한 바 있다. 여운형의 삶과 사상, 정치활동에 대해 그동안 이만규, 여운홍, 이기형, 정병준, 여연구, 강덕상, 이정식이 평전을 펴낸 것을 염두에 둔 말이다. 1947년에 세상을 떠난 후 많은 평전의 대상이 됐다는 것은 여운형이 대단히 문제적 인물이라는 사실을 증거한다.

지난 100년 우리 현대사에서 여운형만큼 상반된 평가를 받은 인물은 찾기 어렵다. 그는 우파로부터 공산주의자 또는 친소주의자로, 좌파로부터 기회주의자 또는 친미주의자로 비판받았다. 그는 대체 어떤 인물이었던 걸까. 정치학자 이정식은 여운형을 '시대와 사상을 초월한 융화주의자'로, 역사학자 정병준은 '좌우와 남북

의 통일독립국가를 지향했던 진보적 민족주의자'라고 고평(高評)
한다.

여운형은 일제강점기에 독립운동가로 활동했다. 그리고 광복
이후 해방 공간에선 독립운동가 김규식과 함께 중도를 대표했다.
대외적으로 냉전체제가 가시화되고 대내적으로 이념대립이 격화
됐던 당시 우리 사회에 허용된 중도의 영역은 대체적으로 협소했
다. 그러나 그 길을 선택해 통일독립국가 수립을 추구했던 여운형
의 삶과 정치는 대한민국 임시정부 100년을 맞이한 오늘날 많은 것
을 생각하게 한다.

여운형의 삶과 독립운동

여운형의 생각과 사상을 살펴볼 수 있는 저작은 몽양 여운형
선생 전집발간위원회가 펴낸《몽양 여운형 전집》(전3권)이다. 여
기에 더해 2008년에 나온《조선 독립의 당위성 (외)》또한 훌륭한
텍스트다.《조선 독립의 당위성 (외)》은 여운형이 남긴 글, 연설, 기
자회견 등을 작가 강준식이 편집한 것이다. 이 책은 크게 '해방 전'
과 '해방 후'의 두 부분으로 이뤄져 있다.

여운형은 1886년 경기도 양평에서 태어났다. 몽양은 널리 알
려진 그의 호였다. 배재학당, 흥화학교, 우무학당을 다녔고, 평양
장로교회연합신학교, 중국 난징 진링대학에서 공부했다. 1919년
최초의 근대 정당인 신한청년당을 조직했고, 김규식을 파리 강화
회의에 조선 대표로 파견했다. 이러한 여운형의 활동은 2·8독립
선언과 3·1운동에 작지 않은 영향을 미쳤다. 1919년 4월 중국 상

하이에서 수립된 대한민국 임시정부에서 그는 외무부 차장을 맡았다.

같은 해 11월, 여운형은 일본 도쿄를 방문했다. 일본 수상 하라 다카시의 초청으로 장덕수 등과 함께 도쿄로 가서 일본 고위 관리들과 회담을 했다. 적진의 심장부로 들어가 조선 자치제안을 비판하고 즉시 독립을 주장했던 담대한 용기는 그의 이름을 널리 알리게 했다. 특히 제국호텔에서 행한 연설은 큰 반향을 일으켰다. 그는 말한다.

"이제 세계는 약소민족해방·부인해방·노동자해방 등 세계 개조를 부르짖고 있다. 이것은 일본을 포함한 세계적 운동이다. 한국의 독립운동은 세계의 대세요, 신의 뜻이요, 한민족의 각성이다. (⋯) 우리의 건설 국가는 인민이 주인이 되어 인민이 다스리는 국가일 것이다. 이 민주공화국은 대한민족의 절대요구요, 세계 대세의 요구다."

여운형의 삶에서 주목할 것은 그가 좌우를 넘나드는 활동을 벌였다는 점이다. 1920년대 초 그는 상해파 고려공산당과 이르쿠츠크파 고려공산당에 관여했다. 1922년 소련 모스크바에서 열린 극동피압박민족대회에 참석해 대회운영 의장단에 선출됐고 개회식에서 연설했다. 당시 레닌을 만나 조선 독립에 대한 방안을 토론하기도 했다. 이처럼 그의 활동 영역은 이념구도를 거침없이 뛰어넘고 아울렀다.

1929년 여운형은 상하이에서 일본 경찰에 체포됐다. 국내로 압송됐고, 징역형을 선고받아 대전형무소에 수감됐다. 1932년 출감한

그는 1945년 광복까지 독립운동을 이어나갔다. 당시 주목할 그의
활동은 두 가지였다.

하나는 손기정의 일장기 말소 사건이었다. 여운형은 1933년
조선중앙일보 사장에 취임했다. 조선중앙일보는 1936년 베를
린올림픽 마라톤에서 우승한 손기정의 가슴에 달린 일장기를 지
워 보도했다. 우리 민족의 자존심을 당당히 보여준 사건이었다.
이 사건으로 일제의 탄압이 강화되자 조선중앙일보는 자진 폐간
했다.

다른 하나는 조선건국동맹의 조직이었다. 1940년대에 들어와
여운형은 일제 패망을 예상하고 조선 광복과 건국을 준비하기 위
해 1944년 조선건국동맹을 결성했다. 건국동맹은 좌우를 넘어선
통합 노선을 지향했다. 농민·노동자·청년·학생 부문으로 조직을
확대하는 동시에 해외 독립군 세력과 공동 작전을 모색했다.

좌우합작을 향하여

1945년 8월 15일 광복이 되자 여운형은 곧바로 조선건국준비
위원회를 결성하고 위원장에 취임했다. 이런 신속한 대응이 가능
했던 것은 조선건국동맹의 경험이 있었기 때문이었다. 이후 여운
형의 삶은 대단히 극적이었다. 한편으론 이승만, 김구 등과 독립국
가 수립을 논의했고, 다른 한편으론 박헌영, 김일성 등과 미소공동
위원회에 대한 대응 방안을 숙의했다.

이런 상황 아래 여운형이 도달한 결론은 좌우합작이었다. 그의
파트너는 김규식이었다. 중도좌파 성향의 여운형과 중도우파 성

향의 김규식은 모스크바 3상회의의 결정이 '선 임시정부 수립, 후 신탁 실시'에 있다고 파악했다. 따라서 임시정부를 수립한 후 신탁 통치 문제를 주체적으로 해결하자는 데 두 사람은 합의함으로써 우파 민족주의, 좌파 사회주의와 다른 제3의 길을 모색했다. 남한 내 모든 좌우 세력이 합작하고, 이러한 합작을 바탕으로 하여 남북 연합으로 나아가자는 게 여운형과 김규식의 구상이었다.

여운형의 정치활동에 대한 진지한 평가의 하나는 정병준에 의 해 이뤄졌다. 정병준은 말한다. "여운형은 해방 후 한반도의 현실 이 미·소 진영의 대립, 남북의 지역대립, 좌우의 이념갈등이라는 세 층위의 갈등구조에 위치하고 있다고 판단했다. (…) 한반도 운 명의 주인공인 한국인이 미·소를 손님으로 대접한 후 내보내야 하 며, 좌우가 합작하고 남북이 연합해야 통일·독립국가를 수립할 수 있다고 생각했다. 이러한 노선은 당시 상황에 비추어 가장 현실적 이며 민족적인 노선이었다."

이러한 평가에 이의를 제기하는 이들도 없지 않을 것이다. 전후 막 구조화되기 시작한 냉전체제의 강제를 과소평가했다고 볼 수 있기 때문이다. 그러나 당대 관점에서 해방 공간은 구조적 강제에 맞서서 전략적 선택을 극대화할 수 있는 시기였다. 역사가 구조적 강제와 전략적 선택의 상호작용을 통해 진행된다고 볼 때, 좌우합 작의 좌절은 작지 않은 아쉬움을 남겼다.

격동의 시대였던 그 시절, 여운형은 수차례 암살 위험에 처했다. 1947년 서재필 박사 귀국환영준비위원회 위원으로 그의 귀국을 주도했던 여운형은 7월 혜화동로터리에서 피살됨으로써 돌연 이승을 하직했다. 그는 2005년 독립운동에 기여한 공로로 건국훈장 대통령장에 추서됐고, 2008년에는 해방 이후 건국 준비 활동을 인정받아 대한민국장에 추서됐다.

중도의 미래

서구 사회에서 이념구도는 흔히 보수 대 진보, 좌파 대 우파로 구분된다. 중도보수와 중도진보가 존재하지만, 크게 보아 이들은 각기 보수와 진보에 수렴된다.

그런데 우리 사회 이념구도에선 중도가 독자적 영역을 이뤄왔다. 그 까닭은 냉전분단체제의 형성과 밀접히 연관돼 있다. 한국전쟁 이후 진보의 정치적 활동은 불허됐고, 이러한 상황 아래 진보 성향 세력은 중도를 표방하면서 정치적 활로를 모색했다. 여기에 더해, 1990년대 이후 서구 사회 '제3의 길'이 국내에 소개되면서 중도 세력은 독자적 위상을 가지게 됐다. 예를 들어, 김대중 정부와 노무현정부는 진보적 성향과 중도적 성향이 공존했던 것으로 보인다.

21세기가 시작된 지 20년이 지난 지금, 이념구도는 크게 요동치고 있다. 지구적 차원에서 '엘리트 대 국민'의 균열을 내세운 포퓰리즘이 기성 보수 대 진보의 이념구도를 뒤흔들어놓고 있다면, 우리 사회에선 보수와 진보의 이념구도가 외려 공고화되고 있다.

정치사회에서 중도는 양날의 칼이다. 한편에선 단순한 절충의 위험이 있지만, 다른 한편에선 이념 대립을 완충하고 통합을 모색할 수 있는 장점이 있다. 바로 이 점에서 여운형과 김규식의 좌우

합작이 우리 현대사에서 안겨주는 의미는 결코 작지 않다. 보수든 진보든 중도의 정치적 상상력을 어떻게 발휘하고 실천할 것인지는 우리 정치사회의 미래에 부여된 중대한 과제의 하나라고 나는 생각한다.

II. 종교와 철학

함석헌전집 · 1

뜻으로 본 한국역사

한길사

5. 함석헌:
《뜻으로 본 한국역사》와 재야의 미래

2019년은 우리 역사에서 뜻깊은 해였다. 3·1운동 100년과 임시정부 100년을 맞이했기 때문이다. "유구한 역사와 전통에 빛나는 우리 대한국민은 3·1운동으로 건립된 대한민국 임시정부의 법통과 불의에 항거한 4·19민주이념을 계승하고"로 시작하는 헌법 전문(前文)에서 볼 수 있듯, 3·1운동과 임시정부는 대한민국의 역사적 출발점을 이룬다.

1919년 4월 11일 선포된 대한민국 임시헌장 제1조는 "대한민국은 민주공화제로 함"이었다. "오늘날 우리나라에는 황제가 없나요? 있소. 대한 나라의 과거에는 황제는 1인밖에 없었지마는 금일은 2천만 국민이 모두 황제요. 제군 모두가 황제요." 임시정부의 한 주역인 안창호가 1920년 임정의 신년축하회 연설에서 한 말이다. 대한민국의 '민국(民國)'이란 '국민의 나라'임을 뜻한다. 이렇듯 2019년은 대한민국이 국민이 주인인 나라임을 당당히 선포한 100년이 되는 해다.

대한민국 100년을 돌아보면, 우리 현대사는 일제강점기와 민족해방운동, 남북 분단과 대한민국 정부 수립, 그리고 산업화 시대와 민주화 시대로 이어져왔다. 이러한 역사를 이끌어온 힘의 하나는 사상이었다. 새로운 제도와 의식을 주조하는 게 집단적 실천이라면, 사상은 그 실천을 상상하고 가능하게 하는 원천이다. 자유주의와 민주주의, 산업주의와 근대주의, 민족주의와 세계주의, 개인주의와 공동체주의, 페미니즘과 생태학 등은 오늘날 대한민국을 만든, 사유와 이론과 이념을 포괄한 사상이었다.

우리 격동의 현대사에서 문화적·정신적 삶의 향상을 위해 헌신하고 세계적 경향성과 한국적 특수성을 고민해온 지식인들의 사상적 고투는 높이 평가받아 마땅하다. 미래 100년은 절로 열리지 않는다. 과거 100년의 지성사를 성찰적으로 돌아볼 때 새로운 100년을 힘차게 출발할 수 있는 법이다.

《뜻으로 본 한국역사》의 의의

2010년 교수신문은 일제 강제병합 100년을 맞아 우리 지성사에서 근대 국민국가 만들기에 나섰던 대표적인 인물을 선정한 바 있다. 당시 함석헌은 1위를 차지했다. 젊은 세대에게는 함석헌이라는 이름이 낯설겠지만, 100년의 역사를 통틀어 볼 때 함석헌은 가장 주목할 만한 사상가였다.

함석헌의 삶은 지난 20세기 우리 역사에 그대로 대응한다. 1901년 평북 용천에서 태어난 그는 일제강점기에 일본식 교육을 받고 교사가 돼 독립운동을 벌였다. 광복 후 소련군에 의해 옥고를 치른 다음 월남했다. 그리고 한국전쟁 후에는 반독재 민주화운동을 이끌었다. 1987년 민주화 시대가 열린 후 1989년 세상을 떠났다.

함석헌은 1950년대부터 1980년대까지 민주주의와 민중 담론의 대표적인 사상가이자 운동가였다. 특히 그의 '씨올(씨알)' 사상은 동서양 사상을 융합한 독창적인 철학이었다. 더욱이 그는 민족주의를 중시하면서도 협애한 민족의식을 넘어선 보편적 세계주의로 나아갔다.

함석헌은 많은 글을 썼다. 도서출판 한길사는 그의 글을 모아 저작집 30권을 펴냈다. 제1권《들사람 얼》에서 제30권《뜻으로 본 한국역사》에 이르기까지 그는 어느 전문학자보다 왕성한 집필 활동을 펼쳤다. 이 가운데《뜻으로 본 한국역사》는 그의 대표 저작이다. 원본은 일제강점기에《성서조선》에 발표한《성서적 입장에서 본 조선역사》였다. 함석헌은 1962년 제목을《뜻으로 본 한국역사》로 바꾸고 내용을 수정했으며, 1965년에 다시 개정판을 냈다.

《뜻으로 본 한국역사》를 관통하는 역사관은 '고난의 사관'이다. 함석헌은 우리 역사를 고난의 역사로 봤다. 신라의 통일 이래 한국전쟁까지 우리 민족이 걸어온 길은 고난으로 점철된 역사였다는 게 그의 분석이다. "고난의 역사! 한국역사의 밑에 숨어 흐르는 바다 가락은 고난이다. 이 땅도 이 사람도 큰 일도 작은 일도 정치도 종교도 예술도 사상도 무엇도 무엇도 다 고난을 드러내는 것"
이라고 그는 주장했다.

《뜻으로 본 한국역사》가 갖는 의의는 식민사관, 유물사관에
맞서 정신사관의 관점에서 우리 역사를 재해석한 데 있다. 그리스도
가 고난에도 불구하고 인류의 해방을 이끌었듯, 고난의 한국 역
사는 희망의 씨앗을 품고 있는 역설의 역사라는 게 함석헌의 역
사철학이었다. 철학자 김상봉은 함석헌이 고난과 슬픔을 통해 자
신에게 복귀하고 자신과 하나가 되는 반성적 자기인식을 요구한
독창적인 사상가라고 평가했다. 아카데미 역사학의 시각에서는
《뜻으로 본 한국역사》가 지나치게 주관적이고 규범적이라고 비판
할 수 있다. 그러나 함석헌에게 중요한 것은 역사에 내재한 '뜻',
다시 말해 '의미'다. 의미란 개인이든 사회든 존재의 가장 중요한
이유다.

씨알의 사상

함석헌 사상의 키워드는 '씨알'이다. 함석헌은 씨알을 스승 유영
모로부터 배웠다. 씨알이란 말은 유영모가 《대학(大學)》에 나오는
'민(民)'을 '씨알'로 번역한 것에서 비롯된다. 씨알에는 '하나님의
씨(아들)'와 '평민'이라는 두 가지 의미가 있다. 유영모가 전자를 주
목했다면, 함석헌은 후자를 중시했다.

"국(國)은 나라라 하면 되고 인(人)은 사람이라 하면 되지만 민
(民)은 뭐라 할까? (…) 그 민이란 말을 씨알이라 하면 어떠냐 하는
말입니다." 이렇듯 씨알은 다름 아닌 민중이다. 씨알이란 개념에는

민중의 주체성과 평등성이 담겨 있다. 민중이 역사와 사회의 중심이며 서로 평등하다는 것은 함석헌 사유의 중핵을 이뤘다. 신학자 김경재가 말했듯, 씨알 사상은 생명의 주체성·책임성·영성을 되찾아 평화로운 대동사회를 이루겠다는 생명·평화사상이라 할 수 있다.

함석헌 사상이 우리 지성사에서 갖는 의미는 두 가지다. 첫째, 함석헌은 씨알의 사상가다. 씨알의 사상은 민중 담론은 물론 민주주의에 지대한 영향을 미쳤다. 그가 우리 현대사의 전면에 등장한 것은 1958년《사상계》에 발표한 에세이〈생각하는 백성이라야 산다〉를 통해서였다. "나라의 주인은 고기를 바치다 바치다 길거리에 쓰러지는 민중이지 벼슬아치가 아니다. 구원은 땅에 쓰러져도 제 거름이 되고 제 종자가 되어 돋아나는 씨알"에 있다고 그는 선언했다.

둘째, 함석헌은 한국적 현대성의 이상을 추구한 사상가다. 씨알들이 자유롭게 생각하고 골고루 잘살며 다른 민족과 평화롭게 공존할 수 있는 세계가 그가 꿈꿔온 나라다. 이 나라에 도달하기 위해 그는 나와 타자, 기독교와 동양사상, 고난과 구원 사이에 스스로를 세워뒀고, 그 경계 위에서 둘을 아우르려는 한국적 사상의 모험을 감행해왔다. 지난 100년에서 함석헌을 가장 한국적이면서도 세계적인, 독창적이면서도 보편적인 사상가로 꼽을 수 있는 이유가 여기에 있다.

재야의 미래

함석헌은 재야(在野)를 상징했다. 재야란 벌판에 있음을 뜻한다. 최근 용법으로 바꾸면, 재야란 공적 기구가 아닌 민간 조직, 곧 시민사회를 말한다. 우리나라 민주화 과정에서는 재야의 역할이 중요했다. 산업화 시대와 민주화 시대에 정치사회의 기본 구도가 정치세력들 간의 대립보다는 정부 대 재야의 대립, 즉 국가와 시민사회의 대립으로 나타났다.

재야라는 말에는 여러 의미가 담겨 있다. 권력에 맞서는 도덕, 지배자에 맞서는 민중, 군사독재에 맞서는 민주주의가 그것이다. 재야의 역사적 기원은 조선시대 산림파의 선비정신까지 거슬러 올라갈 수 있다. 하지만 한국전쟁 이후 재야를 관통하는 사상적 거점은 민중주의와 민주주의였다. 함석헌, 장준하, 백기완 등은 이 재야를 대표하는 인물들이었다.

재야는 군사독재 시기에 반독재투쟁을 주도했다. 노동운동과 시민운동 또한 재야로부터 작지 않은 영향을 받았다. 특히 1987년 이후 민주화 시대에 크게 성장한 시민운동은 재야운동이 분화되고 전문화된 버전으로 볼 수 있다. 한국 민주주의의 역사에서 전환점을 이뤘던 1960년 4·19혁명, 1987년 6월항쟁, 2016년 촛불혁명을 이끈 힘은 정의롭지 않은 국가에 맞선 재야의 저항에 있었다.

오늘날 재야는 고색창연한 개념이다. 그러나 권력과 지배에 맞서서 주권자인 국민이 나라의 주인임을 계몽했던 재야의 정신, 다시 말해 시민사회의 정신은 한국 민주주의의 발전을 이끌어온 사상이었다. 다가올 100년에서 민주주의가 여전히 가장 중요한 가치라면, 국민주권을 추구하는 재야의 정신은 한국 민주주의에 지속적인 생명력을 부여할 것이라고 나는 생각한다.

瑞文文庫

韓國思想史

朴鍾鴻 著

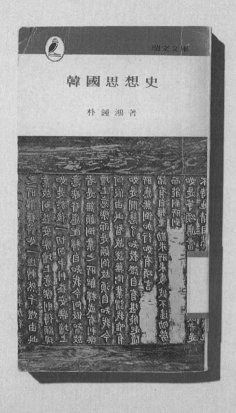

6. 박종홍:
《한국사상사》와 철학의 미래

　"우리는 민족중흥의 역사적 사명을 띠고 이 땅에 태어났다." 40대 이상이라면 누구나 선명히 기억하고 있을 국민교육헌장의 첫 구절이다. 1968년 12월 5일 선포된 이 헌장은 누가 만든 걸까.

　광복 이후 가장 주목할 철학자로 꼽히는 박종홍이 국민교육헌장의 주역이었다. 이 헌장은 박종홍 등이 초안을 쓰고 대통령 박정희가 문안의 완성에 참여했다. 국민교육헌장은 광복 이후 최고의 철학자와 최강의 권력자가 함께 만든 공동 작품이었다.

　20세기 후반 우리 인문학 분야에선 대표적 지식인이라 부를 수 있는 이들이 여럿 존재했다. 국문학의 조윤제·김윤식·조동일, 국사학의 이기백·김용섭·강만길이 그들이었다. 이들은 새로운 국가와 사회의 건설이라는 시대정신에 걸맞은 새로운 한국학을 펼쳐 보였다.

박종홍은 광복 이후 우리 사회를 대표한 철학자였다. 학문으로서의 한국철학의 기틀을 세웠고, 지식사회로서의 철학계를 이끌어왔다. 철학자 소광희는 박종홍을 '한국철학 연구의 개척자'로 평가했다. 그러나 동시에 박종홍은 문제적 지식인이었다. 앞서 말했듯 국민교육헌장을 기초했고, 박정희 대통령 교육문화담당 특별보좌관을 맡았다. 이러한 그의 행적은 후학들에게 비판을 받기도 했다.

사상적 독립을 위한 철학

박종홍은 1903년 평남 평양에서 태어났다. 경성제국대학에서 철학을 공부했고, 광복 전에는 이화여전에서, 광복 후에는 서울대에서 가르쳤다. 1970년부터 대통령 교육문화담당 특별보좌관으로 일했으며, 1976년 세상을 떠났다.

한국 지성사 100년에서 박종홍의 가장 중요한 기여는 《한국사상사》였다. 이 저작은 '불교사상편', '유교사상편', '근대사상편'으로 이뤄져 있다. '불교사상편'은 1972년 출간됐지만, '유교사상편'과 '근대사상편'은 사후에 편집됐다. 1980년 형설출판사에서 나온 《박종홍전집》 제4권 《한국사상사 1》은 '불교사상편'과 '유교사상편'을, 제5권 《한국사상사 2》는 '근대사상편'을 담고 있다. 1998년 민음사에서 증보판이 나왔다.

한국사상에 대한 박종홍의 생각이 집약된 것은 《한국사상사 1》의 맨 앞에 놓인 '한국사상 연구에 관한 서론적인 구상'이다. 그는 한국사상이 "하루아침에 그 어느 개인의 머리 속에서 만들어 내진 것은 아니"며, "장구한 역사를 통하여 이 한반도에서 생을 영위한 우리 선조들이 두고두고 피와 땀으로 싸워 얻은 고귀한 체험의 발로"라고 주장한다.

주목할 것은 박종홍이 파악하는 한국사상의 흐름이다. 그는 불교사상의 경우 원효에서 의천을 거쳐 지눌에 이르는 변화를, 유교사상의 경우 퇴계 이황과 율곡 이이의 성리학의 발전을, 그리고 근대사상의 경우 최한기의 과학사상과 천주학을 위시한 서양사상의 도입 및 영향을 특히 부각시킨다. 이 저작은, 비록 논문 모음집의 형태를 취하고 있지만, 한국사상의 전개에 대한 포괄적이면서도 심층적인 이해를 제공한다.

한국사상 탐구를 통해 박종홍이 겨냥한 것은 민족적 주체의식의 발견과 고양이다. 《한국사상사 1》에 수록된 '한국의 철학'에서 그는 말한다.

"우리의 주체적 자각은 평등한 인간의 존엄성을 그의 성실성에서 찾았으며 그것은 다시 경세택민(經世澤民)에까지 구현되어 근대 과학의 섭취를 요구하는 데 이른 것이다. 마찬가지로 오늘의 자유 민주 사상도 실존주의도 과학 기술도 그것이 받아들여짐에 있어서는 민족적 주체성에 의하여 여과되면서 결합 통일되어 우리 자신의 것이 되어야 한다. (⋯) 이때의 주체성이 곧 민족 정기다."

민족적 주체의식의 발견과 고양이 목표로 삼은 것은 박종홍 자신이 강조한 바 있는 정치적·경제적 독립에 대응하는 '사상적 독립'이었다. 이런 박종홍의 사유는 광복 이후 적지 않은 지식인들이 갖고 있던 학문적 태도의 한 전형이었다. 철학자로서 박종홍은 '현실'에 대한 실존주의적이면서도 실용주의적인 접근을 중시했다. 그런데 이 접근은 '나'보다 '우리'를 우선시하는 국가주의를 내포하고 있었고, 이러한 사상의 연장선상에 바로 국민교육헌장이 놓여 있었다.

박종홍 삶과 사상의 명암

소광희는 박종홍을 유가적 인품과 교양을 갖춘 철학자, 천성적인 애국자, 뛰어난 교육자였다고 평가한다. 동료와 제자들이 박종홍에 대한 추억을 모은《스승의 길: 박종홍 박사를 회상한다》를 보면, 그는 탁월한 교수이자 자상한 스승이었다. 유신정권에 참여했음에도 불구하고 큰 존경을 받아왔다. 소광희는 말한다.

"박정희 정권의 교육문화 특보로 근무할 때 한국의 지성계는 그것을 심히 못마땅하게 생각하였다. 한국의 대표적 지성이 독재정권을 비호하고 있다는 것이었다. 그러나 내가 보기로는 그는 참으로 유학적 애국자였고, 그래서 흔들림 없이 자기의 외로운 길을 거침없이 걸어갔던 것이다."

하지만 박종홍 삶과 사상에 대한 비판도 적지 않았다. 그 대표적인 쟁점은 박종홍 철학과 국민교육헌장의 상관성이었다. 철학자 홍윤기는 박종홍이 박정희 체제의 반공민주주의와 파시즘을 철학적으로 정당화했다고 비판한다.

"박종홍의 철학적 실천은 박정희가 추진한 산업적 근대화와 반공적 독재체제에 국민적 차원의 정신 개조 가능성을 보여준 데 그 핵심이 있다. 따라서 민족 중흥과 반공민주의라는 요지로 압축

되는 국민교육헌장은 박정희에게 민족적 대중적 총체적 동원이 가능하다는 것을 확신시킴으로써 박정희의 단순한 군산복합 개발 독재체제를 현대성 파시즘으로 발전시키는 단초를 제공한 것으로 평가된다."

박종홍의 철학에서 바탕을 이룬 것은 '우리=국민=민족'의 논리다. 이 논리는 '나'보다 '우리'를 우선시해 개인보다 국가를 우위에 둔다. 독일과 일본의 후반산업화에서 볼 수 있듯, 국가를 중시하는 국가주의를 무조건 부정할 필요는 없다. 문제는 국가주의의 그늘이다. 국가주의는 개인인 시민보다 공동체인 국가를 강조함으로써 결국 개인의 자유를 억압하는 결과를 가져온다. 유신독재라는 억압적 감시체제는 우리 현대사에 존재한 국가주의의 대표적인 그늘이었다.

박종홍의 삶과 철학은 한국 지성사에서 지식인과 권력의 문제를 상징적으로 보여준다. 철학자 엄정식이 평가하듯, 박종홍이 그 누구와도 비견하기 어려운 독보적인 '민족철학자'였음은 분명한 것으로 보인다. 그러나 철학자 김석수가 비판하듯, 박종홍은 현실을 도덕적으로 구현해내는 '도덕적 정치가'의 길이 아닌 현실의 부조리를 정당화하고 권력을 유지하려는 '정치적 도덕가'의 길을 걸었던 것으로 보인다.

철학의 미래

대학의 학문체계에서 철학은 신학과 함께 가장 오래된 분야다. 학문의 분과를 구성하는 인문학, 사회과학, 자연과학은 모두 철학

에서 나왔다. 신학을 종교로 바꾸어 쓴다면, 종교와 철학은 학문의
출발을 이룬다.

철학은 인간에 대한 탐구의 학문이다. 왜 사는가, 어떻게 살 것
인가, 무엇이 소망스러운 삶인가, 그리고 이 삶을 영위하는 존재란
누구인가에 대한 물음만큼 우리 인간에게 중요한 질문은 없다. 이
러한 인간과 삶의 '지혜(sophia)'를 사유함으로써 '사랑(philos)'하는
것이 '철학(philosophy)'인 셈이다.

철학의 다른 이름이 사상이다. 철학의 핵심이 인간의 사유에 있
다면, 이 사유의 결과가 다름 아닌 사상이다. 서양에서 이뤄진 사유
의 모험이 서양사상이라면, 한국에서 이뤄진 사유의 모험은 한국
사상이다.

박종홍은 이 한반도에서 우리 한국인들이 품어온 한국사상을
연구했다. 돌아보면, 전통사회에서 한국인들은 불교와 유교를 받
아들여 인간과 사회의 의미를 사유했고, 전통에서 근대로의 변동
과정에선 기독교는 물론 인문사회과학에서 실천적 마르크스주의
에 이르는 서양 사상을 받아들여 인간과 사회의 존재 이유를 탐구
했다.

철학이 중요한 까닭은 인간을 포함한 사회가 서 있는 자리와 갈
길에 대해 일러주기 때문이다. 독립, 산업화, 민주화를 향해 100년
동안 쉼 없이 걸어와 지금 여기에 서 있다면, 그러면 이제 어떤 길
을 걸어가야 하는 걸까. 이 물음의 중핵을 이루는 것은 어떤 삶이
의미 있고 어떤 사회가 소망스러운가에 대한 질문이다.

지나간 역사와 새로운 역사가 교차하는 현재, 철학에 부여된

미래의 과제는 뭘까. 박종홍이 강조한 사상의 독립은 여전히 유효한 과제다. 그러나 동시에, 그 독립이 가야 할 방향 또한 중요하다. 그 방향이 지향할 가치는 무엇보다 인권, 정의, 민주주의, 그리고 성평등 및 인간과 자연의 공존이어야 한다고 나는 생각한다.

천주교 서울대교구 엮음

김수환
추기경의
신앙과 사랑

|제1권|

7. 김수환:
《김수환 추기경의 신앙과 사랑》과
종교의 미래 ①

우리 인류에게 가장 오래된 사상은 종교다. 종교는 인식의 틀이
자 믿음의 체계다. 인간과 세계의 관계를 이해하는 방식을 제공하
고 그 관계를 지속시키는 가치를 부여하는 게 바로 종교다. 이 지상
에 존재해온 종교들 가운데 영향력과 합리성을 갖춘 것들을 사회
학자 막스 베버는 '세계 종교'라고 명명했다. 기독교, 불교, 유교가
대표적인 세계 종교들이다.

종교가 우리 역사에 미친 영향은 넓고 깊었다. 전통사회에서 불
교와 유교는 철학사상인 동시에 지배 이념이었다. 기독교는 조선
후기에 들어온 서양 종교였다. 천주교는 잇단 박해에도 사람들 마
음속에 굳게 뿌리를 내렸고, 개신교 또한 개인 생활에서 사회 제도
에 이르기까지 큰 영향을 미쳤다.

1945년 광복 이후 가장 주목할 기독교인을 꼽으라면 나는 함석헌과 김수환을 들고 싶다. 함석헌은 1970~1980년대 민주화운동의 구심점을 이뤘다. 김수환 역시 민주화운동에 크게 기여한 동시에 '국민적 멘토'의 역할을 맡았다. 사회적 정의를 구현하는 데 앞장섰고 마음이 가난한 이들의 정신적 스승이었던 이가 바로 김수환이었다.

김수환의 삶과 신앙

김수환은 1922년 대구에서 태어났다. 일본 조치대학, 가톨릭대학, 독일 뮌스터대학에서 공부했다. 1951년 가톨릭 사제를, 1966년 주교를 서품받았고, 1968년 대주교로 승품해 서울대교구장에 착좌했다. 1969년에는 교황 바오로 6세에 의해 추기경에 서임됐다.

이후 그의 활동은 눈부셨다. 그는 감성과 이성을 포괄한 영성의 가치를 중시했다. 무엇보다 길 잃은 한 마리 양을 소중히 여기는 기독교적 사랑을 실천했고, 권력의 횡포에 맞서 종교의 사회적 역할을 적극 계몽하는 정의를 추구했다.

《사랑하고 또 사랑하고 용서하세요: 김수환 추기경 평전》을 쓴 문학평론가 구중서는 김수환을 '한국 민주화의 결정적 주역'이라고 평가한다. 1971년 성탄절 자정 미사를 통해 그는 당시 박정희 정권의 초법적 독주를 비판했고, 1987년 6월 10일 명동성당에 들어온 학생들을 안기부와 경찰이 연행하려 하자 '나를 밟고 넘어가라'며 이를 저지했다. 두 번째 일은 6월항쟁의 결정적 순간들 가운데 하나였다.

김수환의 영향력을 알려주는 자료가 있다. 1990년 주간지《시사저널》 창간호는 대학 교수들을 상대로 '누가 한국을 움직이는가'라는 여론조사를 실시한 바 있다. 당시 김수환은 대통령 노태우에 이어 2위를 차지했다. 정치인 김대중과 경제인 정주영이 그의 뒤를 이었다. 이처럼 김수환은 사랑과 정의의 종교적 지도자로 많은 국민에게 큰 영향을 미침으로써 시민사회의 도덕적 구심을 대표했다.

'너희와 모든 이를 위하여'

김수환이 남긴 글과 강론은 2001년 팔순과 사제 서품 50주년을 기념해《김수환 추기경 전집》 전18권으로 나왔다. 그가 남긴 말과 글을 천주교 서울대교구가 엮은 책이《김수환 추기경의 신앙과 사랑》이다. 2008년에는 이 책의 개정 2판이 두 권으로 나왔다. 김수환의 삶, 기도와 시, 그리고 신앙과 사상을 엿볼 수 있는 저작이다.

김수환은 종교인이자 종교사상가다. 그에게 삶과 믿음, 인식과 신앙, 사유와 실천은 둘이 아니라 하나였다. 앞서 말했듯 그는 사랑과 정의의 사상가였다. 인간의 불완전성을 통찰하고 사랑으로 우리에게 다가온 믿음의 사상가, 교회의 역할을 중시하고 현실에서 정의를 구현하려 했던 실천의 사상가가 바로 그였다.

사회학자인 내가 보기에 김수환은 교회의 사회적 역할을 강조한 사상가다. 이 책의 간행사에서 추기경이자 서울대교구장인 염수정은 김수환이 '교회의 높은 담을 헐고 사회 속에 교회를 심어야 한다'는 제2차 바티칸 공의회의 정신에 따른 교회 쇄신과 현실 참여를 모색했다고 말한다. 가난하면서도 봉사하는 교회, 한국 역사 현실에 동참하는 교회가 김수환이 추구한 삶이자 사상이었다는 회고는 매우 적절한 평가다.

김수환이 다른 정의의 사상가들과 구별되는 점이 있다면, 사회적 정의를 개인적 사랑과 연결하고 있다는 것이다. 그는 말한다. "현세를 무엇으로 바꿀 수 있습니까? (…) 물리적인 힘으로? 그것은 불가능합니다. (…) 인간 세상을 인간다운 세상으로 바꿀 수 있는 것은 다름 아닌 정신적 가치인 것입니다. 희망, 정의, 사랑, 자유 등입니다. 특히 인간의 사악한 마음까지도 변화시킬 수 있는 것은 사랑입니다. 항구한 사랑, 조건 없는 사랑, 목숨까지 바치는 사랑 앞에서 비로소 마음이 변화될 수 있습니다."

마음이 변해야 생각이 바뀌고, 생각이 바뀌어야 행동이 이뤄지는 것은 인간 본래의 특징이다. 이러한 마음의 진정한 주인이 바로 그리스도가 가르친 사랑에 있다는 것을 김수환은 역설한다.

2009년 김수환이 선종한 다음 우리 사회가 정신적 주인을 잃었다는 느낌을 가진 이는 나만이 아닐 것이다. 그의 선종을 추모하기 위해 모인 40만의 시민 행렬은 그가 우리 사회에 드리운 정신적 영향의 그늘을 새삼 돌아보게 했다. 어떤 이들은 말년에 그가 남긴 정치적 발언을 아쉬워할지도 모른다. 그러나 한 개인의 삶과 사상은 부분이 아니라 전체로 평가해야 할 것으로 보인다.

"너희와 모든 이를 위하여 / 야훼는 나의 목자, 아쉬울 것 없

노라." 그의 묘비명이다. '야훼는 나의 목자, 아쉬울 것 없노라'
는 성경《시편》에 나오는 구절이고, '너희와 모든 이를 위하여(Pro
Vobis et Pro Multis)'는 그의 추기경 문장(紋章)에 적힌 말이다. 그는 말
한다.

"나의 표어인 '너희와 모든 이를 위하여'도 실은 성서에서 따
온 것이다. 예수님께서 제자들과 더불어 최후의 만찬을 하실 때,
당신의 몸과 피, 당신의 전부를 제자뿐 아니라, 세상 시작부터 마
침에 이르는 인류 전체를 위한 구속(救贖)의 제물, 생명의 떡으로
내놓으며 하신 말씀에서 비롯됐다. 그리스도의 뒤를 따라 내 삶을
남김없이 고스란히 인간 구제를 위해 바치는 목자, 목숨 다하도록
사랑에 타는 제물 되고자 나는 이 말을 택했다."

길 잃은 양을, 삶의 의미를 찾는 이를 인도하는 이가 목자다.
기독교에선 하나님과 그리스도가 목자다. 우리와 모든 이를 위한
우리 시대 또 한 사람의 목자가 다름 아닌 김수환 스테파노였다.

종교의 미래 ①

우리나라는 아시아에서 가톨릭을 자생적으로 받아들인 드문
국가다. 목숨을 앗아간 모진 박해 속에서도 천주교도들은 신앙의
씨앗을 뿌렸다. 이 과정에서 내 시선을 끈 이들은 실학자 정약용과
그의 셋째 형인 정약종이었다.

젊은 시절 정약용과 정약종은 천주교를 배우고 받아들였다.
신해박해(1791) 이후 정약용은 천주교로부터 멀어진 반면, 정약
종은 신앙생활에 더욱 정진했다. 정약종은 천주교 한글 교리서인

《주교요지》를 써서 보급했고, 평신도 단체인 명도회의 초대 회장을 맡았다. 세례명이 아우구스티노인 정약종은 신유박해(1801) 때 순교했다. 1984년 아내(유조이)와 둘째 아들(하상), 딸(정혜)이 시성(諡聖)된 데 이어 그는 2014년 첫째 아들(철상)과 함께 시복(諡福)됐다.

김수환은 정하상 등의 시성에 결정적 역할을 했다. 1984년 한국 성인 대축일 미사에서 그는 말한 바 있다. "그분들은 의인들이면서도 벌을 받았고, 재산과 생명, 모든 것을 잃었습니다. 그러나 그분들은 '제 목숨을 살리려고 하는 사람은 잃을 것이요, 나를 위하여 제 목숨을 잃는 사람은 살 것이다'라는 예수님 말씀 그대로 순교하심으로써 참 생명을 얻었습니다."

사회학적 시각에서 정약용과 정약종의 삶은 동양의 마음과 서양의 마음을 돌아보게 한다. 당시 천주교는 '서학'이라 불렸듯 서구적인 것을 상징했다. 천주교를 떠났던 정약용이 '동도서기(東道西器)'의 사상가였다면, 천주교를 지켰던 정약종은 '서도서기(西道西器)'의 종교인이었다.

우리 사회 미래에서 분명한 것은 제도의 변화 못지않게 마음의 변화 또한 중요하다는 점이다. 마음의 자각을 동반하지 않는 제도의 개혁은 결코 성공하기 어렵다. 마음과 제도, 종교와 사회는 함께 가야 한다.

이러한 마음의 변화에서 출발을 이루는 것은 인간에 대해 '동도'와 '서도'가 공유하는 가르침이다. 인간은 본디 불완전한 존재다. 그러기에 타인을 인정하고 사랑하며 포용하는 것은 우리 인간에게 부여된 윤리적 책무다. 이러한 책무를 실천하는 것은 우리 사회에서 인간다운 미래를 열어갈 기본 조건이라고 나는 생각한다.

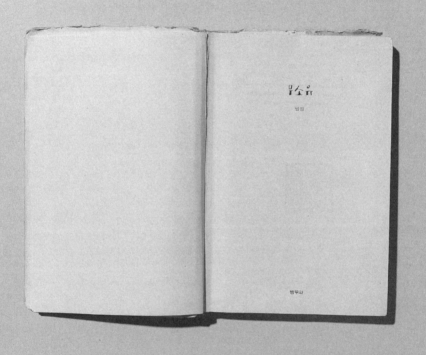

무소유

법정

범우사

8. 법정:
《무소유》와 종교의 미래 ②

종교는 철학과 함께 사상의 출발을 이룬다. 서양사상이 그리스 철학과 기독교에 기원을 둔다면, 동양사상은 유교철학과 불교로부터 시작됐다. 우리 역사를 돌아봐도 이황, 이이, 정약용과 원효, 지눌, 휴정은 유학과 불교를 대표하는 사상가들이다.

사상으로서의 종교가 갖는 의의는 인간의 실존적 질문에 응답한다는 데 있다. 인간이라면 누구나 마주하는 근본적 질문이 있다. 왜 사느냐, 어떻게 사느냐, 무엇을 위해 사느냐는 게 그것이다. 이러한 물음에 종교는 인식의 사실판단과 믿음의 가치판단을 제공한다. 종교에서 인식과 믿음은 둘이 아니라 하나다.

지난 100년 동안 이런 근본적 질문에 응답을 구한 종교사상가들은 많다. 함석헌의 기독교사상, 김수환의 천주교사상, 성철의 불교사상은 대표적인 종교사상으로 꼽을 만하다. 이들 종교사상가 가운데 우리나라 국민들이 가장 사랑했던 이는 누구일까. 그 사람은 스님 법정(法頂)이지 않을까.

이 땅에서 살아온 사람들이라면 법정의 《무소유(無所有)》를 읽어본 이들이 결코 적지 않을 것이다. 1976년에 나온 이 책은 수필 형식을 빌려 불교사상의 의미는 물론 현대인이 가져야 할 삶의 태도를 간결하고 설득력 있게 전달한다. 사회 변화가 빨라질수록 우리는 그 변화의 폭과 깊이, 그리고 속도에 압도되어 살아가게 된다. 법정이 펼쳐 보인 무소유 사상은 질주해온 압축산업화 과정에서 새삼 삶의 궁극적 의미를 돌아보게 했다.

내가 법정이라는 이름을 처음 알게 된 것은 1970년대 중반 고등학교 시절 《무소유》를 읽었을 때였다. 고등학생 시선에 가장 인상적인 것은 무소유 사상보다 그가 담담히 전하는 두 인연이었다. 한 인연은 생텍쥐페리의 《어린 왕자》이고, 다른 인연은 도반 수연스님이다. 법정은 "사막이 아름다운 건 어디엔가 샘물이 고여 있어서 그렇"다는 어린 왕자 이야기를 들려준다. 격렬한 고도성장에도 불구하고 더없이 황량했던 우리 사회를 촉촉이 적셔주는 샘물 같은 큰 어른이 바로 법정이었다는 생각이 나만의 것은 아닐 것이다.

《무소유》가 펼쳐놓은 세계

종교사회학을 익히기 위해 한때 불교를 공부한 적이 있다. 《금강경》, 《벽암록》, 막스 베버의 《불교와 힌두교》를 읽고, 근대 불교를 중흥한 경허에 대한 글을 쓰기도 했다. 동양에서 불교사상은 대승불교와 소승불교, 교종과 선종, 임제종과 조동종의 발전에서 볼 수 있듯 오랜 역사를 갖는다. 지난 100년 우리 불교의 역사에서 만공, 동산, 효봉, 전강, 그리고 성철 등은 뚜렷한 족적과 업적을 남겼다.

근대가 열린 이후 불교사상에 가장 큰 영향을 미친 인물은 경허와 성철과 이기영이다. 경허가 휴정 이후 쇠락해온 우리 불교를 다시 일으켰다면, 성철은 '돈오점수냐, 돈오돈수냐' 논쟁을 통해 사상과 수행의 깊이를 더했다. 그리고 이기영은 불교학자로서 원효 사상을 연구하고 불교사상의 현대적 의미를 탐구했다.

법정의 길은 경허와 성철의 길과 사뭇 달랐다. 1932년 전남 해남에서 태어난 법정은 책과 법문을 통해 우리 시민들과 가까이 소통했다. 《영혼의 모음》(1973)에서 《아름다운 마무리》(2008)에 이르기까지 그의 책들은 불교 교리를 쉽고 분명하게 전달했을 뿐만 아니라 우리 삶과 사회를 돌아보는 데 마음의 위안과 사유의 통찰을 안겨줬다. 1994년에는 시민단체 '맑고 향기롭게'를 만들어 이끌었고, 1997년에는 서울 성북동에 길상사를 열어 대중 포교에 힘썼다.

《무소유》는 우리 현대 지성사에서 '국민적 수필집'이라 부를 만하다. 2010년까지 300만 부 정도 판매된 것으로 알려졌다. 많은 이들이 《무소유》를 이렇게 사랑한 까닭으로는 두 가지를 생각해 볼 수 있다. 첫째, 이 책은 불교적 깨달음의 세계를 유려한 문체로 전달한다. 불국사 복원에서 불교의 평화관에 이르기까지 법정이 펼쳐놓은 이야기들은 영원한 '영혼의 모음(母音)', 다시 말해 그리운 어머니의 목소리를 떠올리게 한다.

둘째, 이 책은 무소유 사상을 설파한다. "우리는 필요에 의해서 물건을 갖지만, 때로는 그 물건 때문에 마음이 쓰이게 된다. 그러니까 무엇인가를 갖는다는 것은 다른 한편 무엇인가에 얽매인다는 뜻이다. (…) 크게 버리는 사람만이 크게 얻을 수 있다"는 법정의 이야기는 이기와 탐욕으로 얼룩진 우리 삶과 사회를 성찰하게 한다. 자본주의를 지배하는 최고의 신인 물신(物神)의 숭배가 강제하는 일체의 구속에서 벗어나 마음의 진정한 자유를 찾는 것이 바로 무소유 정신이다.

어둔 밤을 비추는 달

법정은 사상가인 동시에 종교인이었다. 종교사상가의 경우 시민들이 공감하는 것은 사상 못지않게 삶 그 자체다. 많은 이들이 법정을 사랑하고 존경했던 까닭은 스스로 먹을 것을 만들고 땔감을 구했던 더없이 청빈한 무소유 실천에 있었다. 법정은 사상의 분별력과 실천의 진정성을 동시에 보여준 우리 시대에 보기 드문 지식인이었다.

《무소유》초판을 보면 법정의 약력이 나온다. 1954년 입산 출가, 효봉스님을 은사로 득도, 현재 조계산 불일암 시자, 그리고 약간의 저서와 역서 소개가 그것이다. 약력에서 볼 수 있듯 그의 삶에서 중요했던 세 가지 일은 출가와 득도와 수행이다. 삶이 괴로워 출가했고, 수행 끝에 깨달음을 얻었고, 세상을 떠날 때까지 정진했다는 게 그의 삶 전부였다.

2010년 3월 일흔여덟의 나이(법랍 54세)로 법정은 입적했다. 그의 입적을 지켜보며 문득 떠오른 것은 그의 스승 효봉이 남긴 임종게였다. "내가 말한 모든 법. 그거 다 군더더기. 누가 오늘 일을 묻는가. 달이 일천 강에 비치리." 법정은 스승을 좇아 평생 존재의 의미를 묻고 답변을 구했다. 진정한 자유를 갈망했던 그의 무소유 정신은 어둔 밤을 밝히는 은은한 달이 되어 우리 삶이 가야 할 길을 비추는 빛이 된 것은 아닐까.

《아름다운 마무리》에서 법정은 "아름다운 마무리는 지나간 모든 순간들과 기꺼이 작별하고 아직 오지 않은 순간들에 대해서는 미지 그대로 열어둔 채 지금 이 순간을 받아들이는 일"이라고 말한다. 그의 삶과는 아쉽게 작별했지만, 그의 가르침은 언제나 새로운 시작을 안겨준다고 나는 생각한다.

종교의 미래 ②

불교는 인간 존재의 의미를 탐구하는 사상이다. 불교에 따르면, 삶은 고해(苦海)이며, 존재는 덧없는 것이다. 동아시아 선종을 연 6조 혜능이 본래무일물(本來無一物)과 일체유심조(一切唯心造)를 내세운 까닭이 여기에 있다.

법정은 말한다. "본래 한 물건도 없는 거다. 이 세상에 태어날 때 가지고 온 것도 아니고, 이 세상을 하직할 때 가져가는 것도 아니다." 그리고 강조한다. "정말 우리 마음이란 미묘하기 짝이 없다. (…) 마음에 따르지 말고 마음의 주인이 되라고 옛사람들은 말한 것이다."

마음의 구속에서 벗어나 마음의 주인이 되어 진정한 자유를 얻는 것은 불교의 종교적 이상이다. 임제종을 연 임제는 '수처작주 입처개진(隨處作主 立處皆眞)'이라는 선어를 남겼다. '어디를 가든 그곳에서 주인이 되면, 그곳이 진리의 자리가 된다'는 의미다. 임제는 인간 주체의 자율성을 열렬히 옹호함으로써 이 자율성이 선사하는 자기 구속으로부터의 해방을 철저히 추구했다.

정보사회학자 마누엘 카스텔은 세계화와 정보사회의 진전이 가져온 결과의 하나로 정체성의 위기를 주목한 바 있다. 정체성 위기의 다른 말은 삶의 의미 상실이다. 넘쳐흐르는 지식과 정보의 홍수 속에서 많은 이들은 이렇게 살아도 되는 것인지, 어떻게 살아야 할 것인지의 질문을 던지게 된다.

오늘날 어느 나라든 물질문명이 가져온 풍요는 천상의 화음으로 울리는데 두 다리로 버티는 지상의 세계는 불안과 절망과 분노의 비명이 퍼지고 있다. 천상의 화음과 지상의 비명 사이에서 자신에게 맞는 삶의 의미를 구성하는 것은 현대인의 자아정체성이 감당해야 할 실존적 과제다. 이러한 과제를 수행하는 데 종교는 우리에게 여전히 위안을 안겨주고 구원을 제시하고 해방을 인도한다.

사회학적 관점에서 불교는 삶의 무의미를 승인함으로써 그 무의미 속에서 진정한 의미를 찾으려는 사상 및 신앙의 체계다. 현대인의 삶을 규정하는 이기주의·경쟁주의·물질주의에 맞서서 불교는 생명주의·다원주의·정신주의를 역설한다. 21세기를 살아가는 현대인의 자아정체성은 질주하는 사회로 인해 더욱 복합적이고 모순적인 모습으로 나타나게 될 것이다. 이 과정에서 불교를 포함한 종교의 지혜가 존재론적 위안과 구원과 해방의 길을 안내할 것이라고 나는 믿는다.

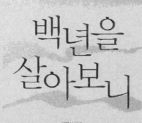

백년을
살아보니

김형석 지음

Denstory

9. 김형석:
《백년을 살아보니》와 100세 시대의 미래

지식인을 분류하는 기준은 여럿이다. 무엇을 전공했는지, 어디서 공부했는지, 청중이 누구인지에 따라 구분할 수 있다. 그 가운데 청중에 주목할 때 지식인은 학술 연구에 힘쓰는 '전문적 지식인'과 대중과의 소통에 주력하는 '대중적 지식인'으로 나눠 볼 수 있다. 광복 이후 우리 지식사회에서 가장 널리 알려진 대중적 지식인은 어떤 이들이었을까.

지식인의 범위를 교수로 제한할 때, 문학평론가 이어령, 철학자 김형석과 안병욱, 경제학자 신영복, 미술사가 유홍준, 신문방송학자 강준만 등이 그들이지 않았을까. 이들에 대한 대중의 관심은 뜨거웠고, 대중에 대한 이들의 영향력은 작지 않았다. 나 역시 1970년대 중·고교 시절에 이어령·김형석·안병욱의 책들을 탐독했고 상당한 감동과 영향을 받았다.

이 장에서 다루려는 이는 철학자 김형석이다. 그런데 여기서 주목하려는 것은 1960~1980년대의 김형석이 아니라 최근의 김형석이다. 그 까닭은 고령화의 진전과 더불어《백년을 살아보니》 등 그가 내놓은 저작들이 만들어온 잔잔한 파문에 있다. 그 자신의 말처럼 격동의 100년 동안 '오래 사느라 고생해온' 김형석의 담담한 육성은 고령세대의 선 자리를 돌아보게 하고 갈 길을 내다보게 한다.

철학자이자 에세이스트, 김형석

김형석은 1920년 평남 대동에서 태어났다. 숭실중학교에서 공부하고 일본 조치대에서 철학을 전공했다. 광복 이후 월남한 그는 연세대에서 철학을 가르쳤다. 그는 철학계 1세대 교육자의 역할을 맡았다.《철학 개론》등을 통해 철학 교육의 기초를 세웠고,《예수》등을 통해 기독교의 이해를 계몽했다.

김형석이란 이름이 널리 알려진 것은 학술 및 종교 저작보다 에세이집을 통해서였다. 대학에 자리 잡은 후 그는 전문 연구와 함께 다수의 에세이집을 출간했다. 1959년 발표한 에세이집《고독이라는 병》은 에세이스트로서의 그의 등장을 예고했다. 이어 1961년 발표한《영원과 사랑의 대화》는 그를 당대를 대표하는 에세이스트로 부상시켰다. 이후 베스트셀러들을 잇달아 내놓음으로써 1960~1970년대에 대중에겐 가장 친숙하면서도 저명한 철학자이자 에세이스트로 활동했다.

나 또한 중·고교를 다니면서 김형석과 안병욱의 책들을 열심히 읽었다. 대학에 들어와 사회과학을 공부하면서 두 사람의 책들로부터 이내 멀어졌지만, 1960~1970년대에 김형석과 안병욱이 우리 청소년과 시민사회에 미친 영향은 결코 작지 않았다.

김형석의 에세이들이 크게 인기를 누렸던 까닭은 뭘까. 그것은 지식사회학적 시각에서 설명할 수 있다. 1960~1970년대는 산업화가 격렬히 진행됐던 시대였고, 이러한 자본주의의 물질적 팽창은 다른 한편 정신적 빈곤을 자각하게 했다. 사랑·도덕·종교의 가치를 강조한 김형석의 에세이들은 바로 이런 빈곤을 해소할 수 있는 위안의 사상, 마음의 양식의 의미를 가졌다.

예를 들어, 김형석은《고독이라는 병》이라는 에세이에서 말한다. "고독의 반대는 사랑이다. 그러므로 사랑을 가장 필요로 하는 사람이 가장 깊은 고독을 느끼는 법이며 얻을 수 없는 사랑을 품은 이가 누구보다도 고독해지는 것이다." 현재적 시점에서 보면 달콤쌉싸름한, 평범한 구절이다. 하지만 전쟁의 폐허 속에 실존주의가 유행했던 1950년대 후반의 독자들에겐 위로와 용기를 안겨준 말이기도 했다.

100세 시대의 삶과 지혜

민주화 시대가 열리면서 김형석은 과거처럼 큰 주목을 받지 못했다. 그 까닭은 정년퇴임 이후 그가 철학과 종교 문제에 천착한데 있기도 하지만, 한편으론 민주화와 포스트모더니즘 등 새로운 제도와 문화 담론이 융성했던 데서도 찾을 수 있다. 그런데 2010년대에 들어와 그는 새로운 주목을 받아왔다. 왜일까.

여기에는 두 가지 이유가 중요한 것으로 보인다. 하나는 경험의 힘이다. 아흔을 넘어 김형석이 내놓은《백년을 살아보니》(2016)를 위시한 저작들은 100세를 눈앞에 둔 한 원로 철학자의 인생 경험이 생생히 담겨 있다. '내가 그동안 살아보니 삶과 세상은 이렇더라'는 말에 귀 기울이게 됐다. 경험만큼 더 강력한 설득력은 없다.

다른 하나는 우리 사회가 '100세 시대'를 눈앞에 뒀다는 점이다. 100세 시대란 우리 인간의 수명이 100세에 다가서는 시대를 말한다. 통계청 자료에 따르면, 2016년 우리나라 남자의 기대수명(출생아가 앞으로 살 것으로 기대되는 연수)은 79.3세이고, 여자는 85.4세다. 기대여명(특정 연령자가 앞으로 살 것으로 기대되는 연수)의 경우, 60세를 기준으로 볼 때 남자는 82.5세이며, 여자는 87.2세다. 환갑을 맞이한 이들이 평균 20년 이상은 더 살 수 있다는 통계다.

김형석의《백년을 살아보니》는 100세 시대를 다룬 기존 저작들과 다른 결과 깊이를 담고 있다. 그는 객관적 시각에서 100세 시대를 전망하고 대책을 강구하지 않는다. 주관적 입장에서 100년에 가까운 자신의 삶을 회고하며 100세 시대로 나아가는 이들에게 충고한다. 행복, 결혼과 가정, 우정과 종교, 돈과 성공, 명예, 노년의 삶에 대해 그는 자신의 경험을 들려주고 지혜를 선사한다.

"나는 오래전부터 인생의 황금기는 60에서 75세 사이라고 믿고 있다. (…) 인생에서 50에서 80까지는 단절되지 않은 한 기간으로 보아야 한다는 생각이다. 50부터는 80이 되었을 때 나는 적어도 이러한 삶의 조각품을 완성해야 한다는 준비와 계획과 신념과 꾸준한 용기를 갖고, 제2의 마라톤을 달리는 각오로 재출발해야 한다는 교훈이다."

김형석의 주장은 간명하다. 늙음은 언젠가 찾아오게 돼 있다. 늙는다는 것은 그 누구의 잘못도 아니다. 젊었을 땐 용기가 필요하다면, 늙었을 땐 지혜가 요구된다. 그 지혜의 핵심은 자기의 삶에 대한 올바른 인식이다. 우리 인간은 늙어서도 행복하게 살 권리가 있고, 다음 세대에게 존경받아야 할 의무가 있다. 이 권리와 의무를 다하기 위해 가장 좋은 방법은 계속 공부를 하고, 취미생활을 하며, 봉사활동을 하는 것이다. 이렇게 100년을 살아온 경험이 생생한 지혜가 되어 김형석은 삶의 통찰을 안겨 준다.

지성사의 관점에서 김형석을 이 책에서 다루는 것에 대해 이의를 제기하는 이들도 없지 않을 것이다. 김형석보다 학문적 업적이 뛰어난 철학자들은 적지 않다. 그러나 지난 100년 동안 김형석만큼 대중에게 가깝게 다가선 철학자를 찾기 어렵다. 이어령과 신영복처럼 김형석은 대중의 고독에 벗이 돼주고, 대중의 삶에 지혜를 선사했다. 그는 '천상의 화음'이 아니라 '지상의 비명'에 주목하고, 그 비명하는 대중과 동행하고 대중을 위로하고 사랑한 철학자였다.

100세 시대의 미래

100세 시대가 이렇게 열리고 있는데 그렇다면 어떻게 준비해야할까. 50퍼센트에 육박하는 노인빈곤율 등의 통계를 보면 현재우리나라 노인들의 삶의 질은 매우 낮다. 단·중기적 시각의 노후대책은 매우 시급한 과제다.

하지만 동시에 중·장기적 맥락의 100세 시대 개막에 대한 준비 또한 중요하다. 이제까지 우리 사회에선 교육과 취업, 은퇴라는 삶의 경로가 주어져 있었다. 그런데 100세 시대가 열리면 이 경로는 새롭게 재구성돼야 한다. 당장 60세 전후로 은퇴한 다음 남은인생을 어떻게 보내야 하는지는 고령세대에게 결정적인 실존의문제다. 가난하고 외롭고 병든 나날로 이어지는 삶이라면 100세시대는 축복이 아니라 재앙이다.

100세 시대 개막에 맞서서 국가의 역할과 개인의 태도 모두 중요하다. 국가는 고령사회에 대처하는 노후 복지를 강화하는 동시에 100세 시대를 예비하는 고용 대책과 교육 프로그램을 추진해야 한다. 개인적 차원에서도 은퇴한 다음 여생을 설계하는 것은너무 늦다. 이른바 '인생 이모작 시대'가 열리는 만큼 장년세대부터 100세 인생 준비에 적극적 관심을 갖고 자기만의 삶의 방식을마련해야 한다.

"늙는다는 것은 꽃이 피었다가 열매를 맺고 그 열매가 익어가는 과정이다. 그 기간에 가장 중요한 것은 지혜이다. (…) 그런 지혜의 한 가지로, 힘들여서 해야 할 일은 후배에게 물려주고 우리는그 뒤에서 선배다운 지혜를 갖고 도와주자는 것이다."

김형석이 전하는 말이다. 인생의 절반 이상을 지나면서 우리는 다시 한 번 물어야 한다. 왜 사는가, 어떻게 살 것인가, 무엇을 위해 살 것인가. 대한민국 미래 100년에서 노년이 풍요롭고 아름답기를 소망하는 이가 나만은 아닐 것이다.

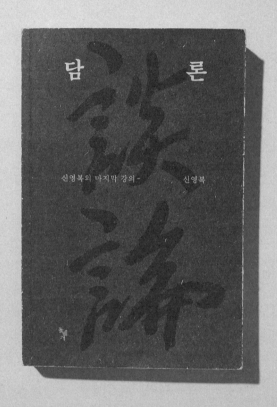

담 론

신영복의 마지막 강의 -   신영복

돌베개

10. 신영복:
《담론》과 연대의 미래

인간의 본질과 사회의 제도를 사유하여 담론으로 주조하는 이들을 사상가라 한다. 예를 들어, 인간의 조건을 탐구한 한나 아렌트와 정의로운 사회를 탐구한 존 롤스는 전후 서구사회의 대표적인 사상가였다. 이런 사상가라는 이름에 어울리는 우리나라 지식인으로 내게 가장 먼저 떠오르는 이는 신영복이다. 신영복은 문명 성찰과 인간 해방을 추구한, 우리 시대를 대표하는 사상가였다.

신영복에 대한 이러한 평가에 이의를 제기하는 이들도 있을 것이다. 그의 사상이 정밀한 체계를 갖추고 있지 않다는 점을 근거로 내세울지도 모르겠다. 이러한 견해에 대해 내 생각은 다르다. 까닭은 세 가지다.

첫째, 사상은 창의성을 요구한다. 신영복은 관계론이란 독창적 담론을 주조해 인간과 세계를 해석했다. 둘째, 사상은 설득력을 갖춰야 한다. 신영복이 펼쳐온 인간과 세계 이해는 많은 이들에게 공감을 안겨줬다. 셋째, 사상은 미래를 전망해야 한다. 신영복이 남긴 통찰은 개인적·사회적 차원에서 더 나은 미래를 여는 희망의 언어들을 선사했다.

신영복은 1941년 경남 밀양에서 태어났다. 서울대에서 경제학을 공부한 후 육군사관학교 교관으로 있다가 1968년 통일혁명당 사건으로 구속돼 무기징역형을 받았고, 20년 20일 동안 복역했다. 1988년 8월 특별 가석방으로 출소했고, 이후 성공회대에서 학생들을 가르쳤다.

2016년 신영복이 세상을 떠났을 때 나는 한국일보에 추모문을 썼다. "이 땅에 지식을 전하는 교수들은 많지만, 사람이라면 어떤 생각을 하고 어떻게 살아야 하는지를 가르치는 선생들은 많지 않다. 신영복 선생님은 (…) 교수이기 이전에 삶의 진정한 의미와 가치를 일러준 선생"이라고 적었다. 내게 신영복은 사람의 가치를 알려준 사상가였다.

'사색'에서 '담론'으로

신영복의 이름을 널리 알린 저작은 《감옥으로부터의 사색》(1988)이다. 이 책은 20년 넘게 세상과 단절된 감옥 안에서 무한 고독을 견뎌낸 내면적 기록이다. 신영복의 언어는 명징하고 따뜻하며 마음을 시리게 한다. 인간이란 어떤 존재인지, 그리고 어떤 존재여야 하는지를 끝없이 돌아보게 한다.

신영복 사유를 지탱하는 두 기반은 마르크스 정치경제학과 철학적 관계론이다. 정치경제학은 한국 및 세계사회를 파악하는 그의 인식틀이다. 오늘날 자본주의는 사람과 사람을 단절시키는 물신성이 사회 전체를 지배하는 비인간적인 체제라는 게 그의 분석틀이다. 이 자본주의가 인간을 고립된 존재로 보는, 언제나 승패를 요구하는, 결국 사회적 약자를 희생시키는 존재론의 철학을 낳았다고 그는 비판한다.

관계론은 존재론에 대한 신영복의 사상적 대안이다. '나 아닌 다른 것들과의 관계성의 총체'가 인간 생명의 본질을 이룬다는 게 관계론의 핵심 아이디어다. 신영복에게 관계론은 자본주의의 소외를 극복하고 인간적인 사회를 만들어갈 수 있는 사상적 거점이다.

관계론을 본격적으로 다룬 저작이 '나의 동양 고전 독법'이 부제인 《강의》(2004)다. 《강의》는 《시경》에서 《한비자》에 이르기까지 동양 제자백가(諸子百家) 사상들을 관계론의 관점에서 탐구하고 재해석한다. 신영복은 인간 존재의 본질을 배타적 독립성이나 개별적 정체성이 아니라 최대한의 관계성에서 찾는다.

이러한 사색과 탐구가 집약된 책이 2015년에 출간한 《담론》이다. '신영복의 마지막 강의'가 부제로 달려 있다. 이 저작에서 신영복은 앞서 발표한 저작들을 주요 텍스트로 하여 세계와 인간에 대한 자신의 이론에 넓이와 깊이를 더한다.

인문학이 인간과 세계에 대한 공부라면, 신영복은 '머리에서 가슴으로 가는 여행'이 공부의 시작이라고 말한다. 그러나 또 하나의 공부인 '가슴에서 발까지의 여행'이 남아 있다고 강조한다. '세계와 인간에 대한 각성이면서 존재로부터 관계로 나아가는 여행'이 공부의 출발점이고, '비근대의 조직과 탈근대의 모색'을 추구하는 게 그 종착점이라는 것이다.

《담론》은 이러한 사유의 긴 여행을 다룬다. 정치경제학과 동양 고전에 대한 재해석이 신영복의 세계 인식을 이룬다면, 감옥 안과 밖의 체험 및 사색이 그의 인간 이해를 구성한다. 관계를 모든 담론의 중심에 놓아두고, "나와 세계, 아픔과 기쁨, 사실과 진실, 이상과 현실, 이론과 실천, 자기 개조와 연대, 그리고 변화와 창조"에 대한 신영복 특유의 사유를 펼쳐 보인 저작이 《담론》이다.

문명 성찰과 인간 해방의 사상

신영복의 정년퇴임을 기념하는 문집인 《신영복 함께 읽기》에서 나는 신영복 사상을 '인간 해방적, 문명 성찰적 진보주의'라 명명한 바 있다. 신영복에게 정치경제학은 자본주의 문명에 대한 비판 담론이며, 관계론은 인간 이해에 대한 해방 담론이다. 성찰을 통한 해방을 치열하게 모색해온 지적 여정이 신영복이 걸어온 사상의 모험이다.

문명 성찰과 인간 해방에 대한 신영복 사상은 우리 지성사에서 이채로운 것이다. 대다수 지식인이 서구 사상에서 자신의 인식틀을 빌려온다면, 신영복은 사유의 실마리를 서구 사상은 물론 동양 사상에서 구한다. 자신에게 중요했던 책에 관한 질문에 신영복은 "《논어》는 인간에 대한 담론이고,《자본론》은 자본주의 사회 구조에 관한 이론이고,《노자》는 자연에 대한 최대 담론"이라고 응답한 바 있다.

《담론》에서 주목할 것은 비근대의 조직과 탈근대의 모색에서 신영복이 질 들뢰즈, 알랭 바디우, 조르조 아감벤, 에드워드 사이드의 사상을 다룬다는 점이다. 공존과 관용을 넘어서 변화와 탈주의 사상으로 관계론을 심화시키려는 그의 사유의 확장을 엿볼 수 있는 대목이다. 동서양 사상의 이러한 융합을 좀 더 가다듬지 못한 채 안타깝게 신영복은 우리 곁을 떠났다.

'석과불식(碩果不食)'은 신영복이 남겨준 화두다. '씨 과실은 먹지 않는다'를 뜻하는 석과불식은 20년의 수감 생활을 견디게 했던 희망의 언어다. 석과불식의 교훈은 사람에 담긴 가치의 발견에 있다. 그는 말한다.

"사람을 키우는 일이야말로 그 사회를 인간적인 사회로 만드는 일입니다. (…) 욕망과 소유의 거품, 성장에 대한 환상을 청산하고, 우리의 삶을 그 근본에서 지탱하는 정치·경제·문화의 뼈대를 튼튼히 하고, 사람을 키우는 일, 이것이 석과불식의 교훈이고 희망의 언어입니다."

사람이 '처음이자 끝'이라는, 다시 말해 사람을 가장 우선시해야 한다는 신영복의 사상은 새로운 게 아닐 수 있다. 그리스나 로마든, 중국이나 인도든 인류가 사상을 주조하기 시작하면서 적지 않은 이들이 주장해온 바다. 그러나 이 가치는 여전히 실현되지 않는 인류의 '오래된 미래'다. 사람의 가치를 본래의 자리로

되돌려놓으려는 신영복 사상은 우리 지성사의 오래된 미래라고
나는 생각한다.

연대의 미래

인간에 대한 탐구는 지난 20세기 매우 중대한 학문적 주제였다.
에드워드 윌슨이 생물학적 존재로서의 인간을 주목했다면, 지그
문트 프로이트는 무의식의 존재로서의 인간을 탐구했다. 알프레
드 슈츠는 생활세계의 주인공으로서의 인간을 강조했고, 위르겐
하버마스는 노동하고 소통하는 인간을 부각시켰다.

오늘날 인간은 어느 한 인식틀로만 파악할 수 없는 복합적 존
재다. 인간을 넓고 깊게 이해하기 위해선 생물학·철학·심리학·사
회학 등의 공동 연구가 필요한 셈이다.

인간학의 관점에서 신영복의 사상에서 내게 가장 인상적인 것
은 관계론이다. 관계론은 인간의 사회적 성격을 고려할 때 타당
한 견해다. 하버마스의 '상호주관성'과 앤서니 기든스의 '구조와
행위의 이원성'과 닮아 있는 담론이다. 관계적 존재로서의 인간
의 발견과 성찰은 신영복 사상의 가장 중요한 성취다.

《감옥으로부터의 사색》에서《강의》를 거쳐《담론》까지 신영
복의 책들을 다시 읽으면서 그로부터 내가 배운 것은 무엇일까를
생각해봤다. 먼저 떠오른 것은 자본주의에 대한 일관된 비판과
인간에 대한 폭넓은 이해였다. 이와 더불어 내가 발견한 것은 위
로와 공감과 연대의식이었다. 신영복 저작들은 내게 위로를 선사
하고 공감을 불러일으키며 연대의 의미를 깨닫게 했다.

인간과 세계에 대한 올바른 인식은 사상이 갖춰야 할 제일의 덕목이다. 하지만 이 못지않게 사상은 위로와 공감에 기반한 연대의식을 안겨줄 수 있어야 한다. 깊이 있는 인식에 따뜻한 공명(共鳴)의 연대의식을 더하는 것은 사상의 미래에서 무엇보다 염두에 둬야 할 지식인의 태도라고 나는 믿는다.

III. 문학 1: 시

님의 침묵

한용운
고은 엮음

세계시인선

민음사

11. 한용운:
《님의 침묵》과 대한민국의 미래 ②

2019년 3월 1일은 역사적으로 특별한 날이었다. 3·1운동 100주년이었기 때문이다. 역사학자 강만길은 3·1운동이 그 참가 인원과 전국적 규모를 생각할 때 우리 역사에서 '거족적인 사회운동'이었다고 말한다. 조선 민족이 식민 통치를 달게 받는다고 주장한 일본 제국주의자들의 선전이 허구임을 널리 알리고, 민족자결과 국가 주권을 당당히 요구했던 '근대적·국민적 민족해방운동'이 바로 3·1운동이었다.

그렇다면 3·1운동의 주체는 누구였을까. 3·1운동을 이끌었던 이들은 민중이었다. 여기에 더하여, '민족대표 33인'의 역할이 컸다. 민족대표 33인은 우리 민족의 독립을 선언한 '기미독립선언서'에 서명한 이들을 말한다. 손병희는 33인의 상징적 인물이었고, 기독교계의 이승훈과 천도교계의 최린이 작지 않게 기여했다. 불교계에선 한용운과 백용성이 참여했다.

이 장에서 살펴보려는 이는 승려이자 독립운동가이고 시인인 한용운이다. 33인 가운데 한용운을 먼저 떠올리는 까닭은 시인으로서 그의 정체성에 있다. 이 땅에서 살아온 이들이라면 한용운의 시〈님의 침묵〉을 배워왔다.〈님의 침묵〉은 이상화의〈빼앗긴 들에도 봄은 오는가〉, 정지용의〈향수〉, 백석의〈흰 바람벽이 있어〉, 이육사의〈절정〉, 그리고 윤동주의〈서시〉와 함께 일제강점기에 쓰인 대표적인 시 가운데 하나다.

님이란 '사모하는 사람'을 말한다. 누군가를, 그 무엇을 사랑하는 것만큼 소중한 일은 없다. 시〈님의 침묵〉을 포함한 시집《님의 침묵》은 님의 존재에 대해 질문하며 숙고함으로써 순정하고 고결한 민족과 나라 사랑을 증거한다. 3·1운동 100년을 맞이하여 한용운의 삶과 시를 돌아보는 것은 매우 뜻깊은 일일 것이다.

한용운의 삶과 독립운동

한용운은 1879년 충남 홍성에서 태어났다. 용운은 법명이고 만해는 법호다. 어려서 한학을 배웠고 동학농민혁명과 의병운동을 지켜보다 설악산 오세암으로 들어갔다. 이후 방랑하다가 설악산 백담사로 들어가 출가함으로써 승려로서의 삶을 시작했다. 그는《조선불교유신론》을 저술했고, 불교 잡지《유심》을 간행했다. 그가 목표로 삼은 것은 조선 불교의 일대 개혁과 대중화였다.

실천적 승려로서의 민족의식을 내면화한 한용운은 1919년 3·1운동을 주도적으로 이끌었다. 불교계를 대표해 민족대표 33인에 참여했고, 이로 인해 옥고를 치렀다. 옥중에서 그는 〈조선 독립의 서〉를 썼다. 1920년대에 물산장려운동 지원, 민립대학건립운동 참여, 신간회 활동 등을 통해 독립운동을 적극적으로 이어나갔다. 이뿐만 아니라 불교청년회 회장, 불교 항일운동단체 '만당(卍黨)' 당수를 맡고 잡지《불교》를 속간하면서 불교계 독립운동을 주도했다.

한용운은 평생 비타협적 독립운동을 고수했다. 총독부와 마주보기 싫어서 성북동에 거처 심우장을 북향 집으로 지었다는 것은 널리 알려진 일화다. 3·1운동을 함께했지만 친일파로 전향했던 최린과 절교하는 등 독립운동가로서의 지조를 지켰다. 일제의 식민 지배가 더욱 강화되자 창씨개명 반대운동, 조선인 학병출정 반대운동을 벌였던 그는 1944년 심우장에서 입적했다.

"각 민족의 독립 자결은 자존성의 본능이요, 세계의 대세이며, 하늘이 찬동하는 바로서 전 인류의 앞날에 올 행복의 근원이다. 누가 이를 억제하고 누가 이것을 막을 것인가."〈조선 독립의 서〉의 한 구절이다. 〈조선 독립의 서〉가 보여주듯 한용운은 당당한 독립운동가였고,《조선불교유신론》에서 볼 수 있듯 탁월한 승려였다. 불교의 가르침이 존재의 무상함에 있다 하더라도 광복을 눈앞에 둔 채 이승과 작별한 그의 최후는 여전히 안타깝다.

가없는 민족과 나라 사랑

한용운의 또 하나의 소명은 작가였다. 1926년 시집 《님의 침묵》을 발표했고, 1935년 장편소설 《흑풍》을 조선일보에 연재했다. 시집 《님의 침묵》은 88편의 시로 이뤄져 있다. 맨 앞에 서문 격인 '군말'을, 맨 뒤에 발문 격인 '독자에게'를 덧붙이고 있다. 〈님의 침묵〉, 〈알 수 없어요〉, 〈복종〉 등은 중·고교 국어교과서에 실려 있어 매우 익숙한 작품들이다.

시집 《님의 침묵》이 높이 평가받아온 까닭은 님의 존재에 대한 한용운의 질문과 응답에 있다. '군말'에서 그는 말한다.

"'님'만 님이 아니라 기른 것은 다 님이다. (…) 님은 내가 사랑할 뿐 아니라 나를 사랑하느니라. (…) 너에게도 님이 있느냐. 있다면 님이 아니라 너의 그림자니라. / 나는 해 저문 벌판에서 돌아가는 길을 잃고 헤매는 어린 양(羊)이 기루어서 이 시를 쓴다."

그리운 건 모두 님이고, 님과 나는 서로 사랑하는 사이다. 그런데 한용운은 님이 '너의 그림자'라고 말한다. 님은 사랑하는 대상인 동시에 또 다른 나 자신이다. 사랑의 대상이 자기 자신으로 귀환하는 것은 님이 소망의 객체인 동시에 반성의 주체임을 함의한다.

한용운이 말하는 님은 이 세계에 존재하는 삼라만상 모두일 수 있다. 그러나 일제강점기라는 시대사적 조건을 고려할 때, 님이 갖는 우선적 의미는 민족 또는 나라에 있는 것으로 보인다. 주목할 것은 그 님이 객체이자 주체라는 점이다. 불교적 어법으로 말하면 '하나가 둘이 되고 그 둘이 다시 하나가 되는', 사회학적 어법으로 말하면 '님은 민족인 동시에 자아'라는 동일성의 깨달음을 그는 전달하는 것으로 보인다.

"님은 갔습니다. (…) 이별은 뜻밖의 일이 되고 놀란 가슴은 새로운 슬픔에 터집니다. / 그러나 (…) 슬픔의 힘을 옮겨서 새 희망의 정수박이에 들어부었습니다. / 우리는 만날 때에 떠날 것을 염려하는 것과 같이 떠날 때에 다시 만날 것을 믿습니다. / 아아, 님은 갔지마는 나는 님을 보내지 아니하였습니다."

시 〈님의 침묵〉이다. 당시 우리 민족이 갖고 있던 슬픔과 희망을 노래한 한용운의 대표작이다. 민족이 나라를 상실해 더없이 슬프지만 그 슬픔은 독립이라는 역설적 희망을 품게 한다. 역설적 희망이란 지금 비록 떠났으되 다시 만날 것을 굳게 믿는 회자정리(會者定離)와 거자필반(去者必返)의 사상이다. 일제에 나라를 빼앗겼지만 결국 되찾고 말 것이라는 강인한 의지를 그는 이렇게 표현한다.

"나는 나의 시를 독자의 자손에게까지 읽히고 싶은 마음은 없습니다. / 그때에는 나의 시를 읽는 것이 늦은 봄의 꽃수풀에 앉아서 마른 국화를 비벼서 코에 대는 것과 같을는지 모르겠습니다. (…) 새벽종을 기다리면서 붓을 던집니다."

시집 《님의 침묵》을 마감하는 '독자에게'다. 이 구절은 나라의 상실을 탄식하고 그 독립을 열망하는 한용운 자신의 시들이 독립을 성취한 다음에는 읽힐 필요가 없다는 의미로 이해할 수 있는 것으로 보인다. 한용운이 세상을 떠난 직후 광복이 이뤄졌고, 우리는 그가 남긴 시에서 늦은 봄날에 가을날 국화 향기를 맡아왔던 셈이다. 마른 국화가 뿜어대는 짙은 향기와 같은 한용운의 가없는 민족과 나라 사랑에 머리 숙여 경의를 표하지 않을 수 없다.

대한민국의 미래 ②

대한민국 100년 역사의 출발점은 1919년 3·1운동이다. 앞서 말했듯 3·1운동은 근대적·국민적 민족해방운동이었다. 근대적·국민적 민족해방에 대한 간절한 염원은 대한민국 임시정부 수립으로 나타났다.

3·1운동과 대한민국 임시정부의 정신은 '대한민국 임시헌장'에 반영돼 있다. 제1조는 "대한민국은 민주공화제로 함"이고, 제3조는 "대한민국의 인민은 남녀, 귀천 및 빈부의 계급이 없고 일체 평등함"이다. 그리고 제4조는 "대한민국의 인민은 신교(信敎), 언론, 저작, 출판, 결사, 집회, 신서(信書), 주소 이전, 신체 및 소유의 자유를 향유함"이다. 요컨대, 자유와 평등을 추구하는 민주공화국이 바로 3·1운동과 임시정부의 시대정신이었다.

지난 100년을 돌아보고 새로운 100년을 열어야 할 현재, 이 미래 100년의 출발점은 '자유와 평등의 민주공화국'일 것이다. 한용운이 그토록 열망하던 독립을 이룬 후 우리 사회는 산업화와 민주화를 통해 자유와 평등의 민주공화국을 성취하기 위해 달려왔다.

이러한 자유와 평등에 '평화와 번영'을 더하는 것은 미래 100년에 요구되는 시대사적 과제일 것이다. '자유와 평등의, 평화와 번영의 민주공화국'을 더욱 튼튼히 하는 게 나만의 소망은 결코 아닐 것이라고 나는 생각한다.

陸史詩集

노랑다 비요잖는무덤
우 에이꺼가프르리라

서울출판사

12. 이육사:
《육사시집》과 역사의 미래

　지난 역사를 돌아보고 앞으로의 역사를 내다보는 이 책을 쓰기 시작했을 때, 이 지식인만은 꼭 다뤄야겠다고 생각했던 이는 시인이자 독립운동가였던 이육사다.

　이육사는 윤동주와 함께 더없이 어두웠던 일제강점기 말기에 한 줄기 희망의 등불을 든 시인이다. 이육사와 윤동주는 사뭇 배경이 다르다. 윤동주가 기독교를 배경으로 민족의식을 키웠다면, 이육사는 유교 사상의 배경 아래 민족의식을 내면화했다. 이육사가 전통적인 유교에만 머물러 있던 것은 아니었다. 일본 유학과 의열단 활동에서 볼 수 있듯, 그는 근대적 사유에 익숙했고, 일제 식민주의에 맞선 독립투쟁에 적극적으로 나섰다.

　"동방은 하늘도 다 끝나고 / 비 한 방울 내리잖는 그때에도 / 오히려 꽃은 빨갛게 피지 않는가 / 내 목숨을 꾸며 쉬임 없는 날이여"

이육사가 남긴 시 〈꽃〉의 제1연이다. 광복이 이뤄진 다음 1945년 12월 《자유신문》에 〈광야〉와 함께 발표된 유작이다. 이 시에 대해 그의 아우이자 문학평론가였던 이원조는 간략한 해설을 덧붙였다.

"가형(家兄)이 사십일세를 일기로 북경옥사에서 영면하니 이 두 편의 시는 미발표의 유고가 되고 말았다. 이 시의 공졸(工拙)은 내가 말할 바 아니고 내 혼자 남모르는 지관극통(至寬極痛)을 품을 따름이다."

이원조가 지관극통이라 말했지만 〈꽃〉은 이육사의 삶을 상징한다. 하늘도 끝나고 비도 내리지 않는 무명(無明)의 시대였음에도 불구하고 빛을 되찾는 광복을 결코 포기하지 않고 외려 그 꿈을 빨간 꽃으로 피우겠다는 절대 의지야말로 바로 이육사의 삶이었다.

시인이자 독립운동가, 이육사

이육사는 1904년 경북 안동에서 태어났다. 퇴계 이황의 14대 손이다. 본명은 '원록', '원삼'이었고, '육사'는 그의 호였다. 스스로 '활'이라는 이름을 쓰기도 했다. 조부에게 한학을 배웠고, 경북 예천, 대구, 일본에서 공부했다. 형제와 함께 의열단에 가입해 활동했으며, 중국에 다녀왔다. 1927년 조선은행 대구지점 폭파사건에 연루돼 첫 번째 옥고를 치렀다.

이후 이육사는 한편으로 독립투쟁에 관여했고, 다른 한편으론 시인으로 활동했다. 1932년 베이징 조선군관학교 국민정부 군사위원회 간부 훈련반에 입교하고 이듬해 졸업했다. 수차례 옥고를 치른 그는 1943년 서울에서 다시 검거됐고, 베이징으로 압송됐다가, 1944년 그곳에서 안타깝게 옥사했다.

이육사는 1930년 조선일보에 시 〈말〉을 선보여 시인으로서 자신의 존재를 알렸다. 1935년 잡지 《신조선》에 〈황혼〉을, 1937년 동인지 《자오선》에 〈노정기(路程記)〉를 발표했다. 이후 그는 《문장》에 〈청포도〉(1939)와 〈절정〉(1940)을, 《인문평론》에 〈교목〉(1940)을 발표함으로써 시인으로서의 입지를 단단히 굳혔다.

이육사가 시인으로만 활동한 것은 아니었다. 국문학자 김학동이 편집한 《이육사 전집》을 보면, 그는 문학평론, 사회평론, 에세이 등 여러 편의 산문들을 남겼다. 흥미로운 것은 그가 쓴 사회평론들이었다. 그는 〈국제무역주의의 동향〉, 〈위기에 임한 중국 정국의 전망〉, 〈1935년과 노불관계(露佛關係) 전망〉 등 당대의 국제정세를 다룬 글들을 발표했다. 시인이라기보다 독립운동가로서의 그의 정체성을 선명히 드러내는 평론들이었다.

살아 있을 때 이육사가 아주 유명했던 시인은 아니었다. 1930년대부터 1945년 광복까지 당대를 대표하는 시인들로는 정지용, 이상, 김기림, 백석, 이용악, 오장환, 서정주를 꼽을 수 있을 것이다. 그런데도 광복 이후 우리 사회가 그를 앞서 기억하는 까닭은, 그가 시와 삶이 일치했던 매우 드문 시인이었기 때문이다.

"매운 계절의 채찍에 갈겨 / 마침내 북방(北方)으로 휩쓸려오다. // 하늘도 그만 지쳐 끝난 고원(高原) / 서릿발 칼날진 그 위에서다. // 어디다 무릎을 꿇어야 하나 / 한 발 재겨 디딜 곳조차 없다. // 이러매 눈감아 생각해볼밖에 / 겨울은 강철로 된 무지갠가 보다."

중·고교 시절에 누구나 배우는 이육사의 대표작 〈절정〉이다. 이육사의 생애를, 이국에서 독립투쟁에 헌신했던 이들의 고난을 증거하는 작품이다. 시든 소설이든 예술이 삶을 선행할 순 없다. 예술은 삶의 반영이자 계몽이다. '강철로 된 무지개'야말로 일제 식민주의에 맞서 투쟁했던 진정으로 고결하고 의연했던 독립운동가 이육사의 삶 그 자체였다.

'마침내 저버리지 못할 약속'

《육사시집》은 1946년 아우인 문학평론가 이원조가 펴낸 것이다. 이후 판본이 거듭하면서 새롭게 발굴된 시가 더해졌다. 이육사가 광복 직전 중국에서 순국한 만큼 뒤늦은 시집 출간이 안긴 감회는 마음 시린 것이었다. 동인지 《자오선》에서 함께 활동했던 동료 시인들인 윤곤강, 김광균, 오장환, 이용악이 공동으로 쓴 서문에는 짙은 비감이 담겨 있다.

"육사가 북경 옥사에서 영면한 지 벌써 2년이 가차워 온다. 그가 남기고 간 스무여 편의 시를 모아 한 권의 책을 만들었다. (…) 서울 하숙방에서 이역야등(異域夜燈) 아래 이 시를 쓰면서 그가 모색한 것은 무엇이었을까. (…) 그는 한평생 꿈을 추구한 사람이다. (…) 유작으로 발표된 '광야', '꽃'에서 사람과 작품이 원숙해 가는 도중에 요절한 것이 한층 더 애닲음은 이 까닭이다."

김학동은 일제강점기 아래 망국민의 울분과 비애, 항거와 저항, 그리고 광복의 염원과 의지가 이육사 시 세계의 본령을 이룬다고 지적한다.

이육사의 내면을 지탱했던 사유는 두 가지였던 것으로 보인다. 불의에 타협하지 않는 선비 정신이 하나라면, 식민주의로부터의 해방을 갈망하는 민족주의가 다른 하나다. 〈교목〉에서 노래하듯, '차라리 봄도 꽃피진 말고 마음은 아예 뉘우침 없고', 호수 속 그림자라 하더라도 '차마 바람도 흔들지 못하는' 곧고 높은 나무야말로 이육사가 품고 있던 두 정신 세계를 생생히 보여준다.

"북쪽 툰드라에도 찬 새벽은 / 눈 속 깊이 꽃맹아리가 옴작거려 / 제비떼 까맣게 날아오길 기다리나니 / 마침내 저버리지 못할 약속이여"

〈꽃〉의 제2연이다. 《육사시집》의 마지막을 장식하는 작품이다. 툰드라와 같은 일제 식민주의의 폭압적 지배 아래서도 이육사는 꽃이 피고 제비떼 날아오는 마침내 저버리지 못하는 약속을 결코 포기하지 않았다. 일제강점기 말기는 우리 현대 지성사에서 가장 쓸쓸하고 참혹했던 시기였다. 이런 시절에 이육사라는 시인의 존재는 윤동주와 함께 참으로 다행스럽고 소중한 역사였다.

역사의 미래

이육사의 삶과 시와 독립투쟁은 역사란 무엇인가에 대한 질문을 던지게 한다. 역사는 현상과 사건으로만 이루어지는 게 아니다.

그 안에는 개인적·집합적 주체의 꿈과 좌절, 희망과 절망이 함께 숨쉬고 있다.

우리 근대성의 역사는 봉건 지배에 맞서 인간의 자유와 평등을 위해 개인적·집합적 주체들이 싸워온 역사였다. 지난 20세기 전반기의 역사는 일제의 지배에 맞서 민족의 독립을 위해 개인적·집합적 주체들이 투쟁해온 역사였다. 우리가 잊지 말아야 할 것은 이러한 개인적·집합적 주체들에 대한 기억이다.

"한바다 복판 용솟음치는 곳 / 바람결 따라 타오르는 꽃 성(城)에는 / 나비처럼 취(醉)하는 회상(回想)의 무리들아 / 오늘 내 여기서 너를 불러보노라"

〈꽃〉의 마지막 제3연이다. 드디어 광복이 이뤄져 꽃은 만발하고 그 기쁨을 마음껏 취하는 날을 이육사는 이렇게 꿈꾸며 고대했다. 〈광야〉에서 노래하듯, 이육사는 '지금 가난한 노래의 씨앗을 뿌리며 백마 타고 오는 초인이 광야에서 목놓아 부르게 할' 그날을 위해 자신의 모든 것을 내던졌다.

이육사의 삶과 시, 고난과 희망은 역사의 복합성과 이에 대한 해석을 다시 생각하게 한다. 역사를 통계 숫자로만 파악하고, 역사를 제도의 변화로만 이해하며, 그리하여 역사 속에 놓여 있는 개인적·집합적 주체들의 꿈과 열망을 과소평가하는 것은 역사에 대한 일면적 해석이다.

새롭게 열린 미래 100년에 우리는 지금 자라는 우리 아이들에게, 앞으로 태어날 아이들에게 어떤 역사를 가르쳐야 할까. '나'에 앞선 '우리'를 일방적으로 강조하고 싶진 않다. 그러나 '나'도 귀중하듯 '우리'도 소중하다. 역사 속을 당당히 걸어온 우리 선조들의 삶과 꿈, 절망과 희망을 제대로 가르치는 것이야말로 역사에 대한 올바른 예의라고 나는 생각한다.

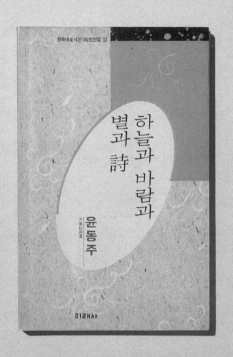

13. 윤동주:
《하늘과 바람과 별과 시》와 기억의 미래 ①

"별 헤는 밤 윤동주, 종두 지석영, 33인 손병희, 만세만세 유관순, 도산 안창호, 어린이날 방정환 (…) 날자꾸나 이상, 황소 그림 중섭. 역사는 흐른다." 딸아이가 어렸을 때 부르곤 했던 동요 〈한국을 빛낸 100명의 위인들〉의 마지막 구절이다. 20세기 전반의 결코 잊을 수 없는 인물들이다. 이 장에서 다루려는 이는 맨 앞에 나오는 시인 윤동주다.

지난 100년의 역사는 일제강점기, 광복, 분단, 산업화와 민주화로 이어졌다. 일제강점기의 역사는 일본 제국주의 지배와 이에 맞선 민족해방 투쟁의 역사다. 이 역사를 배우는 방식의 하나는 그 한가운데를 걸어갔던 인물들에 대한 기억을 통해서다. 일제의 식민 지배가 더욱 악랄해진 1930년대 후반과 1940년대 전반은 시대의 어둠이 가장 깊었던 시기였다. 이 시기에 "등불을 밝혀 어둠을 조금 내몰고 / 시대처럼 올 아침을 기다"리던 사람이 바로 윤동주 였다(〈쉽게 씌어진 시〉).

어떤 이는 윤동주의 시가 뛰어난 게 사실이더라도 우리 100년 의 지성사에서 다룰 필요가 있느냐고 반문할지 모른다. 윤동주가 남긴 것은 그가 죽은 지 3년 후인 1948년에 출간한 시집《하늘과 바람과 별과 시》뿐이었다.

이러한 반문에 나는 동의하지 않는다. 지성은 지식을 넘어선 다. 지성에 중요한 것은 정신이다. 정신의 다른 이름은 마음의 태 도다. 우리가 율곡과 다산을 지성으로 기리는 까닭은 조선 중쇠 기와 쇠퇴기라는 시대에 맞서 개혁의 방법과 마음의 태도를 선보 였기 때문이다. 안타깝게 일찍 세상을 떠났지만 윤동주는 야만의 시대에 맞서 민족적 양심과 실존적 고뇌라는 마음의 등불을 밝혔 다. 더없이 드높았던 이상을 추구한 그의 마음이 존재해 있었기 에 1930년대 후반과 1940년대 전반 우리 지성사는 황량하지 않 았다.

하늘과 바람과 별의 시인

2008년 한국방송공사(KBS)는 한국 현대시 탄생 100주년 기념 특집 프로그램 '시인 만세'에서 국민 애송시를 조사한 바 있다. 우리 국민들이 가장 좋아하는 시인으로는 〈서시〉와 〈별 헤는 밤〉을 쓴 윤동주가 꼽혔다. 〈진달래꽃〉과 〈초혼〉의 시인 김소월 은 2위를 차지했다. 국문학자 김응교는 전문가보다 시민들이 윤동주를 더 좋아한다고 분석했다.

우리 국민들이 윤동주 시를 특별히 사랑하는 까닭은 뭘까. 세 가지를 생각해 볼 수 있다. 첫째, 교과서의 힘이다. 우리가 시를 처음 접하는 것은 주로 교과서를 통해서다. 김소월, 한용운, 정지용, 이육사와 함께 윤동주는 지난 20세기 전반을 대표하는 시인으로 소개돼 있다. 윤동주의 시는 우리 현대시 정전(正傳)의 반열에 올라 있는 셈이다.

둘째, 작품의 탁월성이다. 〈하늘과 바람과 별과 시〉의 필사본을 간직해 윤동주 시를 만날 수 있게 한 연희전문학교 후배 국문학자 정병욱은 말한다.

"'잎새에 이는 바람에도 괴로워' 하던 동주의 시혼은 (…) 조국과 자유를 밤새워 지키는 '별'을 노래하였다. (…) '괴로웠던 사나이, 행복한 예수 그리스도에게처럼 십자가가 허락된다면 모가지를 드리우고 꽃처럼 피어나는 피를 어두워가는 하늘 밑에 조용히 흘리'기를 각오한 그는, '시대처럼 올 아침을 기다리는 최후'의 날에 '눈물과 위안으로 잡는 최초의 악수'를 남기고 '진정한 고향'을 찾아 '백골 몰래 아름다운 또 다른 고향에 가자'고 했다."

윤동주 시의 해석은 열려 있다. 민족적 양심과 저항, 실존적 고뇌와 성찰, 자연의 아름다움과 고향에의 그리움은 그가 다뤘던 주제들이다.

예를 들어, "별 하나에 추억과 / 별 하나에 사랑과 / 별 하나에 쓸쓸함과 / 별 하나에 동경과 / 별 하나에 시와 / 별 하나에 어머니

(…) 나는 무엇인지 그리워 / 이 많은 별빛이 나린 언덕 위에 / 내 이름자를 써보고, / 흙으로 덮어 버리었습니다"라는 구절(〈별 헤는 밤〉)을 읽었을 때 느끼는 그리움과 공감의 자리는 우리 한국인이 갖고 있는 정서와 마음의 고향일 것이다.

셋째, 삶의 고결성이다. 윤동주의 삶에 대해 작가 송우혜는 《윤동주 평전》을 발표한 바 있다. KBS 박진범·박병길 PD는 다큐멘터리 〈불멸의 청년 윤동주〉를, 이준익 감독은 영화 《동주》를 만들었다. 1917년 북간도에서 태어난 윤동주는 평양으로, 서울로, 그리고 도쿄와 교토로 공부하러 갔다. 1943년 일본 경찰에 체포됐고, 1944년 독립운동 죄목으로 수감됐다. 광복을 6개월 앞둔 1945년 2월 16일, 오랜 벗 송몽규와 함께 후쿠오카형무소에서 안타깝게도 절명했다.

이러한 윤동주의 삶은 그의 시 못지않은 깊은 감동을 안겨준다. 영문학자 김우창이 지적했듯, 윤동주는 '양심의 수난자'다. 그가 남긴 시에서 읽을 수 있는 민족적·종교적·실존적 양심은 그의 삶을 이끌어간 힘이자 가치였다. 그의 삶은 시대를 증거했고 그 시대를 넘어서려 했다. 사유와 실천, 삶과 예술이 정확히 일치했던 이가 바로 윤동주였다.

열린 텍스트로서의 윤동주 시

윤동주의 시를 최초로 평가한 이는 시인 정지용이다. "무시무시한 고독에서 죽었고나! 29세가 되도록 시도 발표해 본 적도 없이! (…) 윤동주가 부끄럽지 않고 슬프고 아름답기 한이 없는 시를 남기지 않았나? 시와 시인은 원래 이러한 것이다."《하늘과 바람과 별과 시》의 초판 서문(1948)에서 정지용이 한 말이다.

"윤동주는 이육사와 함께 식민지 후기의 저항시를 대표한다." 국문학자 김윤식과 문학평론가 김현이 《한국문학사》에서 평가한 구절이다. 이들에 따르면, 윤동주의 강한 자기희생과 굳은 결의의 배경에는 선한 것이 결국 이긴다는 기독교적 확신이 놓여 있었다. 이러한 윤동주의 시 세계를 김윤식과 김현은 '순결한 젊음'이라 불렀다.

윤동주의 정체성은 저항 시인이자 민족 시인, 그리고 기독교 시인이다. 동시에 양심의 시인이자 자유의 시인, 그리고 성찰의 시인이다. 더불어 그는 우리 모국어가 얼마나 아름다운지를 깨닫게 하는 시인이자, 우리 민족의 삶의 영토가 멀리 북간도까지 이르렀다는 것을 새삼 돌아보게 하는 시인이다.

윤동주의 시는 닫힌 텍스트가 아니라 열린 세계다. 앞서 나는 지성에 내재된 마음의 태도에 대해 말한 바 있다. 무시무시한 고독에 맞선 시인이라는 운명의 자각, 순결한 젊음, 양심의 수난 등은 윤동주가 가졌던 마음의 태도다. "모든 죽어가는 것을 사랑"하면서 "나한테 주어진 길을 걸어가야겠다"(〈서시〉)는 독백과 결의는 윤동주가 품었던 마음의 태도를 생생히 증거한다고 나는 생각한다.

기억의 미래 ①

지나간 100년이 과거의 역사라면, 다가올 100년은 미래의 역사다. 우리가 지난 역사를 돌아보는 까닭은 과거에 대한 탐구가 미래 전망의 출발점을 제공하기 때문일 터다.

그렇다면 역사의 원천은 무엇일까. 그것은 바로 기억일 것이다. 기억이란 의식 속에 존재하는 과거의 경험과 사유다. 기억은 실존적 기억과 집합적 기억으로 나눠진다. 실존적 기억은 개인의 삶을 이끌어가는 원동력이다. 사랑과 미움의 기억, 성공과 좌절의 기억, 고독과 연대의 기억은 현재의 삶을 성찰하게 하고 미래의 삶에 용기를 준다.

집합적 기억은 민족 또는 국민이라는 공동체가 공유하는 기억이다. 역사학자 육영수는 역사란 기억과 망각 사이의 투쟁이라고 말한 바 있다. 망각해선 안 될 과거의 기억들을 소환하고 다음 세대에게 전승하는 것은 지식인의 중요한 책무 중 하나다. 실존적 기억처럼, 집합적 기억은 우리라는 공동체를 더 나은 삶의 미래로 고양시킨다. 기억의 미래가 중요한 까닭이다.

"태양을 사모하는 아이들아 / 별을 사랑하는 아이들아 // 밤이 어두웠는데 / 눈감고 가거라. // 가진 바 씨앗을 / 뿌리면서 가거라. // 발뿌리에 돌이 채이거든 / 감았던 눈을 왓작 떠라."(〈눈 감고 간다〉)

딸아이가 어렸을 적 읽어준 윤동주 시다. 윤동주라는 이름과 밤이 어두워도 씨앗을 뿌리라는 그의 맑고 굳은 정신을 딸아이가 오랫동안 기억해 주길 바라는 마음을 전하고 싶었다. 로마 철학자 키케로의 말처럼 역사가 삶의 스승이라면, 기억은 지나간 삶의 증거다. 그리고 다가올 삶의 용기다. 딸아이가 자신의 아이에게, 그 아이가 다시 자신의 아이에게 윤동주 삶과 시의 기억을 전달하길, 그리하여 삶의 용기를 갖게 되길 바라는 작은 소망을 여기에 적어둔다.

14. 김수영:
《김수영 전집》과 자유의 미래

개인적인 이야기로 이 글을 시작하고 싶다. 20대 중반 독일로 유학을 갔다. 독일어에 서툴렀던 나는 처음에 말하고 쓰는 데 적잖이 고생했다. 학교에서 이국어로 생활한 다음 밤늦게 기숙사로 돌아와 모국어로 쓴 글을 읽었을 때의 기쁨이란! 그때 나는 모국어가 의사소통 수단 이상이라는 걸 깨달았다. 모국어는, 철학자 마르틴 하이데거의 표현을 빌리면, 나라는 존재가 거하는 집이었다.

예를 들어, "거칠기 짝이 없는 우리 집안의 / 한없이 순하고 아득한 바람과 물결- / 이것이 사랑이냐 / 낡아도 좋은 것은 사랑뿐이냐"라는 시인 김수영의 〈나의 가족〉(1954)을 읽었을 때 나는 경탄했다. 다소 눈물겹기도 했다. 더없이 순하고 아득한 바람 같은 것이 가족이며, 아무리 낡아도 좋은 것은 사랑뿐임을 나는 추상적 논리에 앞서 온 마음으로 느낄 수 있었다.

시인은 사상가일 수 있을까. 사상이 가치·이념·세계관을 포괄하는 개념이라면, 시인은 개인과 사회에 대한 번득이는 감성은 물론 깊이 있는 사유를 전달하는 사상가다. 20세기 R. 타고르, T. S. 엘리엇, 파블로 네루다, 비스와바 심보르스카, 그리고 메리 올리버는 내겐 위대한 시인이자 탁월한 사상가였다. 우리나라의 경우 한용운, 백석, 윤동주, 그리고 김수영과 신동엽이 그런 존재라고 생각해왔다.

김수영은 자유의 시인이자 사상가다. 문학평론가 김현은 말한다. "김수영의 시적 주제는 자유다. (……) 그는 자유를 시적·정치적 이상으로 생각하고, 그것의 실현을 불가능케 하는 여건들에 대해 노래한다. 그의 시가 노래한다고 쓰는 것은 옳지 않다. 그는 절규한다." 누구는 김수영이 설움의 시인 혹은 사랑의 시인이라고 말할지 모른다. 맞다. 설움·사랑·참여·소시민·현대성은 김수영 세계관을 구성하는 키워드들이다. 그럼에도 자유는 김수영에게 이 모두를 포괄하는 마음의 문이자 세계의 창이었다.

자유주의자로서의 김수영

이 짧은 글에서 김수영 시 세계의 전모를 살펴보기는 어렵다. 내가 주목하려는 것은 자유의 사상가로서의 김수영이다. 1921년 서울에서 태어나 1968년 마흔여덟 나이로 세상을 떠난 그가 남긴 작품들은《김수영 전집》2권(제1권 시, 제2권 산문)으로 정리돼 있다.

1981년 여동생 김수명이 편집한 초판이 나왔고, 2018년 문학평론가 이영준이 편집한 3판이 출간됐다.

　김수영은 자유주의자다. 스스로 밝히듯 그는 우파나 좌파가 되기 어려운 사람이었다. 그의 분방한 상상력과 예민한 자의식은 부국강병을 중시하는 우파와 사회혁명을 강조하는 좌파와 어울리기 어려웠다. 광복 직후 그가 발표한 시는 체질적으로 자유주의자일 수밖에 없는 그의 내면을 엿볼 수 있게 한다. 대상과의 거리를 유지한 채 그는 "사물과 사물의 생리와 / 사물의 수량과 한도와 / 사물의 우매와 사물의 명석성을" 바로 보려고 열망한다(〈공자의 생활난〉, 1945).

　주목할 것은 김수영의 자유주의가 개인적 영역에 머문 게 아니라 사회적 차원의 성찰로 서서히 진화했다는 점이다. 첫 번째 계기는 서구와 우리 사이에 놓인 거리의 자각이었다. "1950년 7월 이후에 (…) / 이 나라의 비좁은 산맥 위에 자태"를 보인 "헬리콥터여 너는 설운 동물이다 / ─자유 / ─비애"(〈헬리콥터〉, 1955)라고 그는 노래한다. 헬리콥터로 상징되는 서구 문명의 '자유'에 열광하지만, 그 자유의 다른 이름은 '비애'다. 서구적 이상과 한국적 현실 간의 거리에서 그가 자각한 것은 "거미처럼 몸이 까맣게 타 버린 설움"(〈거미〉, 1954)이다.

　이 설움과 비애의 자유주의는 4월 혁명이라는 두 번째 계기를 맞이했다. "자유를 위해서 / 비상하여 본 일이 있는 / 사람이면 알지 (…) 어째서 자유에는 / 피의 냄새가 섞여 있는가를 / 혁명은 / 왜 고독한 것인가를"(〈푸른 하늘을〉, 1960)이라고 노래함으로써 그의 자유주의는 현실의 목소리를 얻는다. 자유를 향한 그의 힘찬 목소리는 5·16쿠데타도 막을 수 없었다. '풍자만 할 수도 없고 해탈만 할 수도 없는'(《누이야 장하고나!》, 1961) 현실의 심장에 그는 화살을 겨눈다.

그 가운데 빛나는 화살의 하나가 〈어느 날 고궁을 나오면서〉(1965)였다. "한번 정정당당하게 / 붙잡혀 간 소설가를 위해서 / 언론의 자유를 요구하고 월남 파병에 반대하는 / 자유를 이행하지 못하고 / 20원을 받으러 세 번씩 네 번씩 / 찾아오는 야경꾼들만 증오하고 있는가"라는 그의 독백은 표현의 자유와 언론의 자유를 향한 중단 없는 성찰을 증거한다.

김수영의 현실적 자유주의의 절정은 〈풀〉(1968)이었다. '바람보다도 더 빨리 눕고 더 빨리 울'지만 풀은 '바람보다도 먼저 일어나고 먼저 웃는다'. 풀은 개인 또는 민중일 수 있고, 너인 동시에 나일 수 있다. 바람의 구속을 거부하고 풀의 자유를 노래한, 표현의 자유와 이를 위한 정치적 자유를 옹호한, 우리 현대사에서 관념적 자유주의를 현실적 자유주의로 하강시킨 김수영은 1968년 안타깝게도 교통사고로 이승을 돌연 하직했다.

현대성에 대한 질문

김수영이 세상을 떠난 지 50년이 넘었는데도 그의 작품이 시간의 풍화를 견뎌내고 계속해 읽히는 이유는 뭘까. 가장 큰 까닭은 그의 문학성이 뛰어났기 때문이다. 앞서 인용한 작품들 외에도 〈폭포〉(1956), 〈후란넬 저고리〉(1963), 〈거대한 뿌리〉(1964), 〈현

대식 교량〉(1964), 〈사랑의 변주곡〉(1967), 〈의자가 많아서 걸린다〉
(1968) 등은 우리 현대시를 대표하는 절창들이다.

작품의 완성도에 더해 김수영이 우리 현대성에 대한 질문을
던지고 있다는 게 두 번째 까닭이다. 김수영의 시 세계를 깊이 이
해하기 위해선 전집 제2권에 실린 그의 산문들을 함께 읽어보는
게 좋다. 김수영의 시와 산문을 관통하는 문제의식은 한국 현대
성에 대한 탐구와 그 비판이다.

사회과학의 관점에서 현대성이란 제도적 차원의 자본주의와
민주주의, 문화적 차원의 개인주의와 자유주의로 이뤄져 있다.
김수영의 시들은 자본주의가 가져온 속물적 현상을 비판하고,
민주주의에 반하는 일체의 권위주의를 거부한다. 또한 개인의 양
도할 수 없는 권리인 표현의 자유를 옹호하며, 추상적 자유주의
를 넘어선 구체적 자유주의를 요청한다.

김수영의 시들이 오늘날까지 새로움을 안겨주는 것은 현대
성의 비가역성과 지구적 보편성을 일찍이 꿰뚫어보고, 이를 예
술로 형상화했기 때문이다. 모더니즘이 그의 무기였다면, 현대
성이 지향하는 자유주의는 그의 목표였다. "창조를 위하여 / 방
향은 현대-"(〈네이팜 탄〉, 1954)라는 표현에서 볼 수 있듯, 진정한
현대를 향해 때론 힘겹게, 때론 힘차게 걸어갔던 이 선구적 자
유주의자를 우리 사회는 아주 오랫동안 기억할 것이라고 나는
생각한다.

자유의 미래

자유주의는 민주주의와 함께 근대 서구를 이끌어온 정치·사회적 이념이다. 자유주의는 무엇보다 개인의 자유를 중시한다. 철학자이자 경제학자인 존 스튜어트 밀은 사상의 자유, 표현의 자유, 양심의 자유, 집회와 결사의 자유를 주장함으로써 현대 자유주의의 기초를 세웠다. 정치사상가 이사야 벌린은 소극적 자유와 적극적 자유를 구분하기도 했다.

오늘날 지구적 차원에서 자유의 현재를 바라보는 시선은 이중적이다. 한편에서 정보사회의 진전으로 표현의 자유를 위시해 정치·문화적 자유는 크게 확장했다. 우리 사회의 경우 권위주의 정부가 자유를 제한했지만 자유를 향한 열망을 막을 순 없었다. 김수영이 노래하듯, 자유는 바람보다 더 빨리 눕지만 바람보다 먼저 일어나기 때문일 터다. 자유는 생각의 차원과 일상의 차원에서 모두 성취돼야 할 구체적인 목표다.

다른 한편 경제·사회적 자유는 소비의 자유로 나타났다. 이에 대해 사회학자 지그문트 바우만은 누구나 시장에서 상품과 상징을 소비할 수 있는 자유의 시대가 만개했지만, 이 자유는 개인이 갖고 있는 화폐에 의해 결정된다고 주장했다. 요컨대, 정치적으론 자유로운데 적지 않은 이들이 경제적으론 부자유하다는 게 오늘날 자유가 처한 상황이다. 우리나라의 경우도 이와 크게 다르지 않다.

자유란 자기의 삶, 다시 말해 자신의 사유와 생활을 스스로 지배하는 것을 말한다. 사유의 자유와 생활의 자유가 동시에 확장되기 위해선 정치 민주주의와 함께 경제 민주주의가 증진돼야 한다. 특히 인간다운 삶의 자유를 위한 경제 민주주의의 중요성은 아무리 강조해도 지나침이 없다. 자유의 미래는 바로 이 경제 민주주의의 성패에 달려 있다고 나는 생각한다.

박노해 詩集

노동의
새벽

15. 박노해:
《노동의 새벽》과 노동의 미래 ①

　지난 100년 우리 현대사에서 가장 주목할 인물들 가운데 한 사람은 전태일이다. 전태일은 청계천 평화시장에서 일하던 노동자였다. 그는 1970년 11월 노동자는 기계가 아니라고 외치며 분신했다. 전태일의 분신은 노동 현실에 대한 사회적 관심을 높이는 결정적 계기를 제공했고, 저임금 장시간 노동에 시달리던 노동자들의 삶을 개선하려는 노동운동을 활성화했다. 이후 노동운동은 우리나라 사회운동의 한 축을 담당했다.

　자본주의 사회에서 노동문제는 지식과 담론에서 핵심 주제를 이뤄왔다. 서구사회에서 존 스타인벡의 《분노의 포도》, 에드워드 톰슨의 《영국 노동계급의 형성》은 그 대표 저작들이었다. 우리 사회에서 노동문제를 다룬 대표 작품들로는 조세희의 연작소설 《난장이가 쏘아올린 작은 공》과 박노해의 시집《노동의 새벽》을 들 수 있다. 전자는 1970년대 노동문학을, 후자는 1980년대 노동문학을 상징했다.

박노해는 전태일처럼 노동자 출신이었다. 그의 시들은 체험에 바탕을 두었고, 그만큼 큰 아픔과 시린 감동을 전달했다. 그가 '얼굴 없는 시인'으로《노동의 새벽》을 출간한 것은 '문학사적 사건' 이자 '사회사적 사건'이었다.《노동의 새벽》은 노동문제의 중요성을 환기시키는 데 지식사회는 물론 시민사회에 결코 작지 않은 영향을 미쳤다.

박노해의 삶과 문학

박노해는 1957년 전남 함평에서 태어났다. 그의 본명은 박기평이다. '박노해'란 필명은 '박해받는 노동자의 해방'을 함의하는 일종의 암호였다.

박노해는 열여섯 살이 됐을 때 서울로 왔다. 선린상고 야간부를 다니면서 학비를 벌기 위해 낮에는 노동자로 일했다. 1983년《시와 경제》2집에〈시다의 꿈〉을 발표해 시인이 됐고, 1984년 시집《노동의 새벽》을 내놓았다. 당시 전두환 군사정권은 이 시집의 판매를 금지시켰다. 그러나《노동의 새벽》은 100만 부 가까이 판매됐고, 박노해는 노동운동과 민주화운동의 상징적 존재가 됐다.

"드르륵 득득 / 미싱을 타고, 꿈결 같은 미싱을 타고 / 두 알의 타이밍으로 철야를 버티는 / 시다의 언 손으로 / 장밋빛 꿈을 잘라 /

이룰 수 없는 헛된 꿈을 싹뚝 잘라 / 피 흐르는 가죽본을 미싱대에 올린다 / 끝도 없이 올린다."

그의 이름을 알린 〈시다의 꿈〉이다. 전태일의 삶을 떠올리게 하는 시다. 1960~1970년대 산업화 시대 노동자의 고통스러운 노동을 생생히 담고 있다.

1987년 민주화 시대가 열린 이후 박노해는 또 한 번의 충격을 안겼다. 사회주의를 앞세운 '남한사회주의노동자동맹(사노맹)'을 결성해 활동했고, 문예지《노동해방문학》 등에 시를 발표했다. 그는 체포돼 모진 고문을 받았고, 무기징역을 선고받았다. 1992년에는 시인클럽 포에트리 인터내셔널 로테르담재단 인권상을 수상했다. 감옥 안에서 그는 시집《참된 시작》(1993)과 에세이집《사람만이 희망이다》(1997)를 발표해 다시 한 번 큰 관심을 모았다. 1998년 광복절에 대통령의 특별사면 조치로 석방됐다.

"모두들 말이 없었지만 이 긴 침묵이 / 새로운 탄생의 첫발임을 굳게 믿고 있었다 / 그해 겨울, / 나의 패배는 참된 시작이었다."

시집《참된 시작》에 실린 〈그해 겨울나무〉의 마지막 구절이다. "지친 육신에 가차 없는 포승줄이 감기었다"는 구절에서 볼 수 있듯, 옥중에서 쓰인 시다. 그는 패배했다고 쓰고 있지만, 그 패배는 "살아 움직이며 빛살 틔우는 투쟁"의 참된 시작이라는 깨달음에 도달한다.

2000년대에 들어와 박노해는 인간해방을 위한 사상과 실천을 모색했다. 생명·평화·나눔을 가치로 삼은 사회운동단체인 '나눔문화'를 설립해 활동했다. 흑백필름 카메라로 찍은 사진전을 개최했고, 시집《그러니 그대 사라지지 말아라》(2010)를 발표했다. 그는 노동해방 투사에서 생명과 평화 운동가로 자신의 삶을 확장하며 심화시켜오고 있다.

"세계의 모든 어둠과 악이 총동원되었어도 / 결코 굴복시킬 수 없는 한 사람이 살아 있다면 / 저들은 총체적으로 실패하고 패배한 것이다 // 삶은 기적이다 / 인간은 신비이다 / 희망은 불멸이다 // 그대, 희미한 불빛만 살아 있다면 // 그러니 그대 사라지지 말아라."

시〈그러니 그대 사라지지 말아라〉의 마지막 구절이다. 이제 그는 기적의 삶, 신비의 인간, 불멸의 희망을 주목하고, 그 내부에 살아 숨 쉬는 생명과 평화의 전도사로서의 삶을 살아가고 있다.

'우리들의 분노, 우리들의 희망'

《노동의 새벽》은 광복 이후 우리 문학에서 가장 문제적인 작품들 가운데 하나다. 박노해가 우리 문학과 사상에 기여한 바는 두 가지 관점으로 나눠 살펴볼 수 있다.

먼저, 문학의 관점에서 박노해의《노동의 새벽》은 새로운 노동문학의 등장을 알렸다. 노동문학의 새로움이란 이중적 의미를 갖는다. 지식인이 아니라 노동자가 문학의 주체라는 게 하나라면, 그 주체가 개인이 아니라 계급으로서의 집단이라는 게 다른 하나다. 영문학자 도정일은 말한다.

"박노해의 출현은 자그만치 노동계급이 대상적 위치로부터 주체의 위치로 이동하고 외부 목소리가 아닌 자기 목소리로 자기 계급의 의식을 표출하기 시작한 중요하고도 의미 있는 사건인 것이다."

이어, 역사학과 사회학의 관점에서《노동의 새벽》은 한국 노동계급의 형성과 산업화 시대의 그늘을 보여준다. 앞서 말한 영국 역사학자 톰슨에 따르면, 계급은 주어진 존재가 아니라 경험을 통해 형성해 가는 역사적 집합체다. 사회학자 구해근에 따르면, 한국 산업화 과정은 수백만 명의 남녀 노동자들이 피와 땀으로 일군 경제성장 과정과 다름없다. 구해근은 경제적 효율이 아니라 사회적 경험의 시각에서 노동하는 사람들의 집단적 정체성과 연대감을 주목해야 한다고 주장한다. 박노해는 시 〈노동의 새벽〉에서 말한다.

"이 질긴 목숨을, / 가난의 멍에를, / 이 운명을 어쩔 수 없지 (…) // 우리들의 사랑 / 우리들의 분노 / 우리들의 희망과 단결을 위해 / 새벽 쓰린 가슴 위로 / 차가운 소주잔을 / 돌리며 돌리며 붓는다 / 노동자의 햇새벽이 / 솟아오를 때까지."

노동해방은 인간해방의 다른 이름이다. 평범한 시민이라면 누구나 매일매일 노동을 하며 살아가는 존재다. 따라서 노동은 삶의 의미를 실현하는 과정이어야 한다. 그러나 전태일이 살았던 시절의 노동은 인간해방은 고사하고 비인간적 삶 그 자체였다.《노동의 새벽》은 이러한 현실에 맞서서 노동하는 이들의 삶과 꿈, 분노와 희망, 연대와 해방에 대한 계몽과 성찰을 안겨줬다.

노동의 미래 ①

전태일이 분신한 지 50년이 지난, 박노해가 《노동의 새벽》을 발표한 지 30여 년이 지난 현재, 노동문제는 여전히 우리 사회의 핵심 과제다. 그동안 적지 않은 시간이 흐른 만큼 노동문제에도 새로운 이슈들이 등장해왔다. 《난장이가 쏘아올린 작은 공》에서 다시 한 번 이야기하겠지만, 청년실업, 비정규직, 노후 일자리 등은 최근 노동문제의 핵심을 이룬다. 여기에 더해, 적지 않은 이들은 노동의 비관적인 미래를 전망한다.

오늘날 노동은 일대 전환에 놓여 있다. 제4차 산업혁명의 도래에서 볼 수 있듯, 정보사회의 진전은 노동 없는 사회를 등장시키고 있다. 비정규직 문제에서 볼 수 있듯, 노동 내부의 격차 또한 존재한다. 더불어, 이른바 골드칼라의 등장에서 볼 수 있듯, 직업에 따라 그 격차가 더욱 커질 가능성이 높아 보인다. 이러한 현실들이 함의하는 바는 노동의 핵심 문제가 다름 아닌 사회 불평등의 문제라는 점이다.

전태일과 박노해가 오래전 외쳤듯, 노동자는 기계가 아니라 인간이다. 인간이라면 누구나 인간답게 살 기본 권리를 갖고 있다. 경제적 생활 조건은 그 기본권리 가운데 기본권리를 이룬다. 이런 기본적인 경제생활을 누리기 위해 경제적 형평과 사회적 평등을 구현해야 하는 것은 어느 사회에서든 가장 중요한 정책적 과제라 할 수 있다.

노동의 미래에 부여된 불평등의 완화 및 해소를 위해 요구되는 것은 '대압착(Great Compression)'이다. 노동시장정책과 복지정책이 적극적으로 추진되지 않으면 21세기의 미래를 지켜볼 때 불평등은 더욱 증가할 가능성이 높다. 부유층과 빈곤층 간의, 노동계급 안의 불평등을 해소하는 대압착 정책이 미래 100년으로 가는 우리 경제와 사회의 중대한 과제 중 하나라고 나는 생각한다.

IV. 문학 2: 소설과 평론

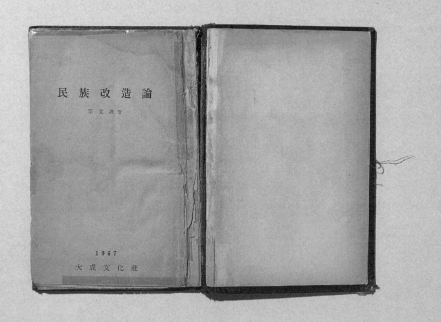

民 族 改 造 論

李 光 洙 著

1967

大 成 文 化 社

16. 이광수:
《민족개조론》과 근대성의 미래 ①

지난 100년 우리 지성사를 돌아볼 때 긍정적 평가를 받은 지식인들만 있던 것은 아니다. 부정적 비판을 받은 지식인들도 없지 않다. 더하여, 긍정적 평가와 부정적 비판을 동시에 받은 지식인들도 존재한다. 이 세 번째 범주에 속하는 대표적 지식인으로는 이광수를 주목할 수 있다.

이광수는 문제적 지식인이었다. 두 가지 점에서 그러하다. 첫째, 이광수는 지난 20세기 전반을 대표하는 소설가였다. 우리나라 최초의 근대 장편소설인 《무정》과 농촌계몽운동을 다룬 《흙》이 우리 근대문학사에서 갖는 위상은 결코 작지 않다.

둘째, 이광수는 언론인이자 사회운동가였다. 1910년대부터 그는 많은 논설을 발표했고, 안창호를 만난 후 국내의 흥사단 운동을 이끌었다, 그가 발표한《민족개조론》등의 논설들은 온건 독립운동 노선을 대표했다.

이광수의 삶에서는 소설가의 정체성보다는 언론인이자 운동가로서의 정체성이 더 중요했던 것으로 보인다.《이광수와 그의 시대》라는 무게 있는 저작을 발표한 국문학자 김윤식은 문학이 이광수에겐 그 자신의 표현처럼 '여기(餘技)'였다고 지적한다. 주목할 것은 실력양성론과 자치론을 대표했던 이광수의 변신이다. 1930년대 일본 제국주의가 침략적 성격을 여지없이 드러내자 이광수는 친일의 길로 나아갔다.

근대소설 선구자에서 친일파의 길로

이광수는 1892년 평북 정주에서 태어났다. 어린 시절 고아가 돼 동학에 입도했고, 일진회의 도움으로 일본 유학을 떠났다. 메이지학원을 졸업한 다음 정주 오산학교 교사가 됐고, 이후 다시 일본으로 건너가 와세다대학을 다녔다.

이광수의 이름을 널리 알린 것은 1917년 발표한 소설《무정》이었다. 1919년 '2·8 독립선언서'를 기초했고, 중국으로 건너가 임시정부가 발간한 독립신문의 사장 겸 편집국장으로 일했다. 그리고 귀국해 1922년《민족개조론》을 발표했고, 1926년 안창호의 영향 아래 흥사단의 국내 조직이라 할 수 있는 '수양동우회'를 결성했다.

이처럼 이광수의 삶은 극적이었고 화려했다. 아직 직업의 분화가 제대로 이뤄지지 않은 근대성 초기에 지식인은 르네상스적 활동을 벌이게 된다. 이광수의 경우도 마찬가지였다.《무정》, '2·8 독립선언서',《민족개조론》등에서 볼 수 있듯, 그는 다방면에서 당대 지식사회를 대표했다.

이광수가 발표한 글들 가운데《무정》이 갖는 역사적 의의는 자못 컸다.《무정》에 담긴 언문일치와 내면 심리 묘사는 앞선 신소설이 갖는 한계를 극복했다. 또《무정》이 다룬 자유연애와 계몽주의는 문명개화에 대한 당대의 열망을 적절히 반영했다. 김윤식이 평가하듯,《무정》은 우리 근대문학사에서 기념비적 작품이었다.

일제강점기 말기 이광수의 변신은 많은 이들을 놀라게 했다. 그는 1937년 수양동우회 사건으로 서대문형무소에 수감됐다가 보석으로 풀려났다. 안창호가 죽자 실의에 빠졌던 그는 1939년부터 친일의 길로 들어섰다. 가야마 미쓰로(香山光郎)로 창씨개명하고 친일 작품을 발표하고 학병 권유 연설에 나섬으로써 친일파의 대표적 인물로 활동했다. 그는 광복 후 반민족행위처벌법에 의해 구속됐고, 1950년 한국전쟁 당시 납북돼 이해 평안북도에서 사망한 것으로 알려져 있다. 참으로 파란만장한 생애였다.

이광수 민족주의의 한계

이광수는 1922년 잡지《개벽》에 장문의 논설《민족개조론》을 발표해 큰 논란을 일으켰다. 그 내용은 세 부분으로 나뉜다. 앞부분은 민족개조의 의미와 역사를 다루고, 중간 부분은 민족개조의 취지와 가능성을 살펴보며, 마지막 부분은 민족개조의 구체적인 방법을 제시한다. 이광수는 논설의 결론에서 말한다.

"오직 민족개조가 있을 뿐이니 곧 본론에 주장한 바외다. 이것을 문화운동이라 하면 그 가장 철저한 자라 할 것이니 세계 각국에서 쓰는 문화운동의 방법에다가 조선의 사정에 응할 만한 독특하고 근본적이요 조직적인 일 방법을 첨가한 것이니, 곧 개조동맹과 그 단체로서 하는 가장 조직적이요 영구적이요 포괄적인 문화운동이외다. 아아, 이야말로 조선민족을 살리는 유일한 길이외다."

《민족개조론》은 독립운동가 안창호로부터 크게 영향을 받았다. 안창호의 독립사상은 실력양성을 통해 독립전쟁을 준비하자는 일종의 준비론이었다. 안창호는 실력양성을 위한 민족 혁신을 주목하고, 구체적으로 무실·역행·충의·용감의 자기개조 및 자아혁신을 강조했다. 이광수의 《민족개조론》은 이러한 실력양성과 문화운동을 통해 민족개조를 모색하려는 온건 독립운동론이었다.

주목할 것은 《민족개조론》의 등장 배경이다. 3·1운동 이후 식민 지배를 공고히 하기 위해 조선총독부는 절대독립론·독립전쟁론에 맞선 독립준비론·실력양성론을 이용하려고 했고, 일부 민족주의자들은 종교·생활개선·농촌계몽운동 등으로 민족운동의 방향을 변화시키려고 했다. 이광수의 《민족개조론》은 이러한 변화를 대표했다.

《민족개조론》의 연장선상에서 이광수는 1924년 〈민족적 경륜〉을 발표했다. 이 논설에서 그는 조선총독부의 통치를 인정하는 범위 안에서 정치적 결사를 조직해야 한다는 자치론을 제시했다. 이러한 실력양성론과 자치론에 대해선 당대는 물론 현재에도 적지 않은 비판이 이뤄졌다. 역사학자 강만길은《20세기 우리 역사》에서 실력양성론과 자치론이 조선총독부의 문화정치 시기 일제의 조선민족 분열정책에 호응했고, 일본 제국주의가 중일전쟁과 태평양전쟁의 침략전쟁기에 들어섰을 때 그 참모습이 드러나게 됐다고 준열하게 비판한다.

사회학자 신기욱은《한국 민족주의의 계보와 정치》에서 이광수의 민족주의가 1920년대 '문화민족주의'에서 1930년대 '종족민족주의'로 변화했다고 분석한다.《민족개조론》이 전자를 대표하는 텍스트였다면, 〈조선민족론〉(1933)은 후자를 대변하는 텍스트였다. 이러한 변화에는 1920년대 중반 이후 사회주의의 등장이 중요한 영향을 미쳤다. 사회주의가 국제적 보편성을 강조한 반면, 종족민족주의는 한국적 특수성을 내세웠다.

이광수의 민족주의를 그렇다면 어떻게 볼 수 있을까. 이광수의 민족주의에는 일종의 정치적 무의식이 담겨 있던 것으로 보인다. 이광수에게 일본 제국주의는 애증병존의 대상이었다. 다시 말해, 일본은 식민적 억압의 주체인 동시에 선진적 문명의 모델이었다. 이런 내면의 애증병존, 달리 말해 정신적 양가감정은 시대적 상황에 따라 다양하게 표출된다. 이광수의 경우 그 표출이 일제강점기 초기에는 독립운동으로 나타났지만, 후기에는 친일에의 길로 드러났다.

근대성의 미래 ①

이광수가 우리 현대 지성사에 남긴 유산은 세 가지다. 근대 소설의 선구자, 민족주의의 개척자, 친일파로서의 활동이 그것이다. 근대 소설의 선구자가 긍정적 유산이라면, 친일파로서의 활동은 부정적 유산이다. 민족주의의 개척자에 대해선 긍정적 측면보다 부정적 측면이 두드러진다.

《민족개조론》이 우리 지성사에 안겨주는 함의의 하나는 이광수의 심층의식에서 찾을 수 있다. 앞서 말했듯, 이광수는 일본 사회에 애증병존을 갖고 있었다. 내가 주목하고 싶은 것은, 이광수로 대표되던 일본에 대한 이런 양가감정은 광복 이후 서구에 대한 양가감정으로 변화된 것으로 보인다는 점이다. 어떤 이들에겐 서구 사회가 앞선 문명의 모델이었다면, 다른 이들에겐 극복할 문명의 대상이었다. 미국을 위시한 서구사회에 대한 이러한 양가감정은 우리 사회에 대한 인식에 여전히 중대한 영향을 미치고 있다.

내가 강조하고 싶은 것은 서구사회에 대한 온당한 거리 감각이다. 서구가 일궈온 발전과 문명에서 수용할 것은 수용해야 하는 동시에 거부할 것은 거부해야 한다. 더욱이, 미국의 자유시장경제와 독일의 조정시장경제에서 볼 수 있듯, 서구의 발전 모델은 보편적 형태가 아닌 다양한 유형들로 나타나고 있다. 지난 100년 우리 지성사를 돌아볼 때 서구의 발전 모델은 물론 사유 양식에 대한 적절한 거리가 유지됐다고 보기는 어렵다.

분명한 것은 서구 문명과 사상이 우리에게 교과서가 아니라 참고서라는 점이다. '서구적인 것'의 일방적 모방도 아닌, '한국적인 것'의 배타적 고수도 아닌, 우리 역사와 현실에 걸맞은 창의적 발전 모델은 물론 사유 방식의 창출은 현재 우리 사회에 부여된 중대한 과제 중 하나일 것이다. 이 과제를 어떻게 성취해 나갈 수 있는지에 우리 근대성의 미래가 달려 있다고 나는 생각한다.

움직이는 城

黃順元全集 9

文學과知性社

17. 황순원:
《움직이는 성》과 한국인의 미래

근대 이후의 사상을 이끌었던 것은 인문학이었다. 대학의 구성에도 문학과 역사학, 철학의 인문학이 앞자리에 있고, 그 가운데 문학은 가장 앞자리에 놓인다.

사상으로서의 문학은 두 가지 미덕을 갖는다. 삶에 대한 폭넓고 깊이 있는 생각을 안겨주는 게 하나라면, 그 생각을 통해 자신의 삶을 변화시킬 수 있다는 게 다른 하나다. 많은 이들이 문학 작품을 읽는 까닭도 여기에 있다. 개인적 차원이든 집단적 차원이든 인간과 삶에 대한 이해는 문학의 궁극적 목표라 할 수 있다.

지난 100년 우리 지성사에서 이러한 문학의 목표에 충실했던 작가 가운데 한 사람이 황순원이다. 황순원을 주목하는 이유는 두 가지다.

첫째, 황순원은 문학평론가 유종호의 말처럼 '겨레의 기억'을 전승하려고 했다. 그의 단편소설들은 개항 이후부터 산업화 시대까지 우리나라 사람들이 어떻게 살아왔는지를 감동적으로 전달한다. 둘째, 황순원은 한국인이란 어떤 존재인지를 탐구하려고 했다. 한국인은 보편적인 인간인 동시에 개별적인 민족이다. 이러한 한국인의 심성을 파악하는 데 황순원은 유랑민적 특성을 주목함으로써 한국인에 대한 심도 있는 이해를 선사했다.

지식인의 정신적 광휘

황순원은 1915년 평남 대동에서 태어났다. 정주 오산학교, 평양 숭실중학교에서 공부했고, 일본 와세다대학교를 졸업한 다음 고향으로 돌아가 소설 창작에 주력했다. 광복이 되자 1946년 월남했고, 경희대 국어국문학과 등에서 학생들을 가르치면서 왕성한 창작 활동을 펼쳤다. 그가 발표한 작품들은 문학과지성사에서 1985년《황순원전집》전12권으로 완간됐으며, 2000년 세상을 떠났다.

우리나라 국민이라면 황순원을 거의 모두 알고 있는 것으로 보인다. 그 까닭은 '국민 단편소설'이라 할 수 있는 〈소나기〉 등 그의 작품들이 교과서에 실려 있기 때문이다. 그의 대표작으로는《카인의 후예》(1954),《나무들 비탈에 서다》(1960),《일월》(1965),《움직이는 성》(1973) 등 장편소설들이 꼽힌다.

황순원의 장편소설들은 다양한 제제들을 다룬다.《카인의 후예》는 북한의 토지개혁을,《나무들 비탈에 서다》는 한국전쟁이 남긴 상처를 주목한다. 그리고《일월》은 백정을 통한 소수자 문제와 존재의 고뇌를,《움직이는 성》은 한국인의 심성구조를 탐구한다.

장편소설 못지않게 황순원의 문학 세계가 잘 드러난 것은 단편소설이다. 그가 발표한 단편들은 우리 겨레의 역사를 생생히 보여주고, 그 속에서 살아간 이들의 삶을 격조 있게 그리고 있다.

황순원의 단편집 가운데 특히 내 시선을 끈 것은《기러기》다. 일제강점기 말에 쓰였음에도《기러기》는 광복 직후에 발표한 세 번째 단편집《목넘이 마을의 개》보다도 늦은 1950년에야 출간됐다.

"그냥 되는대로 석유상자 밑에나 다락 구석에 틀어박혀 있을 수밖에 없기는 했습니다. 그렇건만 이 쥐가 쏠다 오줌똥을 갈기고, 좀이 먹어들어가는 글 위에다 나는 다시 다음 글들을 적어 올려놓곤 했습니다. 그것은 내 생명이 그렇게 하는 어찌할 수 없는 일이었습니다. (…) 명멸하는 내 생명의 불씨가 그 어두운 시기에 이런 글들을 적지 아니치 못하게 했다고 보는 게 옳을 것 같습니다."

단편집《기러기》의 서문이다. 일본어로 작품을 쓰라는 권유를 받았지만 황순원은 이를 거부하고《기러기》에 실리게 될 우리말 소설들을 써뒀다. 다수의 소설가가 친일로 전향했을 때, 그는 원고지 위에서 언어를 통한 독립운동을 조용히 전개한 셈이었다. 소중한 우리말로 겨레의 아름답고 마음 시린 이야기들을 전승함으로써 명멸하는 생명의 불씨를 지키려 했던 그의 태도는 식민지 시대에 지식인이 보여준 최고의 정신적 광휘(光輝) 가운데 하나였던 것으로 보인다.

유랑민, 한국인의 심성

황순원의 문학사상을 잘 보여주는 작품이 바로《움직이는 성》
이라고 나는 생각한다. 이 소설은 황순원이 오랫동안 생각해온 한
국인의 심성을 다룬다.

한국인이란 어떤 존재인가. 이 질문에 대한 답변은 인문학과
사회과학에서 오랫동안 토론돼왔다. 우리 민족은 구석기 시대 이
후 한반도와 만주 지역에서 거주해왔다. 고려시대부터 영토가 한
반도에 제한돼 있었지만, 독자적인 언어와 문화를 일궈왔다. 동아
시아의 다른 민족들이 그러하듯 농경생활이 기본을 이뤘고, 따라
서 유목민이 아닌 정주민의 특징을 간직해왔다. 어떤 이는 이러한
우리 민족의 문화적 심성을 '한(恨)'에서, 다른 이는 '은근과 끈기'
에서 찾기도 했다.

황순원의 답변은 이와 다르다.《움직이는 성》이란 제목이 암시
하듯, 그가 주목하는 한국인의 심성은 '유랑민 근성'이다.

"그건 정착성이 없는 데서 오는 게 아닐까. 말하자면 우리 민족
이 북방에서 흘러들어올 때 지니구 있었던 유랑민 근성을 버리지
못한 데서 오는 게 아닐까. 우리 민족이 반도에 자리를 잡구 나서두
진정한 의미에서 정치적으루나 정신적으루 정착해 본 일이 있어?
물론 다른 민족두 처음부터 한곳에 정착된 건 아니지만 말야."

이렇듯 황순원은 한국인의 심성을 '유랑민 의식'에서 찾았다.
《움직이는 성》은 각각 개성이 다른 세 명의 주인공인 농업기사 준
태, 목사 성호, 민속학자 민구가 펼치는 삶과 생각에 관한 이야기
다. 소설을 통해 황순원은 한국인의 종교적 삶을 다각도로 조명함

으로써 기독교와 샤머니즘, 구체적 삶과 추상적 관념, 욕망과 도덕 사이에서 새로운 구원의 가능성을 탐구한다.

"진정한 작가나 시인이 자기는 문예사조의 어느 주의를 신봉한다든가 무슨 주의자라고 자처하는 걸 나는 믿지 않는다. 그것은 예술가가 정말로 자신을 어떤 틀 속에 옹색하게 가둘 리가 없다는 걸 믿기 때문이다."

칠순을 맞이해 황순원이 쓴 에세이 〈말과 삶과 자유〉의 한 구절이다. 황순원은 예술가의 자유를 소중히 했다. 그는 언제나 혼자였다. 자유를 얻기 위해 월남했고, 이후 어떤 유파나 세력에도 가담하지 않았다. 그가 도달한 '유랑민 의식'에 대한 인식은 황순원 자신의 삶을 반영한다. 유랑민의 본질에는 그 어디에도 구속되지 않는 자유에 대한 갈망이 담겨 있기 때문이다.

자유인으로서, 그리고 작가로서 황순원은 앞서 말했듯 겨레의 기억을 소설로 남겨두려고 했다. 만주로 떠난 남편의 편지를 받아 든 〈기러기〉의 쇳네, 주인 없는 개 신둥이를 돌보는 〈목넘이 마을의 개〉의 간난이 할아버지, 폭풍으로 석이가 죽은 바다로 나가는 〈잃어버린 사람들〉의 순이, 그리고 〈움직이는 성〉의 주인공들을 통해 황순원은 지난 100년 동안 겨레의 삶을 재현하고 증거하고 또 성찰하게 한다. 그를 우리 현대사에서 뛰어난 작가 중 한 사람으로 내가 꼽는 까닭이 여기에 있다.

한국인의 미래

사회학자에게 부여된 일차적 과제는 자기 사회에 대한 분석이다. 이러한 분석은 흔히 이름 짓기로 나타난다. 예를 들어, 미국 사회학자 대니얼 벨은 '후기산업사회'로, 영국 사회학자 마틴 앨 브로는 '세계사회'로, 독일 사회학자 울리히 벡은 '위험사회'로 자기 사회를 포함한 현대사회를 명명했다. 대학에서 사회학을 전공한 미우라 아쓰시는 일본사회를 중산층이 붕괴한 '하류사회'로 파악했다.

《움직이는 성》에서 황순원이 제시한 아이디어를 빌리면 한국사회는 '유랑민사회'로 볼 수 있다. 이 유랑민사회에는 명암이 존재한다. 먼저 그늘을 주목하면, 그것은 유랑민사회에 내재한 피란민의 정체성이다. 지금 내가 살고 있는 이곳은 잠시 머물러 있는 공간이기에 공동체 전체의 이익을 고려하지 않은 채 삶을 '만인 대 만인의 투쟁'으로 생각하는 게 피란민의 자의식이다.

한국전쟁이 끝난 지 60여 년이 지났는데도 여전히 피란민처럼 살아가고 있는 게 우리 사회의 현주소이지 않을까. 한 번 훼손된 공동체 의식을 복구하기란 결코 쉽지 않다. 공동체가 유지되기 위해선 명시적 규칙과 묵시적 규범을 준수해야 하는데도 불구하고 규칙도, 규범도 목적이 아니라 수단으로 존재하는 게 한국사회의 자화상인 것처럼 보인다.

한편 유랑민의 빛을 이루는 것은 유목민의 정체성이다. 미래학자 자크 아탈리가 강조하듯, 유목민은 세계화된 정보사회에 어울리는 새로운 인간형이다. 변화하는 현실에 걸맞은 능동성과 창의성을 적극적으로 발휘하는 게 유목민의 정체성이다. 새롭게 열리는 미래 100년에서 피란민의 정체성과 과감히 결별하고 유목민의 정체성을 적절히 내면화하는 것은 우리 한국인에게 부여된 중요한 과제 가운데 하나라고 나는 생각한다.

박경리 대하소설

토지

1

1부 1권

마로니에북스

18. 박경리:
《토지》와 문학의 미래

"1897년의 한가위. 까치들이 울타리 안 감나무에 와서 아침 인사를 하기도 전에, 무색옷에 댕기꼬리를 늘인 아이들은 송편을 입에 물고 마을 길을 쏘다니며 기뻐서 날뛴다. 어른들은 해가 중천에서 좀 기울어질 무렵이라야, 차례를 치러야 했고 성묘를 해야 했고 이웃끼리 음식을 나누다 보면 한나절은 넘는다."

박경리의 소설《토지》는 이렇게 시작한다. 독일 유학 시절《토지》를 읽었을 때 만난 작품의 첫 구절은 내게 역사학자 페르낭 브로델의 '장기지속'을 떠올리게 했다.

장기지속은 시간의 심층에 흐르는 역사다. 한가위, 까치, 감나무, 송편, 차례, 성묘, 그리고 이웃과의 음식 나누기 등으로 이뤄진 자연과 일상과 물질문명은 내가 살아온 세계였다. 시간에 의해 마모됐더라도 내겐 정겨운《토지》의 풍경은 독일의 낯선 풍경과 대비되면서 나로 하여금 민족의 이야기와 조우하게 했다.

지난 100년 동안 나온 우리 소설 가운데《토지》는 으뜸가는 문제작이다. 25년의 집필 기간, 400명의 등장인물, 전5부 20권(마로니에북스판)의 분량은 경이로울 뿐이다. 또《토지》는 영어·프랑스어·독일어·러시아어·일어 등으로 번역됐고, 영화·드라마·음악극·만화 등 다른 양식으로 재현됐다.

《토지》는 대하소설(大河小說)로 불린다. 많은 작은 물줄기들이 모여 흐르는 크고 넓은 강과 같은 소설이《토지》다. 모든 것을 아우르며 도도하게 흐르는 장기지속의 문학이 바로《토지》라고 나는 생각해왔다.

《토지》는 열린 텍스트다.《토지》에는 여러 코드가 존재한다. 문학으로서의《토지》, 역사로서의《토지》, 철학으로서의《토지》 읽기가 가능하다. 이 짧은 글에서《토지》의 모든 것을 다루기는 어렵다. 문학과 역사와 철학의 측면에서《토지》에 담긴 의미를 독해하려고 한다.

문학으로서의《토지》

박경리는 1926년 경남 통영에서 태어났다. 1956년《현대문학》을 통해 등단했고, 단편〈불신시대〉, 장편《김약국의 딸들》,《시장과 전장》등을 발표해 전후 한국 문학을 대표하는 작가의 한 사람으로 부상했다. 1969년부터《토지》를 연재하기 시작해 1994년 완간했다. 1980년에는 강원도 원주로 이사해 창작 활동에 전념하다가 2008년 세상을 떠났다.

《토지》를 읽을 수 있는 첫 번째 코드는 문학의 측면이다. "1897년 한가위로부터 이야기를 시작한 이 작품은 1945년 8월 15일 한국이 광복되는 날까지 꽉 찬 48년 동안 한국 사람들이 어리석은 왜정 부라퀴들이 설치던 어둠을 견디는 아픔과 설움, 그리고 참음의 길을 보여준 이야기 뭉치다." 국문학자 정현기의 평가다.

경남 하동군 악양면 평사리의 최참판집 3대가 살아온 이야기가《토지》의 뼈대를 이룬다. 소설이 진행되면서 무대는 만주, 서울, 일본으로 확장되고, 개인과 가족의 역사에 식민 지배와 민족 독립이라는 사회의 역사가 중첩된다.《토지》는 지난 20세기 전반 우리 선조들이 어떻게 살아왔는지를 발견하게 하고 상상하게 한다.

국문학자 최유찬은《토지》가 성취한 창조성을 내용과 형식으로 나누어 분석한다. 그에 따르면,《토지》는 내용적 측면에서 인간에 대한 탐구, 생명의 연민과 사랑, 한민족 세계관의 표현을 담고 있고, 형식적 측면에선 전통과 현대의 조화, 입체감과 생동감의 형상화라는 특징을 갖고 있다. 나아가《토지》는 한국적 미의 창조를 보여준다고 최유찬은 고평한다.

《토지》에 대해 상찬(賞讚)만 있었던 것은 아니다. 국문학자 김윤식과 정호웅은 작가가 역사 전개가 강제하는 객관적 규정성을 가볍게 생각하여《토지》에는 윤리적·심리적·운명론적 세계관이 강하게 드리워져 있다고 비판한다. 이들은《토지》의 특징을 '운명론적 세계관과 강렬한 개성의 세계'로 요약한다.

페미니즘의 시각에서《토지》를 어떻게 볼 것인지도 주목할 만하다. 이에 대해선《토지》가 가부장제 이데올로기의 전형적 특성을 드러낸다는 평가와 대지의 모성적 이미지를 담고 있다는 평가가 공존한다. 국문학자 이상진은《토지》가 다양한 인물들의 삶을 추적한다는 점에 주목해《토지》에는 다양한 어머니들의 모습이 형상화돼 있다는 분석을 내놓는다.

이처럼《토지》를 읽는 데는 여러 길이 존재한다. 언어학의 측면에서《토지》는 경상도 사투리에 더하여 전라도·함경도·서울 사투리가 두루 쓰인 우리말의 보고(寶庫)이기도 하다. 같은 의미를 가진 다른 발음들은 소설 속 인물들에 구체적인 생명력을 부여한다.

역사와 철학으로서의《토지》

역사의 측면과 철학의 측면에서《토지》에 담긴 코드는 어떻게 볼 수 있을까.

박경리는《토지》가 역사소설이 아니라고 주장한 바 있다. 《토지》는 역사적 사실이 아니라 인간의 본질을 탐구한 작품이라는 의미다. 그러나《토지》는 조선 왕조의 몰락, 일본의 식민 지배, 민족의 독립투쟁 역사를 후경(後景)으로 놓아둔다. 역사소설이 아니되 역사를 이해하는 데《토지》는 작지 않게 기여한다.

사회학자 박명규는《토지》와 우리 근대사의 관계를 사회사적 맥락에서 조명한다. 그에 따르면,《토지》의 역사성은 제도사·

구조사·사건사가 아니라 개인의 삶과 행동 속에 녹아 있는 역사 의식을 포함한 개인사 및 생활사의 측면에서 찾을 수 있다. 박명 규는《토지》가 한국 근대를 살아온 일상인들의 생활사를 사실적 으로 구현하고 있다고 고평한다.

《토지》에 담긴 철학적 의미는 삶과 민족에 대한 사유에 있다. 1993년에 쓴 '서문'에서 박경리는 말한다. "산다는 것은 아름답다. 그리고 애잔하다. (…) 억조 창생 생명 있는 모든 것의 아름다움과 애잔함이 충만된 이 엄청난 공간에 대한 인식과 그것의 일사불란 한 법칙 앞에서 나는 비로소 털고 일어섰다."

이렇듯 박경리에게 삶이란 아름다움과 애잔함, 희망과 절망, 의지와 허무가 공존하는 생명의 지속이다.《토지》는 무수한 실 존적 생명들이 갖는 존엄성을 부각시킨다. 이 생명 존엄성의 옹 호는 일본 제국주의에 맞선 민족정신의 구현으로 나아간다. 정현 기는《토지》가 일제의 잔혹한 식민 지배 속에서 한민족 구성원 들이 지닌 삶의 기품을 자발적이고 비타협적인 목소리로 재생 시킨 민족정신의 크고 든든한 창고라고 해석한다.

《토지》에 담긴 이런 사상을 주목할 때, 박경리가 1945년 광복 으로《토지》를 다음과 같이 마무리한 것은 지극히 당연한 것으로 보인다.

""만세! 우리나라 만세! 아아 독립 만세! 사람들아! 만세다!" 외치고 외치며, 춤을 추고, 두 팔을 번쩍번쩍 쳐들며, 눈물을 흘리 다가는 소리 내어 웃고, 푸른 하늘에는 실구름이 흐르고 있었다."

문학의 미래

박경리는 문학의 의미에 대해서도 글을 남긴 바 있다. "나는 겁장이다 / 성문을 결코 열지 않는다 (…) 문학은 / 삶의 방패 / 생명의 / 모조품이라도 만들지 않고서는 / 숨을 쉴 수 없었다 // 나는 허무주의자는 아니다 / 운명론자도 아니다." 그의 시 〈문학〉의 한 구절이다. 박경리에게 문학은 허무주의와 운명론을 넘어설 수 있는, 실존적 자아를 지켜내는 상상력의 힘이다.

또 박경리는 작가의 운명에 대해서도 말을 남긴 바 있다. "모든 생명은 총체로서의 개체이며 총체는 개체로서 이루어지고 고리사슬에 엮어진 존재일 것입니다. 소설을 쓰는 작가는 고리사슬을 물어 끊으려는 모반자인지 모릅니다. 그러면서 고리사슬이 풀릴 것을 두려워하여 합일을 치열하게 소망하는 사람인지도 모릅니다." 그의 책 《문학을 지망하는 젊은이들에게》에 나오는 구절이다. 개체이자 총체인 인간을 탐구하는, 해체와 화해를 동시에 꿈꾸는, 그리하여 삶의 진실을 있는 그대로 전하는 것은 작가의 사명이다.

문학의 존재 이유는 인간의 다층성에 대한 심층적인 이해에 있다. 문학은 삶에 대한 폭넓고 깊이 있는 생각을 안겨준다. 그리고 그 생각을 통해 자신의 삶을 변화시킬 수 있는 기회를 선사한다.

기호학자이자 소설가인 움베르토 에코는 《장미의 이름 작가 노트》에서 작가가 누리는 으뜸가는 위안이 독자들의 이해를 통해 전혀 다른 독법을 발견하게 되는 것에 있다고 말한다. 문학은 누구에게나 열려 있는 텍스트다.

박경리가 강조하듯, 문학은 생명의 모조품, 즉 창조된 허구다. 이 허구는 우리 인간 각자에게 삶의 진실을 깨닫게 하고, 더 나은 삶으로 나아가게 한다. 상상력과 진실에의 추구가 인간의 본래적 속성인 한, 문학은 언제나 인류와 함께할 것이라고 나는 생각한다.

광장 / 구운몽

최인훈 전집 1

문학과
지성사

19. 최인훈:
《광장》과 이념의 미래

공화국(republic)이란 말의 기원을 이룬 라틴어는 '레스 퍼블리카(res publica)'다. 이 말은 그리스어 '폴리스(polis)'에서 유래했다. 그리스 시인 소포클레스가 노래하듯, 한 사람이 지배하는 곳은 폴리스가 아니다. 로마 철학자 키케로가 설파하듯, 공동의 법과 이익에 의해 결속된 공동체인 국가가 레스 퍼블리카, 다시 말해 공화국이다.

100년의 지성사를 다루는 이 책에서 공화국이란 말을 꺼낸 까닭은 두 가지다. 첫 번째는 지난 100년이 민주공화국을 향한 도도한 역사였다는 사실이다. 국민이 주인인 공화국이 다름 아닌 민주공화국이다. 두 번째는 한 뛰어난 소설에 대한 기억이다. 그 기억을 불러낸 구절은 다음과 같다.

"아시아적 전제의 의자를 타고 앉아서 민중에겐 서구의 자유의 풍문만 들려줄 뿐 그 자유를 '사는 것'을 허락치 않았던 구정권 하에서라면 이런 소재가 아무리 구미에 당기더라도 감히 다루지 못하리라는 걸 생각하면 저 빛나는 4월이 가져온 새 공화국에 사는 작가의 보람을 느낍니다."

최인훈 소설《광장》의 '작자(作者)의 말'이다. 1960년 잡지《새벽》에《광장》을 발표하면서 덧붙인 것이다. '구정권'은 이승만 정권을, '빛나는 4월'은 4월 혁명을, '새 공화국'은 제2공화국을 지칭한다. 최인훈은 광복 이후 황순원, 박경리, 이청준, 황석영, 조세희, 박완서, 조정래와 함께 우리나라를 대표하는 작가다.《광장》은 소설《화두》, 희곡〈옛날 옛적에 훠어이 훠이〉와 함께 최인훈의 대표작이다.

《광장》이 보여주는 한반도의 자화상

《광장》의 주인공 이명준은 최인훈의 삶을 반영한다. 1936년 함북 회령에서 태어난 최인훈은 광복 후 가족과 함께 원산으로 이사 왔다. 고등학교 재학 중 한국전쟁이 일어나자 월남했다. 서울대 법대를 다니다가 육군 통역장교를 지낸 다음 작가의 길로 들어섰다.

한국전쟁 이전에는 북한에서, 이후에는 남한에서 살아온 경험은 최인훈에게 두 사회를 비교할 기회를 안겨줬다.《광장》에서 철학도 이명준 역시 남과 북의 현실을 모두 체험하고, 그 이념적 구속에서 벗어나려고 한다. 이명준은 두 사회를 다음과 같이 묘사한다.

"개인만 있고 국민은 없습니다. 밀실만 풍성하고 광장은 사멸했습니다. (…) 아무도 광장에서 오래 머물지 않아요. 필요한 약탈과 사기만 끝나면 광장은 텅 빕니다. 광장이 사멸한 곳. 이게 남한이 아닙니까. 광장은 비어 있습니다."

"명준이 북한에서 발견한 것은 잿빛 공화국이었다. 이 만주의 저녁노을처럼 핏빛으로 타면서 혁명의 흥분 속에서 살고 있는 공화국이 아니었다. 더욱 그를 놀라게 한 것은 컴뮤니스트들이 흥분이나 감격을 원하지 않고 있다는 사실이었다."

소설 속의 시간은 광복에서 한국전쟁까지다. 전쟁이 끝난 후 4월 혁명까지 계속된 남한과 북한의 현실을 매우 날카롭게 지적한 구절이다. 개인이 살아 있되 욕망만 넘치는 사회와 혁명을 앞세우지만 인간은 죽어 있는 사회, '광장 없는 밀실'(남한)과 '밀실 없는 광장'(북한)은 1950년대 한반도에 존재한 두 자화상이었던 것으로 보인다.

결국 남아 있는 선택은 한반도가 아닌 제3의 공간일 수밖에 없다. 중립국으로 가는 배 위에서 이명준은 자살을 감행한다. 이명준이 꿈꿨던 세상은 개인과 사회가 조화로운 '밀실 있는 광장'이다. 남한과 북한의 그 어디에도 이명준은 마음의 닻을 내릴 수 없었다.

광복을 이룬 지 15년, 한국전쟁이 일어난 지 10년 만에 작가 최인훈은 한반도에 드리워진 이념의 현실을 응시하고 성찰한다. 자본주의와 공산주의의 이념 대립 아래 최인훈이 추구한 것은 좌도

아니고 우도 아닌, 좌와 우를 아우르는 중도적 자유주의였다. 이
명준의 자살은 중도적 자유주의가 처한 비극을 상징한다.

최인훈이 말한 '빛나는 4월 혁명'이 요구한 것은 '새로운 민주
공화국'의 구현이었다. 민주공화국의 이상은 시민의 개인성과 국
가의 공공성을 공존시키고 실현하려는 데 있다. 민주공화국에선
보수든 진보든 중도든 자신의 목소리를 가질 수 있고 또 가져야
한다.《광장》을 통해서 우리 사회는 비로소 냉전분단체제의 현실
을 직시하고 그 극복을 꿈꿀 수 있게 됐다.

남북조 시대의 예술가

《광장》 이후 작가 최인훈은 먼 길을 떠났다.《회색인》,《서유
기》 등 실존의 고뇌를 다룬 작품을 잇달아 내놓은 그는 1970년대
미국으로 건너가 3년간 체류한 다음 귀국해서 희곡 작가로 나섰다.
1994년 그는《화두》를 발표해 소설가로 귀환했다.

《화두》에서 최인훈은 이명준을 대신해 직접 주인공을 맡는다.
그리고《광장》 이후 이야기를 들려준다. 작품《화두》의 화두는
민족의 발견이다.《화두》에서 가장 빛나는 대목은 낯선 미국 땅
에서 이뤄지는 민족과의 조우다. 버지니아에서 우연히 만난 도지
(道誌)에 실려 있는 '장수 잃은 용마의 울음'이라는 아기장수 설
화는 최인훈의 마음을 벼락처럼 송두리째 뒤집어놓는다.

평북 박천군의 한 가난한 집에서 겨드랑이 밑에 날갯죽지가 달
린 아기가 태어난다. 부모는 가족이 겪게 될 불행을 염려해 아기장
수를 죽이고 만다. 아기장수 설화는 지배 권력에 저항하는 민중의

비원(悲願)을 담고 있다. 강대국에 맞서는 약소국의 소망으로 읽을 수도 있다. 이 설화를 통해 최인훈은 민족을 재발견하고 결국 그리운 조국으로 돌아온다.

최인훈의 한 정체성인《광장》의 주인공이 남과 북을 관찰했다면, 또 다른 정체성인《화두》의 주인공은 이제 미국과 소련을 여행한다. 일각에서 지적하듯, 최인훈의 소설들은 지나치게 관념적인 경향을 보인다. 그럼에도 최인훈이 뛰어난 작가인 까닭은 광복 이후 우리 현대성에 결정적 영향을 미친 남과 북의 분단 시대, 미국과 소련의 냉전 시대를 모두 깊이 있게 성찰한다는 데 있다.

분단과 냉전은 지난 20세기 후반 우리 사회를 규정한 두 겹의 시대적 구속이다. 문학평론가 김우창은《소설가 구보씨의 일일》을 다루면서 최인훈을 '남북조(南北朝) 시대의 예술가'라 부른 바 있다. 남북조 시대의 다른 이름이 분단 시대와 냉전 시대다. 냉전분단체제 아래서 좁게는 지식인, 넓게는 시민들의 선 자리와 갈 길을 치열하게 탐구한 최인훈은, 문학평론가 김현과 국문학자 김윤식이《한국문학사》에서 일찍이 주장했듯, '전후 최대의 작가'라 평가할 만하다.

이념의 미래

《광장》1973년판 서문에서 최인훈은 말한다. "나는 12년 전, 이명준이란 잠수부를 상상의 공방에서 제작해서, 삶의 바다 속에 내려 보냈다. 그는 '이데올로기'와 '사랑'이라는 심해의 숨은 바위에 걸려 다시는 떠오르지 않았다."《광장》이 이데올로기 소설이라는 것을 작가 스스로 잘 알고 있다는 증거다.

이데올로기, 다시 말해 이념은 한 개인 내지 집단의 사고 및 행위에 영향을 미치는 철학적 관념과 정치적 신념을 말한다. 보수가 안정과 시장, 성장을 중시한다면, 진보는 변화와 국가, 분배를 강조한다. 그리고 보수와 진보 사이에는 이 둘을 절충하려는 중도가 존재한다.

우리 현대사를 돌아보면 한국전쟁 이후 1987년 6월 민주항쟁까지 진보의 정치적 시민권은 불허됐다. 그 까닭은 최인훈도 주목한 냉전분단체제의 영향에 있었다. 민주화 시대가 열린 이후에는 보수와 진보 간의 이념 논쟁이 활발히 진행돼왔다. 산업화 시대에 억압돼 있다가 개화한 만큼 이념 논쟁은 때때로 격렬한 양상을 띠었다. 이념의 전성시대가 도래한 셈이다.

21세기 현재, 지구적 차원의 이념 구도는 탈이념의 경향을 보여준다. 보수가 진보의 가치를 수용하고 진보가 보수의 정책을 차용하는 것은 많은 나라에서 관찰할 수 있는 현상이다. 우리 사회의 경우도 크게 다르지 않다. 하지만 이념은 여전히 세계를 독해하는 인식틀이자 정책을 선택하는 준거틀로서의 의미를 갖는다. 우리 사회의 경우에 뒤늦게 열린 만큼 이념의 시대는 정치사회를 위시한 사회 전반에 큰 영향을 미치고 있다.

앞으로 펼쳐질 미래에서 정치적 태도의 이념성보다는 문제 해결의 실용성이 점점 더 중요해질 것은 분명해 보인다. 그러나 동시에, 안정과 변화 중 무엇을 중시할 것인가, 사회적 약자를 어떻게 보호할 것인가, 세계화와 민족주의에 어떻게 대응할 것인가를 놓고 서로 다른 이념적 입장이 맞서는 게 결코 쉽게 사라지지 않으리라는 점 역시 분명해 보인다. 이념과 탈이념의 혼돈스러운 공존이 이념의 피할 수 없는 미래를 이룰 것이라고 나는 생각한다.

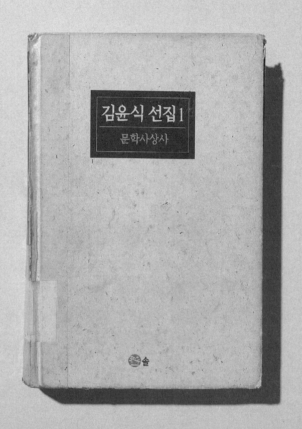

20. 김윤식:
《김윤식 선집》과 근대성의 미래 ②

　"근대는 일차적으로 자본주의 생산양식의 성취와 민족국가 건설을 지향점으로 하는 인간 의지라 규정되며, 근대문학이란 그러한 이념의 문학적 전개에 해당된다. 우리의 경우 이러한 지향성은 매우 난처한 자체 내의 모순을 안고 있었는데, 반제투쟁과 반봉건투쟁이 민족의 지상과제로 가로놓여 있었기 때문이다. 자본주의 성취와 민족국가 건설이라는 주목적 달성이 역사의 보편성이라면 반제·반봉건투쟁이란 한낱 수단임에도 불구하고, 이 특수성이 오히려 보편성을 침해·능가하는 경우가 허다했던 것이다."

　다소 긴 인용이지만 현대 한국 지성사를 공부해온 이들이라면 위의 말이 갖는 사상적 무게를 단번에 깨달을 수 있을 것이다. 아니, 한국 현대사를 공부해온 이들도 위의 진술에 담긴 선명한 문제의식에 작지 않게 공감할 것이다. 흥미로운 것은 이 언명이 사회과학자의 주장이 아닌 국문학자이자 문학평론가의 견해라는 사실이다. 그 인문학자가 바로 김윤식이다.

김윤식이 남긴 저작은 200여 권에 이른다. 단독 저작만 159권에 달한다. 한 개인이 이런 규모의 업적을 남길 수 있다는 게 가능한 일인지 상상하기 어렵다. 그는 매일 원고지 20매씩 쓴다고 고백한 바 있지만, 1년에 7,000여 매가 넘는 글을 평생 써온 그의 학문적 성실성에 무한 존경을 표하지 않을 수 없다.

저작의 양 못지않은 질을 고려해도 김윤식은 진정 뛰어난 인문학자였다. 단언컨대 그는 우리 사회 인문학자와 사회과학자를 통틀어 한국 근대성 탐구에 대한 가장 탁월한 학자였다. 위에 인용한 구절이 그 증거다. 자본주의와 민족국가, 그리고 반제·반봉건투쟁은 우리 근대성을 이뤄온 핵심 제도이자 운동이었다. 그의 학문적 탁월성은 소설과 평론 등 문학 텍스트들을 통해 근대성의 문학적 전개과정을 실증적으로 분석하고 깊이 있게 성찰했다는 데 있다. 내가 김윤식을 주목하는 까닭이다.

한국 문학의 근대성 탐구

김윤식은 1936년 경남 김해에서 태어났다. 서울대에서 국문학을 공부하고 서울대 국문학과에서 가르쳤다. 2001년 정년퇴임을 한 다음 서울대 국문학과 명예교수가 됐고, 대한민국 예술원 회원이 됐다. 은퇴 이후에도 왕성한 집필 활동을 펼쳤던 그는

2018년 세상을 떠났다.

이 길지 않은 글에서 김윤식이 일궈온 문학 연구의 전모를 밝히기는 쉽지 않다. 여기서 주목하려는 것은 그가 평생 천착해온 한국 문학의 근대성 탐구다. 오랜 동료였던 국문학자 권영민은 말한다.

"김 교수가 자신의 수많은 저서와 평문들에서 끈질기게 다뤄온 것은 우리 문학에서 '근대적인 것'이란 무엇인가 하는 질문이다. (…) 김 교수가 자료를 조사 정리하고 사(史)적인 맥락을 세워나가면서 체계화한 한국 근대문학 비평은 우리 문학이 추구해온 문학적 근대성의 자기규정과 그 논리에 대한 해석이었음은 물론이다."

여기서 주목할 김윤식의 텍스트는 1996년에 나온 《김윤식 선집》이다. 이 《선집》은 제1권 《문학사상사》, 제2권 《소설사》, 제3권 《비평사》, 제4권 《작가론》, 제5권 《시인·작가론》, 제6권 《예술기행·에세이·연보》로 이뤄져 있다(2005년에 7권 《문학사와 비평》이 나왔다). 《선집》 이후에도 많은 저작이 발표됐지만 문학평론가 이동하를 위시한 제자들이 편집한 이 《선집》은 김윤식의 문학사상을 살펴보는 데 적절하다.

김윤식에게 한국 근대성이란 앞서 말했듯 자본주의와 민족국가 수립, 그리고 반제·반봉건투쟁으로 요약된다. 김윤식에 따르면, 개화기 이후 한국 근대문학은 이러한 근대성의 과제에 대한 반응이자 열망이자 고뇌였다. 제1권 《문학사상사》에서 볼 수 있듯, 김윤식은 신채호, 주요한, 김동인, 나도향, 염상섭, 이광수, 박영희,

백철, 임화, 한설야, 이기영, 김남천, 박태원, 이병기, 이태준, 김교신, 안수길, 이상, 김동리, 서정주의 문학을 주목함으로써 한국 근대문학의 근대성 모험을 분석하고 종합한다.

근대성의 성취와 해방

김윤식의 근대성 담론을 이루는 핵심 아이디어는 다차원성에서 찾을 수 있다. 김윤식은 임화의 주장에 따라 한국 근대성이 이식된 것이라고 파악한다. 그리고 이 근대성에 대해 서로 다른 태도가 존재했다고 분석한다. 예를 들어, 이광수가 민족국가 건설을 중시했다면, 임화는 반제·반봉건투쟁을 우위에 뒀다.

주목할 것은 이러한 근대성에 내재한 양면성이다. 그 양면성이란 근대성이 성취해야 할 목표이자 그로부터 해방돼야 할 대상이라는 점을 의미한다. 이 근대성의 양면성에 대한 한국 근대문학의 세 가지 대응으로 김윤식은 '가치중립으로서의 근대'(임화), '근대로서의 근대의 초극'(이상), '반근대로서의 근대의 초극'(김동리)을 주목한다.

이러한 근대성의 문학적 전개 과정을 규명하기 위해 김윤식은 《이광수와 그의 시대》, 《임화 연구》, 《이상 연구》, 《김동리와 그의 시대》 등 역작들을 내놓았다. 김윤식은 근대성 탐구가 완료된 게 아님을 미학자 게오르크 루카치의 《소설의 이론》을 빌려서 말한다.

"우리가 갈 수 있고 가야만 하는 길을 하늘의 성좌가 환히 비추어주던 시대란 얼마나 행복했던가라고 우리는 이제 말할 수 없다. 그러한 시대란 없었거나 한낱 환각이었는지도 모를 일이 아닐까. (…) 길은 무한히 뻗어 있고, 아직도 마땅한 장비가 없다고 치자."

김윤식의 근대성 연구가 인문학은 물론 사회과학에 던지는 함의는 결코 작지 않다. 지난 20세기 한국 현대사는 근대성을 성취하는 동시에 해방하려는 시도들로 점철돼 있었다. 광복 이전 민족 독립을 위한 준비론과 투쟁론, 광복 이후 새로운 국가와 사회 만들기로서의 산업화와 민주화 담론도 김윤식의 근대성 분석으로부터 크고 작은 통찰을 얻을 수 있다. 지난 20세기 한국 근대성이 자본주의, 국민국가, 민족주의, 전통주의의 십자 포화 한가운데 놓여 있었다는 김윤식의 주장은 전적으로 옳다. 그리고 근대성을 성취하고 해방해야 하는 게 21세기 우리 사회에서 여전히 중대한 과제라는 점도 분명하다.

김윤식의 관심이 근대성의 탐구에만 머문 것은 아니었다. 그는 국문학자인 동시에 문학평론가였다. 그는 개별 작가들의 작품을 분석하는 수많은 현장 비평집을 펴냈다. 《선집》 제4권 《작가론》에서 그는 김동리, 황순원, 안수길, 최인훈, 전혜린, 최일남, 이청준, 김승옥, 이문구, 오정희, 이제하, 김원일, 조세희, 윤후명, 박완서, 서영은, 김채원, 이문열, 김성동, 김원우, 강석경, 임철우, 구효서, 신경숙, 이인성, 최수철 등 한국 소설을 이끌어온 이들의 내면 풍경과 표정을 분석한다.

돌아보면 김윤식은 한국 근대성과 근대문학의 탐구에 자신의 모든 것을 쏟아 부었다. 일각에선 김윤식의 독창성에 대한 문제제기가 없지 않았다. 분명한 것은 한국 근대문학이 김윤식으로 인해 더욱 풍요로워지고 깊어졌다는 점이다. 그는 우리 현대 지성사에서 예외적인 '지적 장인이자 거인'이었다고 나는 생각한다.

근대성의 미래 ②

근대성은 사회학의 핵심 연구 주제기도 하다. 사회학에서 말하는 근대성이란 16~17세기에서 시작해 지구적으로 확산된 서구 제도와 의식을 함의한다. 그 제도적 차원으로 사회학자 앤서니 기든스는 자본주의, 산업주의, 감시체제, 군사적 힘을 주목했다. 의식의 측면에선 이성과 합리성을 강조한 계몽주의가 중요했다.

한국 근대성의 역사적 기원은 19세기 후반까지 거슬러 올라간다. 개항에서부터 일제강점기에 이르는 시기에 한국 근대성은 외부로부터 강제되고 이식됐다. 광복 이후 가장 중요한 시대적 과제도 경제적 산업화와 정치적 민주화라는 근대성의 구현이었고, 이 근대성의 추구가 산업화 시대와 민주화 시대로 나타났다.

이러한 근대성에 탈근대성이 중첩되기 시작한 것은 1990년대 이후였다. 세계화와 정보사회의 진전이 진행되면서 탈근대 사회와 문화에 대한 관심이 높아졌다. 더하여, 계몽주의와 감시체제에 내재된 근대성의 그늘이 조명되면서 근대성으로부터의 해방이 새로운 사상적·제도적 과제로 부상했다.

김윤식이 주장하듯, '갈 수 있고 가야만 하는 길'로서의 근대는 여전히 열려 있다. 가치판단의 차원에서 공정한 시장경제, 성숙한 민주주의, 연대적 개인주의, 개방적 민족주의는 성취와 해방이라는 과제를 동시에 안고 있는 한국 근대성이 가야 할 길이다. 이러한 근대성의 성취와 해방에서 김윤식이란 '지적 장인이자 거인'의 이름은 아주 오랫동안 기억될 것이라고 나는 생각한다.

정치와 삶의 세계

김우창 전집

13

민음사

21. 김우창:
《정치와 삶의 세계》와 인문주의의 미래

지난 100년 우리 지성사에서 주목할 특징 가운데 하나는 작가와 문학평론가의 역할이 두드러졌다는 점이다. 예를 들어, 소설가 최인훈과 박완서, 시인 한용운과 김수영은 물론 문학평론가 이어령과 백낙청은 우리 지성사를 활기차고 풍요롭게 한 이들이었다. 문학평론가 김우창은 이들 못지않게 우리 사상에 넓이와 깊이를 더한 지식인이었다.

김우창을 문학평론가로만 한정하기는 어렵다. 지적 활동을 문학평론으로 시작한 그는 문학·역사·철학을 포괄한 인문학자로, 정치와 사회를 분석한 사회이론가로, 그리고 환경과 예술까지 아우른 사상가로 나아갔다. 그의 저작 목록을 보면 김우창은 우리 사회를 대표하는 르네상스적 지성인, 다시 말해 '인문주의 사상가'였다.

인문주의(humanism)란 이중의 의미를 갖는다. 좁은 의미의 인문주의는 14세기 이후 서양에서 등장한 르네상스 정신을 말한다. 이탈리아의 단테, 네덜란드의 에라스뮈스, 영국의 토머스 모어 등 르네상스 지식인들은 그리스·로마 사상의 재발견을 통해 중세의 신본주의를 거부하고 인본주의를 주창했다.

넓은 의미의 인문주의는 이 르네상스 정신을 바탕으로 발전한 인간 중심의 사상, 즉 인간을 세계의 중심에 놓아두고 역사와 사회를 이해하려는 사상의 흐름을 통칭한다. 서구 계몽주의 사상은 이런 광의의 인문주의의 전통 아래 놓여 있었다. 20세기 서구 사상을 대표하는 존 롤스, 미셸 푸코, 위르겐 하버마스는 바로 이 계몽주의의 적자들이었다.

지난 100년 우리 지성사에 부여된 가장 중요한 과제 중 하나는 이러한 서구 인문주의의 주체적 수용이었다. 이 과제를 수행하기 위해선 서구 사상에 대한 포괄적인 이해는 물론 한국 현실에 대한 날카로운 관찰이 요구된다. 이 과제를 가장 탁월하게 성취한 지식인이 다름 아닌 김우창이다.

영문학자 도정일은 김우창의 정년퇴임 기념논문집 《사유의 공간》에서 김우창의 사유 세계를 "고대와 근대와 현대가 서로 비추고 질문하고 응답하는 대화의 장이며, 우리의 궁색한 생각들이 길을 잃고 헤맬 때 언제나 길잡이가 되어준 통찰의 등대"라고 평가한 바 있다. 결코 과장이 아닌 지극히 온당한 지적이라고 나는 생각한다.

예외적이고 이채로운 지적 모험

김우창은 1936년 전남 함평에서 태어났다. 서울대에서 영문학을 공부하고 미국 하버드대에서 미국 문명사로 박사학위를 받은 다음 고려대에서 영문학을 가르쳤다. 2015~2016년 민음사에서 19권으로 이뤄진 전집을 출간했다. 전집의 주제는 문학과 역사, 철학, 예술, 사회, 정치, 자연을 넘나든다.

1960년대 이후 이른바 '진영 논리'가 두드러진 우리 지식사회에서 김우창은 예외적인 존재였다. 그의 문학평론은 민중문학론과 자유주의문학론의 이분법을 거부했다. 그의 사회비평 또한 보수와 진보, 모더니즘과 포스트모더니즘, 민족주의와 세계주의의 이분법 너머에 있었다. 그는 구체성과 보편성이 공존하는 삶과 사회를 복합적이고 심층적으로 사유하려 했다.

김우창이 추구한 것은 '궁핍한 시대'에서 '이성적 사회'로의 전환이었다. 《궁핍한 시대의 시인》(1977)은 김우창의 이름을 널리 알린 저작이었다. "우리 현대사의 초반뿐만 아니라 오늘의 시대까지를 포함한 '궁핍한 시대'"라는 진술에서 볼 수 있듯, '궁핍한 시대'는 1970년대까지 김우창의 시대 인식이었다.

이러한 궁핍한 시대에 김우창에게 빛을 안겨준 것은 이성이었다. 이성은 그의 사유를 지탱하고 심화시킨 열쇠말이다. 그는 이성의 양면성을 주목한다. 이성은 소외와 관료제 등 현대사회의 그늘을 낳았지만, 역설적으로 그 이성에 의지해 더 나은 사회를 모색할 수 있다. 궁핍한 시대에서 이성적 사회로 나아가기 위한 김우창 사상의 거점은 '심미적 이성'이다. 심미적 이성이란 유동적인 현실에 밀착해 개인의 주체성을 이성의 질서 속에 손상하지 않고 위치시키는 것을 함의한다.

이렇듯 김우창은 개인적 삶의 구체성과 자율성을 주목하면서도 그것을 다원적이고 합리적인 사회와 공존시키려는 사유를 펼쳐 보였다. 이러한 사상적 고투는 대학 안의 실증주의와 대학 밖의 마르크스주의가 지식사회를 양분한 1970~1980년대 우리 사회에서 대단히 이채로운 지적 모험이었다.

김우창 인문주의의 성취

인문학 연구자가 아닌 사회학 연구자인 내 시선을 특히 끌었던 김우창의 저작은《정치와 삶의 세계》다. 전집 13권《정치와 삶의 세계》(2016)는 앞서 발표된 세 권의 책으로 이뤄져 있다.《정치와 삶의 세계》(2000),《자유와 인간적인 삶》(2007),《정의와 정의의 조건》(2008)이 그것들이다.

이 가운데 특히 2000년에 나온《정치와 삶의 세계》는 1997년 외환위기 전후 사회 현상에 대한 김우창의 인문학적 성찰을 잘 보여준다. 외환위기는 우리 사회를 재생산해온 조정 원리가 발전국가에서 신자유주의로 변화한 중대한 전환점이었다. 김우창에게 중요한 사상가인 위르겐 하버마스의 이론틀에 따르면, 발전국가 시대에 국가에 의한 생활세계의 식민화가 진행됐다면, 신자유주의 시대에는 시장에 의한 생활세계의 식민화가 강화됐다.

김우창이 전하려는 메시지는 규범의 재정초(再定礎)다. 그에겐 경제위기로부터 벗어나는 것도 시급한 과제이지만, 더욱 중요한 건 인간과 삶의 의미에 대한 근본적 반성이다. 우리 삶을 이루는 합리성·도덕·예절·정치·지역공동체·세계화 그리고 환경에 대한 반성적 성찰을 통해 그는 이성적 사회를 위한 규범적 토대를 모색한다. 세계화가 가져온 충격을 정확하게 인식하면서도 그 안에 존재하는 삶의 작은 거점들을 마땅히 존중해야 한다고 그는 설파한다.

이러한 김우창의 사상에 대해선 그의 저작들이 시민들이 더 많이 접근할 수 있도록 좀 더 쉬운 언어로 쓰였으면 하는 아쉬움이 존재한다. 하지만 현실의 복합성에 대응해 사유의 복합성을 강조하는 그에게 이러한 글쓰기는 쉽지 않은 일이었던 것으로 보인다. 그의 저작들은 구절 하나하나를 음미하면서 천천히 읽어보는 게 좋다. 그 독서의 과정에서 우리는 한국사회와 세계사회의 경계에 서서 개인과 사회, 구체성과 보편성, 한국과 세계의 관계를 치열하게 탐구해온 한 사상가를 만날 수 있다.

정치학자 최장집은 김우창을 '세계 최고 수준의 철학적 인간학자'라고 극찬한 바 있다. 독문학자 문광훈은 김우창 인문주의를 '이성적 사유의 현대적 가능성', '내면성의 사회적 확산', '반성적 사유의 교향악'으로 파악한다. 철학적 인간학을 바탕으로 이성적 사유와 이성적 사회의 가능성을 탐색해온 김우창의 인문주의는 현대 한국 지성사에서 가장 독창적인 사상이라고 나는 생각한다.

인문주의의 미래

21세기에 들어와 우리 사회에선 인문학 열풍이 불었다. 흥미로운 것은 인문학에 대한 관심이 대학사회 안에서가 아니라 밖에서 컸다는 점이다.

여기에는 두 가지 요인이 중요하다. 현대사회가 낳아온 삶의 황량함과 외로움에 대한 자각이 하나라면, 최근 정보사회의 진전에 따른 노동시장의 변동이 다른 하나다. 특히 후자가 가져온 퇴출의 공포, 조기 은퇴, 빈약한 노후 복지 등은 삶의 의미에 대한 근본적 질문을 던지게 한다. 사회학자 리처드 세넷이 분석한 바 있는, 인간성을 부식시키는 신자유주의 현실은 인간 존재의 본질에 대한 탐구를 요청한다.

"개인 또는 개체는 극히 제한된 존재이고 약한 힘의 소유자이면서도, 스스로를 초월하는 창조적 힘의 담지자 또는 그 매개자이다. 또는 적어도 실존적 절실함에 있어서 개인은 삶이 일어나는 시점(時點)이고 지점(支點·받침점)이다. 그러면서 넓은 세계로 열려 있고, 그 열림은 더 나아가 경험적 세계 너머 초월적인 세계의 신비에까지 이를 수 있다."

김우창이 전집의 서문 격인 '전집 출간에 즈음하여'에서 한 말이다. 김우창이 50여 년 동안 펼쳐온 사유의 한 결론이라 할 만하다. 약하지만 강한, 개인에서 시작하지만 세계로 나아가는, 경험에 구속받지만 초월을 추구하는 그런 복합적인 존재가 바로 우리 인간인 셈이다.

앞으로 펼쳐질 21세기의 미래에서 사회 변화의 속도와 범위는 더욱 빨라지고 넓어질 것이다. 이러한 사회 변동은 바로 그 사회를 구성하는 우리 인간들에게 존재와 삶의 의미, 개인과 사회의 관계에 대한 질문을 끝없이 안겨줄 것이다. 이러한 질문들에 응답하려는 인문주의 정신은 자신의 고유한 계몽의 빛을 결코 상실하지 않을 것이라고 나는 생각한다.

난장이가
쏘아올린
작은 공

조세희 소설집

文學과知性社

22. 조세희:
《난장이가 쏘아올린 작은 공》과 노동의 미래 ②

우리 현대사에서 지난 100년이 현대성 형성의 역사였다면, 이 현대성을 구성하는 주요 요소는 자본주의, 민주주의, 민족주의였다. 노동은 자본주의를 구성하는 핵심 영역이자 민주주의를 실현하는 핵심 과제를 이뤄왔다.

현대 사상에서도 노동은 주요 주제였다. 예를 들어, 정치사상가 한나 아렌트는 인간의 실존적 조건을 '노동', '작업', '행위'에서 찾았다. 생계를 위한 노동, 가치를 추구하는 작업, 타자와 소통하는 행위가 인간의 존재적 본성이라는 것이다. 사회사상가 위르겐 하버마스 또한 인간의 고유한 특성을 '노동'과 '상호작용'에서 구했다. 노동이 자연을 변형시키는 생산 활동이라면, 상호작용은 인간들 사이의 교류 활동이다. 넓게 해석하면 노동은 경제를, 상호작용은 정치와 문화를 이룬다.

우리 현대 지성사에 노동문제를 탐구한 사회과학 저작들은 적지 않다. 노동과정·노동시장·노사관계·노동자 계급을 분석한 노동경제학 및 노동사회학 연구들은 주목할 만하다. 사회학자 구해근의《한국 노동계급의 형성》은 대표적인 성과의 하나로 꼽을 수 있다.

이러한 노동문제를 다룬 주목할 문학 작품이 작가 조세희의 연작 소설《난장이가 쏘아올린 작은 공》이다. 이 소설은 작가 황석영의 〈객지〉와 〈삼포로 가는 길〉, 작가 윤흥길의《아홉 켤레의 구두로 남은 사내》와 함께 1970년대 노동소설을 대표했다. 특히 《난장이가 쏘아올린 작은 공》은 산업화 시대 노동문제를 이해하는 필독서의 하나로 자리 잡았고, 노동문제의 중요성을 알리는 데 결코 작지 않은 영향을 미쳤다.

노동문학의 새로운 지평

조세희는 1942년 경기도 가평에서 태어났다. 경희대에서 국문학을 공부했고, 1965년 경향신문 신춘문예에 소설 〈돛대 없는 장선〉이 당선됨으로써 등단했다. 그의 이름이 널리 알려진 것은 1970년 중반 이후 '난장이' 연작을 발표하면서부터였다. 그는 연작을 모아 1978년 소설집《난장이가 쏘아올린 작은 공》을 발표했다. 이 소설집으로 그는 1979년 동인문학상을 수상했다. 이후 그는《시간 여행》등의 작품들을 내놓았다.

1960~1970년대 산업화 시대는 그 명암이 선명했다. 텔레비전,

냉장고, 자동차의 보급과 함께 생활양식의 일대 변화가 진행되는 동시에 이 과정에서 계급 간 빈부격차가 여지없이 표출됐다.《난장이가 쏘아올린 작은 공》은 당시 노동자 계급의 경제적·사회적 빈곤을 담고 있다. 이 연작 소설은 두 가지 점에서 큰 주목을 받았다.

첫째, 이 연작은 일용 노동자 가족의 강제 철거와 이에 따른 아버지의 자살, 그리고 그 아이들이 노동자가 돼가는 과정을 다양한 시점에서 다룬다. 1970년 전태일의 분신과 1971년 광주대단지 사건에서 볼 수 있듯, 고도성장에 가려진 노동자 계급의 생존에 가까운 삶을 이 소설은 생생히 재현한다.

둘째, 조세희는 전통적 수법이 아닌 네오리얼리즘과 유사한 방식으로 노동자들의 세계를 묘사한다. 시점 이동, 시간 중첩, 단문의 반복 사용, 환상적 상황 설정 등의 기법을 활용해 당시 빈부격차의 현실을 서늘하고 아프게 전달한다. "천국에 사는 사람들은 지옥을 생각할 필요가 없다. 그러나 우리 다섯 식구는 지옥에 살면서 천국을 생각했다"는 구절은 조세희적 표현을 잘 보여준다. 문학적 상상력에 자본주의에 대한 사회과학적 인식을 더함으로써 조세희는 우리 소설의 새로운 지평을 열었다.

"살기가 너무 힘들다. (…) 그래서 달에 가 천문대 일을 보기로 했다. 내가 할 일은 망원렌즈를 지키는 일이야." 소설의 주인공 난장이가 둘째 아들 영호에게 하는 말이다. 난장이는 달나라로의 여행을 꿈꾼다. 그러나 현실에선 벽돌공장 굴뚝 속으로 떨어져 죽는다. 환상적 기법을 구사하지만 이렇듯 조세희는 리얼리스트의 관점을 고수한다.

노동문제에 대한 선구적 계몽

《난장이가 쏘아올린 작은 공》은 두루 고평을 받았다. 문학평론가 염무웅은 말한다. "작가는 비상하게 날카로운 촉수로 이들의 (노동자들의) 삶의 조건과 양상을 파헤침으로써 70년대 한국 사회의 가장 핵심적인 문제로 제기된 우리 노동 현실의 심층을 해부한다. (…) 조세희의 일련의 작품들은 그리하여 오늘의 우리 문학에 새로운 비약을 마련하고 있는 것이다."

비판적 평가 또한 없지 않았다. 국문학자 김윤식과 정호웅은 《난장이가 쏘아올린 작은 공》이 자본가와 노동자의 단순한 이분법적 인식에 기반하고 있다고 지적한다. 그리고 이러한 "현실인식의 단순성과 극단적일 정도의 윤리적 순수성은 탐구를 거치지 않은 이념의 일방적 제시를 낳는다"고 평가한다.

사회학적 관점에서 보면 우리 현대사에서 산업화 시대는 자본 대 노동이라는 대립 구도가 본격적으로 자리 잡은 시기였다. 노동자 계급의 물질적 조건은 과거보다 향상됐지만, 빈부격차가 중요한 사회 문제로 부상했다. 노동자 계급은 장시간 노동 등 열악한 노동과정에 놓여 있었을 뿐만 아니라 '공돌이', '공순이'란 말에서 볼 수 있듯 부당한 사회적 대우를 받았다.

산업화 시대의 노동자 계급의 상태를 분석한 대표적인 사회과학 저작이 앞서 말한 구해근의 《한국 노동계급의 형성》이다. 많은 사회과학자는 노동을 생산요소 또는 비교우위의 요소로만 파악하고, 노동하는 사람들의 인간적인 경험에 대해선 상대적으로 등한시했다. 이에 맞서 구해근은 제1세대 노동자들이 어떻게 근대적 노동세계에 적응하며 자신들의 새로운 노동경험을 스스로 이해하려고 노력했는지를 주목한다.

"어떻게 공장 노동자들이 공순이·공돌이처럼 노동자를 경멸하는 문화적인 이미지와 국가가 강제한 산업전사라는 타의적 정체성을 극복하고 노동자로서 자신들의 집합적 정체성을 발전시키게 되었느냐"가 구해근이 던지는 질문이다. 공장 노동자, 노조 활동가, 노동문제 전문가와의 면접과 국내외 자료 및 연구에 대한 조사를 통해 그는 노동계급 형성의 역동적인 과정을 분석하고 또 재구성한다.

민주화 시대가 열리면서 노동문제는 우리 사회의 주요 의제가 됐고, 노동운동은 시민운동과 함께 양대 사회운동이 됐다. 노동에 대한 올바른 접근 없이 한국 산업화와 민주화를 제대로 이해하기 어렵다. 노동자 계급은 산업화의 진정한 주역이었다. 동시에 노동 존중은 질 높은 민주화로 가는 핵심 조건을 이룬다. 이러한 노동문제의 중요성을 계몽하는 데《난장이가 쏘아올린 작은 공》은 선구적인 역할을 맡았다고 나는 생각한다.

노동의 미래 ②

오늘날 노동은 심각한 도전에 직면해 있다. 청년실업, 비정규직, 노후 일자리 등에서 볼 수 있듯, 노동문제는 중대한 경제 및 사회정책 과제다. 문재인정부 출범 이후 추진된 최저임금 인상에서 볼 수 있듯, 노동문제는 계층에 따라 손익이 분명하기 때문에 큰 논란을 불러일으킨다.

여기서 내가 주목하려는 것은 노동의 미래다. 적지 않은 지식인들은 노동의 미래에 대해 비관적 전망을 제시한다.

미래학자 제러미 리프킨은 '노동의 종말'을 주목한다. 과학기술의 발달이 적지 않은 노동자들을 실업자로 전락시키는 암울한 미래를 그는 경고한다. 정보사회의 도래가 정신노동마저 기계로 대체시킴으로써 인류는 노동으로부터 추방되는 낯선 시대의 문턱을 넘어선다는 것이다. 이러한 사회변동에 대응하는 노동시간 단축과 제3부문 창출을 그는 대안으로 내세운다.

사회학자 앙드레 고르는 '노동'과 '임금노동'을 구별한다. 인류가 현재 겪는 것은 상품처럼 팔고 사는 근대적 임금노동의 종말일 따름이라고 그는 주장한다. 화폐로 지불되든 되지 않든 사회 활동으로서의 보편적 노동은 여전히 필요하고 중요하다는 것이다. 노동력이 과잉 공급되는 노동시장에 대해선 노동시간 단축, 기본소득 보장, 문화사회로의 이행이 새로운 대안이 될 수 있다고 그는 역설한다.

최근 제4차 산업혁명의 도래는 노동의 미래에 대한 비관적 전망을 더욱 강화한다. 경제학자 에릭 브린욜프슨과 앤드루 맥아피가 《제2의 기계시대》에서 강조하듯, 새로운 기술변화는 모든 이들에게 똑같은 결과를 가져다주지 않는다. 미숙련 일자리는 기계가 대체하고, 자본이 노동보다 더 많은 몫을 차지하며, 재능이 뛰어난 이들이 부를 독점하는 게 우리 시대 미래 풍경을 이룰 가능성이 높다.

노동이 처한 이런 현재적 상황은 고르가 선구적으로 제안한 대안의 중요성을 환기시킨다. 노동시간 단축과 기본소득 보장은 미래적 과제인 동시에 현재적 과제라고 나는 생각한다.

엄마의 말뚝

박완서 소설 전집 7

23. 박완서:
《엄마의 말뚝》과 분단의 미래

박완서는 두 가지 점에서 이례적인 작가다. 하나는 마흔이 돼서야 작가로 나섰다는 점이다. 젊은 시절 문학 수업을 받고 데뷔한 것이 아니라 중년의 성숙한 작가로 우리 앞에 불쑥 나타났다.

다른 하나는 이렇게 뒤늦게 등장했는데도 쉼 없이 작품을 발표함으로써 우리나라를 대표하는 작가가 됐다는 점이다.《나목》에서 시작해 40년 동안 박완서는 수많은 장편소설, 단편소설, 산문을 남겼다.《휘청거리는 오후》,《그대 아직도 꿈꾸고 있는가》,《미망》,《그 많던 싱아는 누가 다 먹었을까》,《그 산이 정말 거기 있었을까》 등 그의 대표작들을 이 땅에 사는 이들이라면 한두 권 정도는 읽어봤을 것이다.

소설은 본디 이야기를 만들어 진실을 전하는 예술 양식이다.

이야기에는 체험과 허구가 공존하고, 진실에는 공감과 감동이 깃들어 있다. 박완서는 이야기를 직조하는 데 뛰어났을 뿐만 아니라 그 안에 인간과 사회에 대한 통찰을 담아두는 데 탁월했다. 문학적 성취와 대중적 사랑을 동시에 일군 작가가 다름 아닌 박완서였다.

문학평론가 권명아는 박완서 문학에서 발견할 수 있는 문제의식을 '여성의 입장에 선다는 것', '분단 시대의 무의식', '허영의 시장과 소설의 운명'으로 나눈 바 있다. 다시 말해, 박완서 문학을 지탱하는 세 기둥은 페미니즘, 분단 문제 인식, 자본주의 문화 비판이라 할 만하다. 박완서의 페미니즘과 분단 인식이 잘 드러난 소설이 연작《엄마의 말뚝》(1980~1982)이다.

실향민 엄마의 삶

《엄마의 말뚝》은 박완서의 개인적 체험을 담고 있다. 1931년 경기도 개풍에서 태어나 일제강점기 후반 서울로 이사 와서 살아가는 이야기에 한국전쟁 당시 죽은 오빠의 이야기가 이어지고, 어머니의 죽음에 관한 이야기가 더해진다. 소설의 중심에 놓인 존재는 어머니다. 그리고 작품의 마지막은 현재 시점으로 돌아온다.

가족과 한국전쟁은 박완서 문학의 주요 소재다.《엄마의 말뚝》은 어머니란, 가족이란 어떤 존재인지를 다시 한 번 생각하게 한다. "이사 간 날, 첫날 밤 세 식구가 나란히 누운 자리에서 엄마는 감개무량한 듯이 말했다. "기어코 서울에도 말뚝을 박았구나.

비록 문밖이긴 하지만….""(〈엄마의 말뚝 1〉)

지긋지긋한 셋방살이를 끝내고 현저동 꼭대기에 집을 장만해 이사한 날 밤 이야기다. 말뚝은 집이다. 일상의 장소이자 영혼의 거처다. 역사와 세상의 거센 바람 속에서 식구들을 지켜줄 최후의 공간이 집이다. 우리 인간은 때때로 말뚝으로부터 벗어나려고 하지만, 결국엔 돌아오게 되는 곳이 바로 말뚝으로서의 가족이다.

서울에 말뚝을 박고 딸을 신여성으로 키웠던 어머니에게 박완서는 자신의 이름을 돌려준다. 어머니가 죽고 난 다음, "삼우날 다시 찾은 산소에서 나는 어머니의 성함이 한 개의 말뚝이 되어 꽂혀 있는 걸 보았다. (…) 어머니의 성함 중, 이름을 따로 뜻으로 읽어보긴 처음이었다. (…) 그까짓 몸 아무데 누우면 어떠냐. 너희들이 마련해준 데가 곧 내 잠자리인 것을. (…) 어머니의 함자는 몸 기(己)자, 잘 숙(宿)자여서 어려서부터 끝 자가 맑을 숙자가 아닌 걸 참 이상하게 여겼었다."(〈엄마의 말뚝 3〉)

연작의 마지막에 와서 어머니의 이름이 밝혀진다. 독자들은 아내이자 어머니라는 보통명사 이전에 자기 이름을 가진 고유한 실존으로서의 여성과 대면하게 된다. "깔끔한 대신 차가운", 한없이 고단했으나 더없이 당당했던 인간으로서의 어머니에 대한 기억은 박완서 문학이 품은 페미니즘의 문제의식을 선명히 보여준다.

박완서 문학의 기여

박완서 문학에 담긴 또 하나의 코드는 우리 현대사에 대한 증언과 해석이다. 한국전쟁이 개인의 삶을 어떻게 파괴했는지, 산업화가 어떤 소외와 허위의식을 가져왔는지를 박완서는 주목한다. 〈엄마의 말뚝 2〉는 분단과 한국전쟁을 다룬다. 남편이 죽은 이후 절대 신앙이었던 아들을 잃은 다음 어머니가 보여준 모습은 감동적이다.

서울이 수복된 후 어머니는 가매장한 아들의 시신을 화장하고 강화도를 찾아가 "멀리 개풍군 땅이 보이는 바닷가에 섰다. 그리고 지척으로 보이되 갈 수 없는 땅을 향해 그 한 줌의 먼지를 휠휠 날렸다. (…) 어머니는 한 줌의 먼지와 바람으로써 너무도 엄청난 것과의 싸움을 시도하고 있었다. (…) 어머니를 짓밟고 모든 것을 빼앗아간, 어머니가 도저히 이해할 수 없는 분단(分斷)이란 괴물을 홀로 거역할 수 있는 유일한 수단이었다."(〈엄마의 말뚝 2〉)

박완서는 어머니의 끈질긴 생명력을 역사와 사회와 이렇게 조우시킨다. 실존적 어머니의 존재를 역사적·사회적 존재로 변화시킨다. 자식들의 성공을 위해 고향을 떠나 서울에 말뚝을 박았지만, 결국 대면한 것은 아들을 앗아간 전쟁의 비극이었다. 그러나 어머니는 이에 굴하지 않고 자식의 유해를 바람에 실어 고향으로 날려 보내는 신성한 의례를 치른다.

"운명에 순종하고 한을 지그시 품고 삭이는 약하고 다소곳한 여자 티는 조금도 없었다. 방금 출전하려는 용사처럼 씩씩하고 도전적이었"던 어머니의 당당한 태도는 시대와 마주한 개인, 역사에 맞서는 여성의 모습을 뭉클한 감동으로 전달한다. 이렇게 박완서는 한국전쟁의 상흔과 분단체제의 비극을 증거하고 고발한다.

〈엄마의 말뚝 2〉는 1981년 이상문학상을 받았다. 당시 심사위원을 맡은 국문학자 김윤식은 이 소설이 "개인과 민족의 관계가 오직 가족사 속에서 깊게 파악됨으로써 추상적이기 쉬운 분단문제가 새로운 양상으로 전개되었음은 이 작가의 삶을 바라보는 눈과 그것을 형상화하는 작가의 능력이 함께 높은 경지임을 말해"준다고 선정 이유를 밝혔다.《엄마의 말뚝》에 담긴 삶의 기록을 박완서는 장편소설《그 많던 싱아는 누가 다 먹었을까》(1992),《그 산이 정말 거기 있었을까》(1995)에서 다시 한 번 감동적으로 형상화한다.

여기서 박완서 문학의 전모를 다루기는 어렵다. 박완서 문학에 담긴 코드는 여럿이다. 무엇보다 박완서 소설들은 가부장제 아래 식민화된 여성의 삶과 분단이 가져온 그늘을 비판적으로 성찰하는 데 결코 작지 않게 기여했다. 사상으로서의 문학의 힘은 개인과 사회의 관계를 날카롭게 파헤쳐 삶의 실존적 근거와 사회의 존재 이유를 묻고 그 답변을 구하는 데 있다. 지난 50년 가까이 이러한 문학적 계몽에 더해 소설 읽기의 즐거움을 선사했던 박완서는 2011년 우리 곁을 떠났다.

분단의 미래

프랑스 역사학자 페르낭 브로델은 역사 안에 존재하는 시간을 세 층위로 구분한 바 있다. 사건사의 시간, 사회사의 시간, 구조사의 시간이 그것이다. 브로델이 말하는 사회사의 시간은 '국면의 역사'의 시간이다. 특정한 시기에 형성된 국면의 역사가 개별 사건

및 사회구조에 상당한 영향을 미친다는 게 그의 주장이다. 광복 이후 한반도에서 관찰할 수 있는 사회사의 시간은 '분단체제의 시간'이다.

분단체제가 미친 영향은 과장할 필요가 없지만 그렇다고 과소평가해서도 안 된다. '북풍 논란', '코리아 디스카운트', '남남갈등' 등은 분단의 영향들을 보여주는 구체적인 사례들이다. 남북관계는 외생 변수가 아니라 계급과 지역, 세대와 함께 사실상의 내생 변수인 셈이다. 더욱이 지난 몇 해 북한이 핵무기 개발에 박차를 가함으로써 남북관계와 북미관계가 악화됐고, 이 상황은 적지 않은 국민들에게 전쟁의 불안과 북한에 대한 분노를 안겨줬다.

이러한 분단체제의 시간이 2018년 들어와 새로운 전환점을 맞이했다. 남북정상회담과 북미정상회담이 그것이다. 현재 우리 사회에 부여된 일차적인 대외 과제는 북한의 비핵화와 한반도 평화체제의 구축이다. 장기적으로는 항구적인 평화를 바탕으로 통일의 기반을 일궈야 한다. 이 과정이 물론 순탄하지는 않겠지만, 한반도 평화 정착을 위해 다각적인 노력을 더욱 기울여야 할 것이다.

돌아보면 지난 100년 가운데 긴 시간을 우리는 분단체제 아래서 살아왔다. 앞으로 이어질 100년 동안 통일이 과연 이뤄질지는 예측하기 어렵다. 먼저 중요한 과제는 평화이고, 통일은 그다음의 과제일 수 있다. 분명한 것은, 분단의 극복인 통일이 경제혁신, 민주주의와 함께 우리나라 미래를 이끌어갈 시대정신의 하나라는

점이다. 분단을 딛고 통일을 이뤄 대한민국이 동아시아 평화와
번영의 주역으로 거듭나길 바라는 이가 나만은 아닐 것이라고
나는 생각한다.

채식주의자

한강 장편소설

창비
Changbi Publishers

24. 한강:
《채식주의자》와 예술의 미래

1987년 6월항쟁으로 열린 민주화 시대를 지켜본 것은 내 나이 20대 후반이었다. 30대 후반에는 1997년 외환위기 이후 불어닥친 신자유주의 세계화를 목격하게 됐다. 사회는 고정돼 있지 않다. 역동적으로 변화한다. 더욱이 현대란 사회학자 막스 베버가 말했듯 '서로 다른 가치들이 우리 삶을 지배하고 영원한 투쟁을 벌이는 시대'다.

이런 사회 변화에 가장 민감하게 반응하는 게 예술이다. 사회학적 시각에서 보면, 예술은 사회를 반영한다. 동시에 그 사회의 새로운 방향 모색을 다른 이들에게 타전(打電)한다. 그렇다면, 21세기에 들어와 20년이 지난 현재, 우리 사회는 어디에 서 있고 어디로 가는 걸까. 예술은 이에 대해 어떤 인식과 통찰을 안겨주는 걸까.

우리 사회의 현재를 파악할 수 있는 유용한 개념이 '비동시성의 동시성'이다. 일찍이 독일 철학자 에른스트 블로흐가 주조했고, 우리나라 정치학자 임혁백이 재구성한 개념틀이다. 전통의 시간이 완전히 퇴장하지 않은 상태에서 산업화·민주화·세계화의 시간이 혼돈스럽게 공존하는 현실에 대한 예술적 반응 가운데 단연 내 시선을 끌었던 것이 작가 한강의 소설《채식주의자》(2007)다.

한강은 이 책에 등장하는 지식인들 가운데 가장 젊다. 산업화 시대에 태어났고, 민주화 시대에 젊은 시절을 보냈으며, 세계화 시대에 본격적인 활동을 펼쳤다. 그는 우리 현대 지성사의 새로운 세대다. 이 책에서 다뤘던 작가 박완서가 분단 문제를, 작가 조세희가 노동문제를 주목했다면, 한강은 민주화와 세계화가 중첩된 한국적 '후기 현대사회' 문제에 시선을 고정한다. 우리 사회의 선 자리와 갈 길에 그는 탁월한 문학적 성취를 보여준다.

한강의 삶과 문학

한강은 1970년 광주에서 태어났다. 연세대에서 국문학을 공부했고, 1993년《문학과 사회》에 시가, 1994년 서울신문 신춘문예에 단편소설이 당선돼 작가의 길로 들어섰다. 그는 2016년《The Vegetarian(채식주의자)》으로 맨부커 인터내셔널상을 수상함으로써 일약 유명해졌다. 하지만 그는 이미 한국소설문학상, 오늘의 젊은 예술가상, 이상문학상, 만해문학상, 황순원문학상을 수상한 역량 있는 작가로 평가돼왔다.

그동안 한강은 소설집《여수의 사랑》,《내 여자의 열매》,《노랑무늬영원》, 장편소설《검은 사슴》,《그대의 차가운 손》,《바람이 분다, 가라》,《희랍어 시간》,《소년이 온다》,《흰》 등을 발표했다. 시집《서랍에 저녁을 넣어 두었다》를, 산문집《사랑과, 사랑을 둘러싼 것들》 등을 내놓기도 했다. 대표작으로 손꼽히는《채식주의자》는 〈채식주의자〉, 〈몽고반점〉, 〈나무 불꽃〉의 단편소설로 이뤄진 연작 소설이자 장편소설이다.

2017년 10월 한강은 미국 뉴욕타임스에 한반도 평화에 관한 글을 기고해 관심을 모았다. '미국이 전쟁을 언급할 때 한국은 몸서리친다'는 제목의 글에서 그는 당시 전쟁의 가능성이 고조된 상황에서 평화가 아닌 어떤 해결책도 의미가 없음을 강조했다. 또 다른 대리전을 원하지 않는 사람들이 지금, 여기 한반도에 살고 있음을 환기시킴으로써 한반도 평화에 대한 국민들의 염원을 대변했다.

앞서 말했듯 한강은 영어로 옮겨진《채식주의자》로 세계 3대 문학상의 하나로 일컬어지는 맨부커 인터내셔널상을 수상했다. 《채식주의자》는 뉴욕타임스의 '2016년 최고의 책 10권' 가운데 하나로 선정되기도 했다. 서구사회에 적잖이 알려진 작가인 만큼 그의 용기 있고 시의적절한 발언은 국내외에서 작지 않은 주목을 받았다. 이처럼 그는 지식인으로서의 작가에 부여된 사회적 책임을 다하는 소설가이기도 했다.

우리 사회의 선 자리와 갈 길

사회학을 공부하는 내가 한강의 작품 세계를 말하기는 쉽지 않다. 예술과 사회의 관계를 탐구하는 예술사회학의 시각에서 볼 때, 그의 문학 세계는 폭력적 규율을 재생산하는 우리 시대에 대한 비판적 반성과 성찰적 모색을 촉구하는 것으로 보인다. 《채식주의자》는 그의 이러한 문학의식을 선명히 엿볼 수 있는 작품이다. 그가 전달하려는 메시지는 뭘까.

"어리석고 캄캄했던 어느 날에, 버스를 기다리다 무심코 가로수 밑동에 손을 짚은 적이 있다. 축축한 나무껍질의 감촉이 차가운 불처럼 손바닥을 태웠다. 가슴이 얼음처럼, 수 없는 금을 그으며 갈라졌다. 살아 있는 것과 살아 있는 것이 만났다는 것을, 이제 손을 떼고 더 걸어가야 한다는 것을, 어떻게도 그 순간 부인할 길이 없었다."

《채식주의자》 말미에 놓인 '작가의 말'이다. '수없이 갈라지는 가슴', '살아 있는 것들'에 대한 이야기가 《채식주의자》의 내용을 이룬다. 한강은 '차가운 불'을 느꼈던 그 어느 날을 '어리석고 캄캄했다'고 말한다. 어리석고 캄캄한 것에서 벗어날 수 있게 한 그 차가운 불꽃은 무엇이었을까.

《채식주의자》를 읽을 수 있는 코드들은 에코페미니즘 시각을 포함해 여럿일 수 있다. 내가 주목하려는 것은 사회학적 시각이다. 이 연작은 육식을 거부하고 나무가 되길 꿈꾸는, 영혜라는 이름을 가진 한 여성의 삶을 다룬다. 영혜의 삶을 바라보는 시선은 다층적이다. 〈채식주의자〉가 남편을 화자로, 〈몽고반점〉이 형부를 화자로 해 이야기를 풀어간다면, 〈나무 불꽃〉은 언니가 화자가 돼 들려준다.

"너무 많은 고기를 먹었어. 그 목숨들이 고스란히 그 자리에 걸려 있는 거야. (…) 한번만, 단 한번만 크게 소리치고 싶어. 캄캄한 창밖으로 달려 나가고 싶어. 그러면 이 덩어리가 몸 밖으로 뛰쳐나갈까. 그럴 수 있을까. 아무도 날 도울 수 없어. 아무도 날 살릴 수 없어. 아무도 날 숨 쉬게 할 수 없어."

영혜의 독백이다. 여기서 육식은 존재의 사회적 조건을 은유한다. 육식의 대척에 놓인 나무는 존재의 실존적 소망을 은유한다. 사회학적 시각에서 볼 때, 육식이 폭력과 규율로 무장된 가부장 사회이자 후기현대사회를 상징한다면, 나무는 그 폭력과 규율에 맞서 존재가 갈구하는 평화와 해방의 세계를 함의한다.

《채식주의자》는 국내외에서 극찬을 받았다.《채식주의자》가 우리 현대 지성사에 기여한 바는 두 가지다. 첫째, 한강은 우리 사회를 규정짓는 가부장적 폭력과 후기현대적 규율을 문학이라는 형식을 통해 조명함으로써 현재의 비판적 반성을 보여준다. 둘째, 그 폭력적 규율이 실존적 존재에게 안긴 상처들을 나무를 꿈꾸는 식물적 상상력을 통해 치유하려는 미래의 성찰적 모색을 추구한다. 한강은 이 책에서 다루는 황순원, 박경리, 최인훈, 조세희, 박완서의 문학 세계를 넘어 우리 사회가 새로운 시대에 들어서고 있음을 증거하는 작가라고 나는 생각한다.

예술의 미래

인간은 생각과 느낌을 동시에 갖는 존재이고, 이를 문학·음악·미술 등으로 표현한 게 예술이다. 그 느낌과 생각을 다채롭고 생생하게 엿볼 수 있게 한다는 점에서 예술은 인간이 어떤 존재인지를 이해하는 데 훌륭한 통로다. 인간에 대한 구체적이고 보편적인 인식이 의미 있는 삶을 살아가는 데 중요한 조건이라면, 문학을 위시한 예술은 이런 인간에 대한 이해와 의미 있는 삶의 추구에 기여한다.

"꿈속에선, 꿈이 전부인 것 같잖아. 하지만 깨고 나면 그게 전부가 아니란 걸 알지……. 그러니까, 언젠가 우리가 깨어나면, 그때는……. (…) 조용히, 그녀는 숨을 들이마신다. 활활 타오르는 도로변의 나무들을, 무수한 짐승들처럼 몸을 일으켜 일렁이는 초록빛의 불꽃들을 쏘아본다. 대답을 기다리듯, 아니, 무엇인가에 항의하듯 그녀의 눈길은 어둡고 끈질기다."

《채식주의자》의 마지막 작품인 〈나무 불꽃〉의 마지막 부분이다. 가부장적 폭력과 후기현대적 규율의 구속에서 벗어나 자신을 응시하고, 초록빛 불꽃같은 자유와 해방의 새로운 삶을 꿈꾸는 것은 누구에게나 당연한 권리다. 폭력과 규율에서 자유와 해방으로 가기 위해선 개인적이든 집단적이든 자각과 항의라는 연옥을 통과해야 한다. 한강이 전하려는 메시지는 아마도 이것이었을 것이다.

100년 전 우리 사회는 국가적 차원에서 민족해방의 민주공화국을 꿈꿨다. 이 소망은 3·1운동과 대한민국 임시정부 수립으로 나타났다. 100년이 지난 현재, 이제 우리 사회는 개인적 차원에서 자유와 평등의 민주공화국을 꿈꿔야 한다. 우리 예술은, 한강의 문학에서 볼 수 있듯, '실존적 민주공화국'을 향한 상상력의 모험을 더욱 활기차게 추구해야 한다고 나는 생각한다.

V. 역사

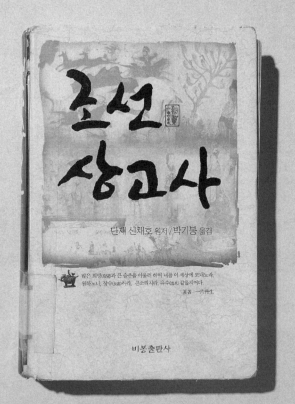

조선
상고사

단재 신채호 원저 / 박기봉 옮김

밝은 희망(燈明)과 큰 슬픔을 아울러 하여 너를 이 세상에 보내노라.
원하노니, 장수(長壽)하라, 근소리치라, 유우(悠久)같을지어다.
其著 一片丹生

비봉출판사

25. 신채호:
《조선상고사》와 지식인의 미래 ①

　　지난 100년 동안 우리나라 사상가들 가운데 가장 먼 길을 걸어갔던 이는 누구일까. 그 사람은 바로 단재 신채호였다고 나는 생각한다. 신채호의 정체성은 여럿이었다. 언론인, 독립운동가, 역사가였고, 시인이자 소설가였다. 무엇보다 그는 독립운동가로 민족해방에 헌신했고, 역사가로 진리 탐구를 추구했다.

　　1880년 충남 대덕에서 태어난 신채호는 전통 유학에서 출발해 애국계몽사상과 민족주의를 거쳐 무정부주의까지 나아갔다. 이런 사상적 모험은 근대 초기에 활동한 지식인이 갈 수 있었던 가장 멀고도 드라마틱한 경로였다. 그는 어떤 인물이었을까. 역사학자 안재홍은 다음과 같이 회고했다. "그 천성의 준열함과 안식(眼識)의 예리함은 시속(時俗)의 무리들이 따를 수 없었던 바였고,

사상의 고매함은 스스로 세속에서 한 걸음 벗어났던 바"였던 지
식인이 신채호였다.

지난 100년의 지성사에서 주목하는 신채호의 정체성은 역사
학자다. 신채호는 박은식, 정인보, 백남운, 이병도 등과 함께 근
대 역사학의 기초를 세웠다. 〈독사신론〉(1908)을 통해 역사학자
로서의 면모를 보여주기 시작한 그는 1931~1932년 조선일보에
《조선사》와 《조선상고문화사》를 연재해 근대 민족주의 역사
학을 수립했다. 《조선사》는 1948년에 안재홍이 서문을 쓴 《조선
상고사(朝鮮上古史)》로 출간됐다. 당대에 활동했던 역사학사 정
인보는 신채호를 '우리나라 사가(史家)들 중 제1인자'라고 고평
했다.

《조선상고사》의 내용

"역사란 무엇인가. 인류사회의 '아(我)'와 '비아(非我)'의 투쟁
이 시간적으로 발전하며 공간적으로 확대되는 심적 활동의 상태
에 관한 기록이다. 세계사란 세계의 인류가 그렇게 되어온 상태
의 기록이며, 조선사란 조선 민족의 그렇게 되어온 상태의 기록
이다."

너무도 유명한 《조선상고사》의 첫 구절이다. 신채호에게 역
사란 '아'인 조선 민족과 '비아'인 다른 민족 간 투쟁의 기록이다.
그는 순정한 민족주의자였다. 사회학자 신용하가 주목하듯, 역사
를 '민족적인 것'과 '비민족적인 것', '주체적인 것'과 '사대적인
것', '고유한 것'과 '외래적인 것', '혁신적인 것'과 '보수적인 것'

간의 투쟁으로 파악한 것은 신채호 민족주의 역사관의 중추를 이룬다.

《조선상고사》는 11편으로 이뤄져 있다. 제1편 총론, 제2편 수두 시대, 제3편 삼조선의 분립 시대, 제4편 열국 쟁웅 시대(대한족 격전시대), 제5편 (1) 고구려의 전성시대, 제5편 (2) 고구려의 중쇠(中衰)와 북부여의 멸망, 제6편 고구려·백제 양국의 충돌, 제7편 남방제국의 대고구려 공수동맹, 제8편 삼국 혈전의 시작, 제9편 고구려의 대수(隋) 전쟁, 제10편 고구려의 대당(唐) 전쟁, 제11편 백제의 강성과 신라의 음모로 구성돼 있다.

《조선상고사》의 일차적인 기여는 고대사의 영역을 한반도에서 만주로 확장해 우리 역사의 인식체계를 전환했다는 점이다. 신채호는 고대사를 신라 중심 역사에서 고구려 중심 역사로 재구성하려고 했다. 그가 강력하게 비판한 역사가는 《삼국사기》를 편찬한 김부식이었다. 그는 고려시대 묘청의 난을 '조선의 역사 천년 이래 가장 큰 사건'이라고 주장했다. 그에게 이 사건은 북벌파가 사대파에 의해 좌절한, 중대한 역사적 의미를 갖는 일대 전환점이었다.

더하여, 신채호는 근대적 역사연구 방법론을 구사했다. 그는 역사를 모순관계의 상극투쟁을 통해 사회가 진보하는 과정으로 봤다. 이 역사를 객관적으로 서술하기 위해 그는 사료 수집의 선택과 그에 대한 비판이 수반돼야 한다는 점을 강조했다. 이러한 실증적 방법에 주목해 역사학자 이만열은 신채호가 《조선상고사》를 통해 한국 근대 역사학을 확립했다고 평가했다.

민족주의에서 무정부주의로

《조선상고사》에 대한 토론은 엇갈린다. 재야 역사가들은 《조선상고사》의 견해를 크게 수용한 반면, 아카데미 역사학자들은 《조선상고사》의 견해에 어느 정도 거리를 둬왔다. 민족주의에 대한 과도한 강조 또한 신채호의 역사 인식이 갖는 한계로 지적되기도 했다.

주목할 것은 어떤 담론을 평가할 때 그것이 놓인 역사적·사회적 자리를 고려해야 한다는 점이다. 세계화가 빠른 속도로 진행돼 온 현재의 관점에서 민족주의는 새로운 성찰을 요구하는 담론이다. 그러나 일제강점기라는 당대의 컨텍스트를 고려하면 민족주의 담론은 민족독립을 염원하는 지식인들에겐 당연한, 그리고 최선의 선택이었던 것으로 볼 수 있다.

신채호의 삶과 사상을 지탱한 가장 중요한 이념은 민족주의다. 그는 국민의 생명과 재산, 권리를 보호하는 민족국가를 중시하고, 일제의 침략으로부터 완전독립과 절대독립을 쟁취해 자주부강한 입헌공화국을 건설할 것을 주장했다. 이런 신채호의 민족주의를 신용하는 '시민적 민족주의'라고 명명했다. 3·1운동 이후 지난 100년이 민주공화국을 향한 100년이었다면, 민족국가의 자율성과 입헌공화제를 열망했던 신채호의 민족주의가 갖는 역사적·사상적 의의는 결코 작지 않다.

흥미로운 것은 신채호가 마지막으로 선택한 이념이 무정부주의였다는 점이다. 그는 외교론·준비론을 주장한 임시정부의 독립운동론을 비판한 동시에 문화운동론을 주장한 국내의 실력양성론 또한 거부했다. 그가 대안으로 제시한 것은 테러에 기반을 둔 직접행동론이었다. 이렇듯 신채호는 민족주의에서 민중직접혁명을 내세운 무정부주의로 나아갔다.

이런 무정부주의를 어떻게 볼 수 있을까. 역사학자 이호룡이 지적하듯, 신채호의 무정부주의는 민족주의 틀 안에 가둘 수 없는 것으로 보인다. 신채호는 무정부주의에 입각한 민족해방운동론과 사회혁명론을 주창하고 또 실천했다. 분명한 것은 수단이 어떠하든 민족의 독립과 해방은 신채호 사상의 처음이자 끝이었다는 점이다.

신채호는 작가이기도 했다. 항일의식을 고취한 소설 〈꿈하늘〉에서 그는 말했다. "내가 살면 대적(大敵)이 죽고 대적이 살면 내가 죽나니 그러기에 내 올 때에 칼 들고 왔다." 또 그는 평소 "생전에 조국광복을 못 볼진대 왜놈들의 발끝에 채이지 않게 유골을 화장하여 바다에 띄워달라"고 했다.

1930년 신채호는 뤼순 감옥에 수감됐다. 안재홍의 말처럼 준열하면서도 예리하고 고매했던 그는 1936년 이국 땅 감옥에서 세상을 떠났다. 유해는 그의 말대로 화장됐다. 그리고 유골로 국내에 들어와 어릴 적 살았던 고드미마을에 안장됐다. 그가 태어난 지 100년이 되는 1980년에는 무덤 앞에 영당이 세워졌다. 충북 청주시 상당구 낭성면 귀래리 고드미마을. 민족을 사랑하는 이들에겐 결코 잊을 수 없는 마음의 고향이다.

지식인의 미래 ①

신채호에게 가장 중요했던 두 정체성은 지식인과 독립운동가다. 이론과 실천을 겸비했던 셈이다. 이 이론과 실천을 지탱한 이념은 민족주의였다. 여기서 주목하고 싶은 것은 지식인의 현재와 미래다.

신채호는 언론인, 역사학자, 작가로 활동한 종합적 지식인이었다. 종합적 지식인은 전통사회 선비의 상과 잇닿아 있다. 선비는 학문과 정치를 넘나든 존재였다. 서구 전통에서 종합적 지식인은 모든 분야를 아우르는 르네상스적 지식인이었다.

우리나라에서 이러한 지식인의 모습은 광복 이후 종합적 지식인과 전문적 지식인, 아카데미 지식인과 앙가주망 지식인, 관료형 지식인과 참여형 지식인으로 분화됐다. 지식인 다수는 대학 안에서 전문적 지식인이자 아카데미 지식인으로 활동했지만, '서강학파'처럼 산업화 과정에 직접 개입한 지식인들도 있었고, '민교협(민주화를위한전국교수협의회)'처럼 민주화운동에 적극 참여한 지식인들도 있었다.

주목할 것은 오늘날 지식인의 역할이 자기 전공 분야에 따라 달라질 수 있다는 점이다. 진리 탐구에 주력하는 분야에선 권력 비판이 중요하다면, 정책 개발에 주력하는 분야에선 대안 제시가 중요하다. 하나의 잣대만으로 지식인을 평가하기 어렵다는 게 현재 지식인이 놓인 자리다.

21세기를 살아가는 지식인은 이중의 도전에 직면해 있다. 집단 지성의 등장은 그동안 지식인이 누려왔던 전문지식의 독점적 소유를 해체시키고 있다. 더하여, 인공지능(AI)의 발전은 이 경향을 더욱 강화할 것으로 보인다. 이러한 이중의 도전에 맞서서 권력 비판과 대안 제시라는 본래의 역할을 새롭게 자리매김하는 것은 지식인의 미래에서 점점 더 중요한 과제로 부상하고 있다고 나는 생각한다.

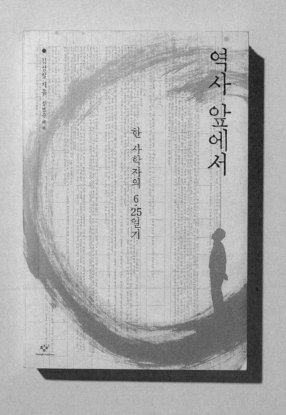

26. 김성칠:
《역사 앞에서》와 기억의 미래 ②

　개인적인 기억으로 이 글을 시작하고 싶다. 내가 서울 도봉산 자락에 있는 도봉초등학교를 졸업한 것은 1972년이었다. 이후 돈암동에 있는 용문중학교를 다녔고, 장충동에 있는 장충고등학교를 졸업했다. 서울의 쌍문동, 수유리, 돈암동, 혜화동, 동숭동, 종로 일대는 청소년 시절의 애틋한 추억이 서려 있는 곳들이다. 그래서 요즘도 동물원이 부른 "덜컹거리는 전철을 타고 찾아가는 그 길"인 〈혜화동〉을 더러 듣곤 한다.

　돈암동에서 아리랑고개를 넘어가면 정릉이 펼쳐진다. 대학 시절엔 8번 버스를 타고 정릉과 북악터널과 평창동을 거쳐 학교에 가곤 했다. 정릉을 지나갈 때 언제부턴가 떠오르는 지식인이 역사학자 김성칠이다. 유학을 마치고 돌아와 가르치기 시작한 지 얼마

되지 않았을 때 만났던 책이 김성칠의《역사 앞에서》다. 이 책의 주요 무대의 하나가 정릉이다. 정릉과 시내를 오가면서 그는 한국전쟁을 관찰하고 기록했다.

《역사 앞에서》는 그 부제인 '한 사학자의 6·25일기'가 보여주듯 '기록의 역사학'이다. 한국전쟁의 한가운데서 김성칠은 전쟁과 인간, 전쟁과 사회의 모습을 일기로 생생히 남겨뒀다. 그는 말한다.

"이 한여름을 살아낸 일을 생각하니 꿈같다. 꿈 중에도 악몽이다. (…) 동족상잔의 마당에 외세가 겹들어서 우리의 조국은 이제 무서운 살육과 파괴의 수라장으로 화하고 있다. (…) 설사 당장에 이 전쟁이 끝난다 하더라도 우리는 무얼 먹고 무얼 입고 살아나갈 수 있을 것인가."

인민공화국이 서울을 지배하던 1950년 9월 1일자 일기다. 비분강개가 흐른다. 광복을 이룬 지 3년 후인 1948년 남쪽에 대한민국이, 북쪽에 조선민주주의인민공화국이 세워졌다. 그리고 2년 후인 1950년 북한이 남한 지역의 전면적 침략을 감행함으로써 한국전쟁이 일어났다. 전쟁은 우리 사회를 폐허로 만들었고 짙은 상처를 남겼다.

지난 100년 우리 지성사에서 한국전쟁은 매우 중요한 연구 주제의 하나였다. 김성칠은《역사 앞에서》에서 이 전쟁의 비극과 일상을 중도적 역사학자의 눈으로 엄정하게 그려낸다. 그의 기록의 역사학은 지난 100년 우리 지성사에서 매우 이채로운 의미를 가진다. 김성칠을 다루는 까닭이다.

김성칠의 삶과 학문

김성칠은 1913년 경북 영천에서 태어났다. 대구고보 재학 중 독서회 사건으로 검거돼 1년간 복역했고, 이후 일본 규슈 도요쿠니 중학에서 공부했다. 경성법학전문학교를 졸업한 다음 조선금융조합연합회에서 일하다가 경성제국대학에 입학해 역사학을 공부했다. 광복 후 1946년 경성대학을 졸업한 다음 동양사연구실에서 연구에 몰두하다가 1947년 서울대 사학과 전임강사를 맡았다.

김성칠은 저작 활동을 활발히 펼쳤다. 《조선역사》(1946)를 발표했고, 《용비어천가 상·하》(1948)를 출간했다. 공저로 《동양사 개설》(1950)을 내놓았고, 한국전쟁 발발로 중단될 때까지 《열하일기》를 총5권으로 간행했다. 또 펄 벅의 《대지》와 강용흘의 소설 《초당》을 번역 출간했다. 이처럼 열정적이었던 그는 전쟁 와중인 1951년 고향 영천에 갔다가 괴한의 저격으로 세상을 떠났다. 그의 나이 서른아홉이었다.

김성칠이 다시 나타난 것은 《역사 앞에서》의 출간을 통해서였다. 그의 아내인 국어학자 이남덕이 1993년 그가 남긴 일기인 《역사 앞에서》를 펴냄으로써 그의 삶과 학문은 다시 주목 받았다. 1945년 12월 1일부터 1946년 4월 22일까지, 그리고 1950년 1월 1일부터 1951년 4월 8일까지의 일기를 통해 그는 당대 현실을 기술하고 또 고뇌한다.

지식인이 자기 시대를 정직하게 기록하는 것은 작지 않은 용기를 요구한다. 《역사 앞에서》는 많은 이들에게 감동을 안겼다. 2002년 그 일부가 고등학교 국어교과서에 실림으로써 그의 이름은 더욱 널리 알려졌고, 2018년에는 그의 아들인 역사학자 김기협이 일기첩을 모두 되살리는 개정 보급판을 냈다.

한국전쟁 기록의 역사학

한국전쟁의 해석을 둘러싼 논쟁은 지난 100년 우리 지성사에서 진행된 가장 뜨거운 논쟁 중 하나였다. 두 가지 이유에서 그러했다. 첫째, 우리 사회 현대성 형성 과정에서 한국전쟁은 결정적 전환점의 하나를 이뤘다. 분단이 전쟁의 배경을 이뤘지만, 전쟁은 분단을 공고화시켰다. 냉전분단체제는 산업화와 민주화로 이어진 우리 사회 현대성의 구조적 조건을 형성했다.

둘째, 논쟁은 국제적으로 진행됐다. 전통주의에 대한 수정주의의 비판이 이뤄졌고, 다시 수정주의에 대한 비판이 이어졌다. 그 가운데 특히 미국 브루스 커밍스의《한국전쟁의 기원》을 위시해 미국 캐스린 웨더스비와 우리나라 박명림의 연구는 화제를 모았다.

브루스 커밍스는 한국전쟁의 원인보다 기원에 주목해 일제강점기부터 이어져온 계급 갈등을 분석했다. 캐스린 웨더스비는 한국전쟁을 북한, 소련, 중국이 함께 계획하고 집행한 국제전으로 결론지었다. 그리고 박명림은 한국전쟁의 구조적 기원과 행위적 원인을 포괄적이면서도 미세하게 추적했다. 우리 학계의 자존심을 세워준 연구였다.

《역사 앞에서》는 이런 연구들과는 다른 각도에서 한국전쟁을 조명한다. 앞서 말했듯《역사 앞에서》는 일기 형식으로 전쟁의 현실을 기록한다. 저작의 해제를 쓴 역사학자 정병준은 말한다. "이 일기는 시기적으로 1950년 6월부터 12월까지, 지역적으로 서울과 정릉이라는 서울 교외에서, 직업적으로 서울대 교수라는 최고 엘리뜨집단에서, 사상적으로 중도파이거나 늘 회의하는 지성인의 입장에서, 개인적으로 가솔(家率) 4명을 거느린 가장(家長)으로서 겪는 한국전쟁 전반기를 그리고 있다."

예를 들면, 전쟁이 일어났다고 해서 일상이 사라지는 것은 아니다. 국민 다수는 밥을 먹고 사람을 만나고 때론 병을 치료받아야 한다. 김성칠은 이런 일상에 담긴 사회주의의 문제점을 꿰뚫어본다. 9월 14일자 일기를 보면, "인민공화국의 모든 부분에 다 이렇듯 심한 관료주의가 좀먹고 있는 것은 아니겠지만, 그리고 정릉리의 인민병원은 그 유독 극심한 일례일는지 모르나 하여튼 모든 기업의 국영화는 좀 더 연구하여야 할 문제"라고 정곡을 찌른다.

국군이 서울을 수복한 후 상황은 역전됐다. 인민공화국 지배 아래서 이념 심사를 받았던 교수들은 이제 새롭게 구성된 위원회의 심사를 받게 됐다. 1950년 10월 9일자 일기는 그 심사위원회에 대한 교수회의를 다룬다. 가해자가 피해자가 되고 피해자가 가해자가 되는 기막힌 현실을 지켜보며 김성칠은 "문리대여, 너는 그러고도 대학의 대학임을 자랑하려느냐" 하고 탄식한다. 이념에 따라 부초처럼 흔들리는 당대 지식사회에 대한 엄정한 기록이다.

김성칠의 사상은 아내인 이남덕이 그를 기억하며 쓴 글인 〈조국 수난의 동반자〉에서 밝혔듯 중도주의다. 김성칠의 중도주의는 민족주의와 자유주의를 기반으로 한다. 좌파도 아니고 우파도 아닌 중도의 길은 광복 이후 한국전쟁까지 매우 협소했다.《역사 앞에서》는 중도적 관점에서 참담한 현실을 절망하고 고발하며 겨레의 미래를 염려하고 소망하는 당대의 역사를 증거한다. 더없이 소중한 기록의 역사학 저작이라 할 수 있다.

기억의 미래 ②

지난 100년 우리 지성사를 책으로 펴내기로 결심했을 때 가장 먼저 떠올린 것은 '기억의 사회학'이다. 지난 100년 지성사에서 어떤 담론을, 어떤 지식인을, 어떤 시간과 공간을 기억해야 하는 걸까. 기억의 사회학이란 지나간 과거에 대한 성찰을 통해 새로운 미래를 전망하는 것을 함의한다. 그것은 기억의 성찰이자 기억의 미래다.

"삼월 삼짇날. 거센 항구의 바람 속에서 꽃은 피고지고. 피난꾼이 고달픈 살림살이 속에서 봄을 맞이하였다. 아내와 더불어 할 일에 대하여 이야기하였다. 힘써 아이들에 관한 책을 읽고 번역하고 그러는 중에 우리도 붓을 들어서 적어도 아미치스의《사랑의 학교》에 비길 만한 하나는 후세에 남겨두자고."《역사 앞에서》에 나오는 1951년 4월 8일자의 마지막 일기다.

지나간 우리 현대사에서 어떤 기억들을 간직해야 할까. 기억으로부터 무엇을 배워야 하는 걸까. 전쟁은 이념적 이분법을 강제한다. 우리 안에 도사리는 적개심을 부추기며, 결국 생각과 삶을 모두 파괴하고 만다.《역사 앞에서》가 안겨주는 기억의 사회학적 메시지는 전쟁의 참혹함을 넘어선 평화에의 염원일 것이다. 평화와 번영의 한반도는 미래 100년 대한민국에서 가장 중요한 가치의 하나라고 나는 생각한다.

한글판

한국사신론

이기백 지음

27. 이기백:
《한국사신론》과 시대정신의 미래

　지난 100년 우리 지성사에서 역사학이 차지하는 위상은 각별하다. 이는 우리 현대성이 갖는 특수성에서 비롯된다. 20세기 전반 현대사에서 역사학은 학문으로만 생각된 게 아니었다. 그것은 나라를 지키는 운동으로서의 의미를 갖고 있었다. 국토와 주권을 잃어버렸다 해도 정신과 역사를 상실할 순 없었다. 민족의 정신과 역사를 탐구하는 것은 나라를 지키고 사랑하는 방법이자 행위였다. 박은식과 신채호, 정인보와 안재홍의 삶과 학문이 그러했다.

　광복 이후 이러한 전통을 계승하고 발전시킨 대표적인 역사학자로는 이기백, 김용섭, 강만길 등을 들 수 있다. 이들이 우리 역사학에 미친 영향을 엿볼 수 있는 것은 2006년에 열린 제49회 전국역사학대회의 컨퍼런스 '우리 시대의 역사가를 말한다'였다. 이

컨퍼런스에선 민두기의 동양사학, 민석홍의 서양사학과 함께 이기백과 김용섭의 한국사학에 대한 후학들의 평가가 이뤄졌다.

서양사학자 김기봉은 이기백을 '한국 역사학의 랑케'로, 국사학자 윤해동은 김용섭을 '한국사학의 숨은 신'으로 명명하고, 두 역사학자의 학문 세계를 비판적으로 조명했다. 두 사람의 비판적 접근에 동의하든 그렇지 않든, '랑케' 또는 '숨은 신'이란 비유에서 볼 수 있듯, 이기백과 김용섭이 광복 이후 한국 사학을 이끌어온 것은 분명하다.

이 장에서 다루려는 이는 이기백이다. 그는 우리 고대사와 중세사의 뛰어난 학자였을 뿐만 아니라 한국사 교과서의 대표격인 《한국사신론》의 저자였다. 우리 역사를 공부한 이들에게 가장 먼저 떠오르는 책은 다름 아닌《한국사신론》일 것이다. 이 저작은 일본어·영어·중국어·스페인어·러시아어 등으로 번역돼 한국사의 국제적 안내자로서의 역할을 훌륭히 맡아왔다.

《한국사신론》의 탄생

《한국사신론》의 탄생은 드라마틱하다. 1924년 평북 정주에서 태어난 이기백은 역사학을 공부하기 위해 일본 와세다대에 진학했지만 1945년 일본군 징병으로 끌려갔다 소련군 포로수용소에 갇혔다. 수용소에서 그는 동료들의 권유로 한국사를 강의하게 됐는데, 당시 필사본 개설서를 썼다. 이 개설서가《한국사신론》의 원형을 이뤘다.

광복 후 서울대에서 국사학을 공부한 이기백은 1961년 대학

강의 교재용으로《국사신론》을 펴냈고, 이 책을 바탕으로 1967년
《국사신론》을 출간했다.《국사신론》은 출간하자마자 그때까지
대표적인 국사 교과서인 이병도의《국사대관》을 대신하여 널리
읽혔다. 1976년《한국사신론》이란 제목으로 개정판이 나왔고,
1990년에는 신수판이, 1999년에는 한글판이 출간됐다.

《한국사신론》이 크게 주목받은 까닭은 식민사학을 극복하고
한국사학의 새로운 지평을 열었다는 데 있다. 이기백은《한국사신
론》서장에서 한국사의 올바른 이해에 부여된 일차적 과제가 식
민주의사관 청산에 있음을 천명한다. 그에 따르면, 식민사관이 제
시하는 반도성론, 정체성론, 당파성론, 문화적 모방론은 일제의
식민정책을 정당화하기 위한 왜곡된 한국사관일 뿐이다. 이 그릇
된 사관을 타파하지 않고선 새로운 한국사학이 발전할 수 없다고
그는 역설한다.

이기백 역사학을 지탱하는 두 기둥은 방법적 실증주의와 이념
적 민족주의다. 방법적 실증주의가 역사적 사실들과 그 사실들의
시대적·사회적 관계를 정확하게 전달하는 과학으로서의 역사학
을 지향한다면, 이념적 민족주의는 역사 연구가 민족의 발전에 기
여해야 한다는 실천으로서의 역사학을 추구한다. 이기백의 민족
주의론은 신채호의 민족주의, 함석헌의 기독교 사관, 손진태의 신
민족주의의 영향을 바탕으로 해 주체적으로 재구성한 것이다.

민족에의 사랑과 진리에의 믿음

이기백 역사관은 인간 중심의 역사 이해다. 그는 한국사에서

인간을 재발견하는 노력이 필요하다고 강조한다. 그리고 이 인간을 개인이 아니라 세력으로 볼 것을 제안한다. 《한국사신론》이 이룬 중요한 성취 중 하나는 독창적인 시대구분이다. 그는 시대구분의 기준으로 사회적 지배세력의 변천 과정을 제시한다. 여기서 지배세력이란 주도적 위치에서 역사를 이끌어가는 인간집단을 의미한다.

이러한 논리에 입각해 《한국사신론》은 원시공동체 사회에서 성읍국가와 연맹왕국, 귀족국가, 전제왕권, 호족, 문벌귀족, 무인정권, 신흥사대부, 양반사회, 사림세력, 광작농민과 도고상인, 중인층과 농민, 개화세력, 민족국가, 민족운동을 거쳐 민주주의의 성장까지 우리 역사의 역동적인 발전을 서술한다.

이기백은 고대·중세·근대로 시대를 나누는 서양사학의 3분법적 구분을 거부한다. 이러한 시대 구분은 우리 역사 이해에 맞지 않는 유럽형 식민주의 사관이라고 비판한다. 그렇다고 그가 특수성 안에 존재하는 보편성을 부정한 것은 아니다. 그는 특수성을 강조하는 민족주의사학과 보편성을 부각시키는 유물사관을 모두 경계하고, 보편성이 구현되는 과정 속에서 특수성으로 발현되는 우리 역사를 기술한다.

《한국사신론》을 통해 광복 후 지식사회는 식민주의사관을 극복하고 민족 주체적인 역사학을 갖게 됐다. 우리는 누구이며, 어떻게 살아왔는지를 알기 위해서는 마땅히 읽어야 할 책이라고 나는 생각한다.

이기백의 업적이 통사인 《한국사신론》에만 그친 게 아니다.

《민족과 역사》를 위시해 그의 저작들은 별권《연사수필(硏史隨筆)》을 포함한 16권의《이기백 한국사학논집》(2011)으로 정리돼 있다. 나아가 그는 1987년 창간된 반연간지《한국사 시민강좌》의 책임 편집위원을 맡아 시민들을 위한 역사 교육에도 작지 않게 기여했다. 평생을 걸쳐 우리 역사의 탐구와 계몽에 열정적으로 헌신해온 그는 2004년 세상을 떠났다.

이기백의 삶과 학문에서 내게 특히 인상적인 것은 아들인 소설가 이인성에게 남긴 유서였다. 묘비에 "민족에 대한 사랑과 진리에 대한 믿음은 둘이 아니라 하나다"라는 말을 적어주기를 소망한 내용은 나를 숙연하게 했다.《한국사신론》한글판 머리말에 나오는 구절이다.

이기백이 민족에의 사랑과 진리에의 믿음이 하나라고 한 것은, 둘 사이에 차이가 없다는 게 아니라 서로 결합돼 있어야 한다는 의미일 것이다. 진리에 대한 믿음은 민족에 대한 사랑에 기여해야 하고, 민족에 대한 사랑은 진리를 중시하는 과학으로 구체화돼야 한다는 언명으로 나는 이해하고 싶다.

시대정신의 미래

《한국사신론》의 마지막 항목인 '지배세력과 민중'은 우리 현대사에 대한 이기백의 역사관을 담고 있다. 다소 길지만 인용하면 다음과 같다.

"3·1운동은 (…) 동학과 독립협회 두 계열의 합작운동이었다. 이리하여 임시정부가 민주주의의 원칙 아래 구성되는 계기가 마련되었다. 이렇게 크게 성장한 민중은 항상 일제의 식민통치에 항거하는 민족운동의 주동세력이 되어왔다. 이러한 과정을 통하여 해방과 더불어 민중의 직접적인 정치 참여가 가능하게 되었고, 이 대세는 4월 혁명에서 알 수 있듯이 더욱더 발전되어가고 있다. 그리고 이러한 추세가 자유와 평등에 입각한 사회정의가 보장되는 민주국가의 건설로 이어질 것이 기대되고 있다."

이처럼 이기백은 자유와 평등, 사회정의와 민주주의가 구현되는 우리 역사의 미래를 기대하고 전망했다. 돌아보면, 광복 이후 우리 현대사를 이끌어온 두 시대정신은 가난으로부터 벗어나려는 산업화와 자유·인권·민주주의를 누리려는 민주화였다. 그렇다면, 산업화와 민주화를 안고 또 넘어서 추구해야 할 우리의 시대정신은 뭘까.

분명한 것은 그 시대정신이 단수일 필요는 없다는 점이다. 우리 사회 현실의 복합성을 고려할 때 시대정신은 복수로 존재할 수 있다. 저성장과 불평등을 해결하고 불안과 분노사회를 극복하기 위해선 과학기술 혁신이 선도하는 새로운 산업화, 노동 존중과 성평등을 추구하는 새로운 민주화, 복지국가 구축을 통한 더 많은 평등사회, 한반도 평화 정착에 기반을 둔 통일 시대의 개막 모두 더 없이 소중한 시대 가치들이다.

중요한 것은 이러한 시대정신을 실현할 수 있는 실천 의지다. "모든 이론은 회색이라네. 그러나 삶의 황금 나무는 초록색이지." 시대정신이란 말을 주조한 괴테의《파우스트》에 나오는 구절이다. 산업화와 민주화에서 볼 수 있듯, 시대정신은 국민의 삶을 실제적

으로 변화시킬 수 있을 때 자신의 의미를 완성한다. 새로운 산업화
와 민주화, 더 많은 평등사회, 통일 시대의 개막이라는 시대정신이
우리 역사의 미래에서 온전히 구현되길 바라는 이가 나만은 아닐
것이라고 나는 생각한다.

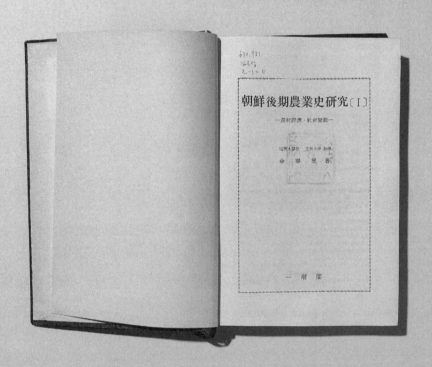

朝鮮後期農業史硏究〔I〕

─農村經濟·社會變動─

延世大學校 文科大學 敎授

金 容 燮 著

一 潮 閣

28. 김용섭:
《조선 후기 농업사 연구》와 지식인의 미래 ②

지성사의 관점에서 3·1운동과 대한민국 임시정부 100주년을 맞아 가장 먼저 떠오른 것은 일제 식민 유산의 극복이다. 일본 제국주의는 제도적 차원뿐 아니라 정신적 영역에서도 우리나라를 식민화하려 했다. 36년은 결코 짧은 시간이 아니었다.

광복 이후 우리 지식사회에 부여된 긴급한 과제 중 하나는 이런 정신적 식민주의를 극복하는 것이었다. 이 과제에 가장 충실했던 이들은 역사학자들이었다. 식민사관을 극복하기 위해 고투했던 대표적인 역사학자들로는 이기백, 김용섭, 강만길 등을 꼽을 수 있다.

김용섭은 시민사회에 널리 알려지지 않았으나 지식사회에선 그 영향력이 실로 컸던 역사학자다. 역사학자 윤해동은 김용섭을 한국사학의 '숨은 신'이라고 말한 바 있다. 나 역시 광복 이후 학문적 진지함과 탁월성에서 김용섭이 최고의 학자라고 생각해왔다. 두 가지 점에서 그러하다.

첫째, 김용섭은 농업사를 중심으로 조선 후기에서 최근에 이르는 우리 근현대사에 대한 일관되고 포괄적인 해석을 시도했다. 둘째, 그의 분석이 중심을 이뤘던 '내재적 발전론'은 광복 이후 가장 영향력 있는 역사이론이었다. 그는 자기 완결적 학문체계를 구축했던, 우리 사회에서 매우 이례적이었던 지식인이다.

내재적 발전론의 논리와 구성

김용섭은 1931년 강원도 통천에서 태어났다. 서울대 사범대학에서 역사학을 공부하고 고려대에서 석사를, 연세대에서 박사를 받았다. 1959년부터 1966년까지 서울대 사범대에서, 1967년부터 1975년까지 서울대 문리대에서, 1975년부터 1997년까지 연세대 문과대학에서 가르쳤다. 2000년에는 대한민국 학술원 회원이 됐다.

지식사회 안에서 김용섭은 칼럼·에세이 등의 '잡문'을 쓰지 않는 학자로 유명하다. 그랬던 그가 2011년 자신의 회고록을 발표해 작지 않은 주목을 받았다.《역사의 오솔길을 가면서: 해방세대 학자의 역사연구 역사강의》가 그것이다. 회고록이란 형식을 통해 그는 더없이 치열했던 평생의 연구와 강의를 결산했다.

김용섭이 자신의 존재를 알린 연구는《조선후기농업사연구 1·2》다. 1970년과 1971년 두 권으로 출간된 이 책은 1995년 제1권 증보판이 나왔고, 2007년에는 제2권 신정증보판을 내놓았다. 그리

고 1988년 조선시대의 농서와 농학을 다룬 《조선후기농학사연구》
가 나왔고, 2009년 그 신정증보판이 출간됐다. 김용섭의 문제의식
은 제1권 서문에 잘 나타나 있다.

"우선 필자의 관심거리가 된 것은, 우리나라의 중세사회의 해
체과정을 농업·농촌·농민에 관해서 그 내적 발전과정의 입장에
서 해명할 수는 없을까 하는 문제였다. (…) 필자가 생각한 대로
이 시기의 농촌사회에서 주체적인 입장에서의 중세사회의 해체
과정이 밝혀진다면, 정체성 이론이나 타율성 이론은 극복될 수 있
는 것이라고 생각한 데서였다."

《조선후기농업사연구》를 꿰뚫고 있는 역사틀이, 김용섭 자신
이 직접 사용한 말은 아니지만, 바로 '내재적 발전론'이다. 내재적
발전론의 핵심 아이디어는 조선 후기 사회에서 자생적인 자본주
의가 싹을 틔우고 있었다는 데서 찾을 수 있다.

내재적 발전론은 일제강점기 백남운의 사회경제사 연구에 잇
닿아 있다. 그 논리는 두 가지로 정리할 수 있다. 첫째, 조선 후기 농
업생산력의 발전은 사적 소유의 성장과 지주전호제의 성립을 가능
하게 함으로써 자본주의의 맹아(萌芽)를 일궈냈다. 둘째, 중세사회
를 해체하고 근대사회를 열고자 했던 자생적 자본주의와 아래로
부터의 농민 저항은 제국주의 침략에 의해 억제되고 결국 식민지
수탈 체제가 확립됐다.

내재적 발전의 사례로 김용섭이 제시한 것이 '경영형 부농'이었
다. 경영형 부농이란 차경지 경영을 통해 부농이 된 이들을 말한
다. 이들은 영국 자본주의의 발전에서 볼 수 있는 '자본가적 차지농

(借地農)'에 가까운 존재였다. 토지대장인 양안과 호적대장을 주요 분석 자료로 활용한 이러한 내재적 발전론이 준 충격은 지대했다. 우리 근대사의 정체성에 대한 이론적·경험적 비판 및 극복을 가능하게 했고, 우리 근대성의 기점을 조선 후기로 이끌어 올리게 했다.

김용섭은 이에 그치지 않고 이후《한국근대농업사연구》(1975)를 바탕으로《한국근대농업사연구 1》(1984),《한국근대농업사연구 2》(1984),《한국근대농업사연구 3》(2001)을 출간했고, 여기에《한국근현대농업사연구》(1992),《한국중세농업사연구》(2000)를 더했다. 총8권으로 이뤄진《김용섭 저작집》을 통해 그는 조선 후기에서 현대에 이르는 한국 농업사 연구를 완성했다. 실로 경이로운 업적이라 할 수 있다.

내재적 발전론의 성취와 기여

김용섭 역사학의 전모를 여기서 모두 다루긴 어렵다. 나는 사회학적 시각에서 내재적 발전론의 성취와 기여를 살펴보려 한다.

내재적 발전론을 지탱하는 두 기둥은 '근대주의적 시각'과 '일국사적 시각'이다. 이 두 시각은 서로 결합돼 있다. 먼저, 내재적 발전론이 기반하는 근대주의는 역사적 유물론으로부터 큰 영향을 받은 것으로 보인다. 내재적 발전론은 전통사회에서 자본주의 맹아를 발견하고, 이를 통해 자생적 자본주의 발전의 가능성을 추적하고자 한다.

사실판단의 관점에서 내재적 발전론은 '심층적 실증'에 바탕해 조선 후기에서 현대사에 이르는 자본주의적 역동성을 주목하고, 가치판단의 관점에선 비자본주의적 발전을 암시적으로 옹호한다. 이러한 관점은 근대화 이론보다 마르크스주의 역사이론에 가까운 것이며, 근대의 불가피성을 인정하면서도 근대의 한계를 극복하려는 '비판적 근대주의'로 볼 수 있다.

비판적 근대주의로서의 내재적 발전론이 갖는 의의는 전통사회에서 근대사회로의 변동에 대한 인과관계를 설명함으로써 일관된 분석틀을 제공한다는 점에서 찾을 수 있다. 이러한 분석과 논리는 식민사관의 정체성론과 타율성론을 극복할 수 있는 강력한 이론적·경험적 무기를 제공했다. 내재적 발전론을 통해 비로소 우리 근대사의 역동성을 발견할 수 있게 됐고, 또한 세계사적 보편성 속에서의 한국사적 특수성을 인식하게 됐다.

한편, 일국사적 시각은 어떻게 볼 수 있을까. 최근 식민지 근대화론, 탈민족주의론 등으로부터의 비판에서 볼 수 있듯, 내재적 발전론은 이론적·경험적 수준에서 시험대 위에 올라서 있다.

사회학적 시각에서 볼 때 내재적 발전론의 설명력은 여전히 높다. 무엇보다 사실판단의 관점에서 볼 때 사회변동에서 중요한 것이 외적 충격에 대한 내적 대응이라는 점에서 내적 변동이 어떻게 진행돼 왔는지에 대해 내재적 발전론은 일관된 설명을 제공한다. 내적 요인과 외적 요인이 어떻게 복합적으로 결합되어 역사로 외화돼 왔는지에 대한 탐구는 김용섭이 후학들에게 던지는 과제인 셈이다.

마지막으로 김용섭에 대한 기억을 잠시 이야기하고 싶다. 내가 독일에서 공부를 마치고 모교로 돌아와 가르치기 시작했을 때 연구실이 외솔관 5층에 있었는데, 김용섭의 연구실도 같은 층에 있었다. 몇 년 뒤 위당관으로 이사하기 전까지 가까이서 지켜본 그의 모습은 학자 그 자체였다.

김용섭은 일찍 학교에 나와 종일 쉼 없이 연구에 몰두하며, 식사도 싸온 도시락으로 대신했다. 그가 얼마나 성실하고 통찰적인 학자였는지는 그의 수제자들인 방기중 연세대 교수와 김도형 동북아역사재단 이사장으로부터 여러 번 듣곤 했다. 저녁 늦게 연희동 쪽으로 혼자 퇴근하는 그의 모습을 어쩌다 목격하면 지식인의 고독과 사명을 생각하게 됐다.

김용섭의 학자적 모습은 자연 다산 정약용을 떠오르게 한다. 불우한 자신의 처지에 맞서 학문적 열정으로 실학을 집대성한 다산처럼, 김용섭은 1960~1980년대 군부권위주의 시대에 맞서서, 여전히 남아 있던 식민사학의 그늘에 맞서서 우리의 주체적인 역사 연구에 자신의 모든 것을 쏟아 부었던 것으로 보인다.

지식인은 어떤 존재여야 하는가. 지식인에게 진리란 과연 무엇인가. 이에는 하나의 정답만이 존재하지 않을 것이다. 문학·역사학·철학 등의 인문학이 진리 탐구에 주력한다면, 정치학·경제학·사회학 등의 사회과학은 정책 연구도 소홀히 할 수는 없다.

진리 탐구와 정책 연구는 지식인에게 부여된 가장 중대한 사명일 것이다. 역사가 바뀌고 사회가 변화해도 지식인에게 부여된 이런 본래의 사명은 오랫동안 그 의미가 퇴색하지 않을 것이라고 나는 생각한다.

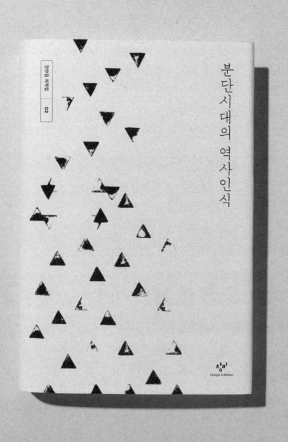

분단시대의 역사인식

창비
Changbi Publishers

29. 강만길:
《분단시대의 역사인식》과 역사학의 미래

　모든 지식인에겐 지식인으로서의 생명이 있는 듯하다. 어떤 이들은 오래 기억되고, 어떤 이들은 한때 큰 관심을 받더라도 이내 잊힌다. 역사가 변하는 것만큼 지식인에 대한 평가 또한 변화하기 마련이다.

　우리 역사를 돌아보면 생명력이 긴 지식인들이 존재한다. 원효와 지눌, 이황과 이이, 박지원과 정약용이 그런 지식인들이었다. 주목할 것은 이들 지식인의 사상에 놓인 공통점이다. 그것은 시대에 맞서서 자신의 사유와 담론을 펼침으로써 새로운 사상적 흐름의 선각자가 됐다는 점이다.

　우리 현대 지성사에서 시대에 맞선 대표적 지식인으로 나는 역사학자 강만길을 꼽고 싶다. 그 까닭은 강만길이 분단 시대를 담론화한 역사학자라는 사실에서 찾을 수 있다.

광복 이후 우리 현대사를 이뤄온 것은 정부 수립, 산업화, 민주화였다. 이러한 과정을 포괄하는 상위의 개념으로 분단 시대가 존재한다. 언젠가 통일이 이뤄진다면 1945년부터 그때까지의 우리 역사는 분단 시대로 기록될 가능성이 높다. 강만길은 최초로 분단 시대를 개념화하고 이 시대의 역사적 의미를 주목했다. 나아가 그는 분단을 극복할 통일의 중요성을 역설하고 통일에 이르는 길을 모색했던 선구적인 역사학자로 기억될 것으로 보인다.

분단 시대의 선구적 탐구

강만길은 1933년 경남 마산에서 태어났다. 고려대에서 역사학을 공부했고 같은 대학에서 한국사를 가르치다 정년퇴임했다. 그는 광복 이후 우리 사회를 대표하는 실천적 역사학자였다. 《조선후기 상업자본의 발달》(1973)이 한국 자본주의의 맹아를 다룬 국사학의 고전이라면, 초판만 27쇄를 기록한 《20세기 우리 역사》(1999)는 시민적 계몽을 위한 모범적인 역사서다.

1970년대 이후 강만길은 자신의 탐구 시기를 조선 후기에서 20세기로 이동시켰다. 1972년에 발표된 7·4남북공동성명이 그의 표현을 빌리면 10월유신을 위한 '멍석 깔기'임을 깨달았을 때, 그는 '개성 상인의 이야기'를 넘어서 광복 이후의 역사에 관심을 갖게 됐다.

강만길의 저작들 가운데 내게 가장 인상적인 것은 1978년에 발표한 《분단시대의 역사인식》이다. 이 책은 우리 인문·사회과학의 이정표적 저작이다. 요즘에는 분단 시대라는 말이 널리 쓰이지만, 1970년대 그가 분단 시대를 처음 이야기했을 때만 해도 이용어는 충격적이고 신선했다. 광복 이후 우리 사회는 분단 시대를 맞았는데, 이것을 정확하게 이야기해야만 통일을 지향할 역사의식을 가질 수 있다는 게 그의 주장이다. 강만길이 주목하려 했던 것은 역사학의 현재성이다. 그는 말한다.

"오늘날의 국사학이 제 구실을 다하기 위해서는 이제 분단체제 극복을 위한 사론을 세워나가야 하며 거기에서 국사학의 현재성을 찾아야 한다는 생각이 절실하다. (…) 분단체제는 분명히 민족사 위의 부정적인 체제이며 극복되어야 할 체제이다."

강만길에 따르면, 역사학이 분단 시대의 극복에 이바지하는 길에는 세 가지가 존재한다. 첫째, 분단 시대를 외면할 게 아니라 현실로 직시하고 대결해야 한다. 둘째, 분단 시대를 철저히 객관화하고 비판해야 한다. 셋째, 분단 시대 극복을 위한 사론을 수립해야 한다. 이러한 문제의식 아래 《분단시대의 역사인식》은 분단 시대 사학의 반성, 역사와 현실, 역사와 민중에 관한 다양한 연구들을 포괄하고 있다.

분단 시대에 대한 강만길의 이러한 문제제기는 1980년대 이후 진보적 인문·사회과학에 큰 영향을 미쳤다. 사회학자 조희연의 '반공규율사회론', 백낙청과 손호철이 주도한 '분단체제 논쟁'은 강만길의 분단 시대론으로부터 작지 않은 지적 자극을 받았다. 오늘날 누구나 흔히 쓰는 분단체제라는 말도 강만길이 분단 시대를 선구적으로 이론화했기 때문에 가능한 것이었음을 상기할 필요가 있다.

현재와 미래의 역사학

강만길의 지적 관심은 분단 시대의 탐구에만 머물러 있지 않았다. 한편에서 그는 《한국민족운동사론》(1985), 《일제시대 빈민생활사 연구》(1987), 《조선민족혁명당과 통일전선》(1991) 등의 연구서를 출간했고, 다른 한편에선 《한국현대사》(1984), 《한국근대사》(1986), 《고쳐 쓴 한국근대사》(1998), 《고쳐 쓴 한국현대사》(1998), 《20세기 우리 역사》 등의 교양서를 내놓았다.

강만길은 20세기 우리 현대사를 독립과 통일의 관점에서 파악한다. 그는 일제강점기 민족독립운동사에서 좌·우익 통일전선운동이 주류였고, 이는 해방공간에서 통일 민족국가 건설운동으로 연결됐으며, 4·19혁명 이후에는 평화통일운동으로 이어졌다고 분석한다. 이 연장선상에서 그는 '흡수통일이 아닌 남북 대등통일과 타협통일'이라는 평화통일론을 제시한다. 자신의 역사공부를 결산한 책 《내 인생의 역사 공부》(2016)에서 강만길은 말한다.

"분단과정을 '국토분단'과 '국가분단'과 '민족분단'의 3단계로나누어 볼 수 있다 했지만, 통일과정은 분단과정과는 그 순서가 다르다는 생각입니다. (…) 통일과정은 분단과정과는 달리 먼저 '민족통일'을 시작하고, 그럼으로써 '국토통일'을 이루어가고, 맨 나중에 '국가통일'을 하는 것이 옳다는 것입니다."

이러한 강만길의 통일론은 우리의 역사·사회적 특수성을 중

시하는 탁견으로 볼 수 있다. 나아가 그는 경제정의실천시민연합
(경실련) 통일협회 이사장, 민족화해협력국민협의회(민화협) 상임
의장, 남북역사학자협의회 남측위원회 위원장 등을 맡아 통일의
초석을 놓는 실천적 활동을 벌였다.

어떤 이들은 역사학이 강조하는 학문적 엄격성을 주목해 시민
적 계몽과 실천적 활동에 대한 강만길의 개입을 비판적으로 평가
한다. 이에 나는 동의하지 않는다. 그는 역사 안에 갇혀 있던 지식
인이 아니라 역사 밖으로 걸어 나와 그 역사와 대결했던 용기 있는
지식인이었다.

강만길은 우리 역사학자들로선 이례적으로 자서전《역사가의
시간》(2018)을 발표했다. 이 책에서 그는 전문적 학자와 실천적 지
식인으로서의 자기 삶의 역사와 우리 사회의 역사를 돌아본다.《역
사가의 시간》은 내게 프랑스 역사학자 마르크 블로크의 유고작
《역사를 위한 변명》과 영국 역사학자 에릭 홉스봄의 자서전《미
완의 시대》, 그리고 영국 태생의 미국 역사학자 토니 주트의 유고
작《기억의 집》을 떠올리게 했다.

아날학파의 블로크, 마르크시스트 역사학의 홉스봄, 비판적 역
사학의 주트처럼, 강만길은 자기 시대의 역사적 의미를 탐구한 현
재의 역사학자이자 그 시대의 실천적 극복을 모색한 미래의 역사
학자다. 역사학이 과거 탐구를 통해 현재를 진단하고 미래를 전망
하는 학문이라면, 우리 지성사에서 현재와 미래의 역사학은 강만
길로부터 시작해야 한다고 나는 생각한다.

역사학의 미래

역사란 '현재와 과거의 대화'라고 말한 이는 영국 역사학자 에드워드 카다. 강만길은 역사를 '이상의 현실화 과정'으로 파악한다.《역사가의 시간》에서 강만길은 말한다.

"인간의 역사란 것이 모든 인간의 이상을 기어이 현실화해 가는 과정임을 기득권자를 포함한 더 많은 인간들이 터득하게 될 때, 비로소 인간의 이상을 현실화해 가는 방법과 과정이 한층 더 평화롭고 순조롭게 이루어질 수 있",으며, "그래서 역사라는 것이 가르쳐지고 또 배우게 되는 것이라 할 수 있다."

강만길이 말하는 이상의 다른 표현은 시대정신이다. 이 시대정신의 핵심은 더 많은 자유, 더 많은 평등을 추구하는 데 있을 것이다. 역사가 늘 앞으로 나아가는 것은 아니다. 때로는 전진하고 때로는 퇴보한다. 그러나 길게 보면 역사란 더 나은 사회를 향한 행진이라 할 수 있다. "세상에 아무것도 믿을 것이 없다 해도, 역사가 변한다는 사실만은 믿어도 좋다는 진리를 터득했다"고 강만길은 강조한다.

역사를 이렇게 파악한다면, 역사학의 과제는 그 이상의 현실화 과정에 대한 정직한 기록과 균형적 평가다. 여기서 '균형적'이란 기계적인 균형이 아니라 역사를 이루는 다양한 시간들을 고려하고 아우르는 것을 뜻한다. 역사는 하나의 시간으로 존재하는 동시에 다층적인 시간들로 구성된다.

돌아보면 우리 현대사는 한국사의 시간인 동시에 자본주의의 시간, 민주주의의 시간, 분단과 통일의 시간으로 이뤄져 있다. 우리 사회의 미래는 바로 이 자본주의, 민주주의, 분단에서 통일로 가는 시간이 서로 영향을 주고받으면서 펼쳐질 것이다. 한국 자본주의, 한국 민주주의, 분단과 통일에 대한 역사학적 탐구는 우리 사회의 미래에 대한 지혜로운 전망의 출발점을 제공할 것이라고 나는 생각한다.

대항해시대

해상 팽창과 근대 세계의 형성

주경철

The Age of Maritime Exhaustion

서울대학교출판문화원

30. 주경철:
《대항해시대》와 문명의 미래

　학문에는 본디 국경이 존재하는 동시에 부재한다. 인문·사회
과학에서 일차적 분석 대상은 자기 나라와 사회이지만, 동시에 다
른 나라와 사회 역시 또 하나의 중요한 분석 대상일 수밖에 없다.
오늘날과 같은 세계화 시대에 다른 국가와 문명에 대한 탐구가
갖는 의미는 갈수록 커지고 있다.

　지난 100년 우리 지성사에 다른 국가와 문명을 다룬 훌륭한
저작들이 적지 않다. 이 장에서 주목하려는 것은 주경철의 《대항
해시대》다. 이 저작은 두 가지 점에서 이채롭다. 첫째, 우리나라
학자가 쓴 본격적인 근대 문명 연구다. 둘째, 수준 높은 전문서인
동시에 흥미로운 교양서다. 《대항해시대》를 읽고 나는 곧바로 미
국 사회학자 이매뉴얼 월러스틴의 《근대세계체제》를 떠올렸다.

《근대세계체제》에 견주어도 결코 손색없는 저작이라고 나는 생각한다.

이 책에서 내가 주목하는 역사가는 신채호, 김성칠, 이기백, 김용섭, 강만길이다. 이들의 전공은 한국사다. 주경철의 전공은 서양사다. 《대항해시대》외에도 그는 서양 역사에 관한 다수의 책들을 발표해왔다. 주경철은 우리 사회에 서양의 역사를 제대로 알려주는, 전문적 독자와 대중적 독자를 모두 아우르는 역사가다. 여기서 그를 다루는 까닭이다.

역사가로서의 정체성

주경철은 1960년 서울에서 태어났다. 서울대에서 경제학과 서양사학을 공부한 다음 프랑스 파리 사회과학고등연구원에서 역사학 박사학위를 받았다. 그의 전공은 서양 중세 말과 근대 초의 사회경제사다. 귀국한 후 그는 서울대에서 서양사학을 가르쳐왔고, 왕성한 집필 활동을 펼쳐왔다.

주경철이 1999년에 내놓은 《역사의 기억, 역사의 상상》은 그의 활동을 예감하게 하는 저작이었다. 이 길지 않은 책에서 그는 프랑스 역사학자 페르낭 브로델을 위시해 주목할 역사학자들의 대표 저작을 소개하고 그 의의를 설명한다. 역사의 표층을 이루는 정치적 사건이 아닌 그 심층에 놓인 문명과 일상의 유장한 흐름에 대한 분석이 역사학의 또 하나의 본령임을 일깨워준 저작이다.

주경철의 지적 활동에서 주목할 것은 서양 역사학 고전의 번역이다. 그는 페르낭 브로델의《물질문명과 자본주의》를 우리말로 옮겼고, 동료들과 함께《지중해: 펠리페 2세 시대의 지중해 세계 1》을 번역했다. 서양 역사를 다룬 저작들을 우리말로 제대로 옮기는 것은 창작 못지않은 수고를 더해야 한다는 점에서 총 6권으로 이뤄진《물질문명과 자본주의》의 번역은 중요한 학문적 업적으로 평가할 만하다.

주경철이 가진 미덕은 전문서는 물론 교양서를 통해 일반 시민들이 역사에 더욱 친숙하게 접근하게 했다는 데 있다.《문화로 읽는 세계사》(2005),《모험과 교류의 문명사》(2015),《주경철의 유럽인 이야기 1·2·3》(2017) 등 이제까지 그가 내놓은 적지 않은 입문서와 교양서들은 독서하는 즐거움을 안겨주며 생각하는 힘을 길러준다. '학자'인 동시에 '이야기꾼'이라는 역사가로서의 정체성에 충실한 이가 바로 주경철이다.

주경철의 세계사 해석

2008년 출간된《대항해시대》는 주경철의 대표적인 연구서다. '해상 팽창과 근대 세계의 형성'이라는 부제가 달려 있다. 이 저작의 첫 구절을 그는 다음과 같이 시작한다.

"이 책은 근대 세계사를 해양 세계의 발전이라는 새로운 관점에서 재해석해보려는 하나의 시론이다. 지금까지 대부분의 역사서는 대륙 문명의 관점, 그것도 주로 농경 문화권의 관점에서 바라본 역사라고 할 수 있다. (…) 그러나 (…) 드넓은 대지 위에 광대하게 펼쳐져 있는 초원, 사막과 대삼림 지대, 더 나아가서 연안 지역과 섬, 바다 사이에서 사람들의 활기찬 삶이 펼쳐지는 해양 세계 또한 인류 역사의 중요한 무대였다."

주경철이 주목하는 것은 근대 해양 세계의 형성과 발전이다. 바다를 통해 문명권들이 교류하고 갈등했으며, 그 결과 세계 각 지역들이 위계 구조로 재편됐다는 게 그의 분석이다. 이러한 분석을 통해 우리가 이제까지 알고 있던 근대의 역사를 그는 새롭게 서술하고 해석한다.

이 저작에서 주경철은 특히 근대 문명의 폭력적 성격을 강조한다. 그는 근대의 가장 큰 특징 중 하나를 폭력의 세계화에서 찾는다. 그에 따르면, 유럽이 세계의 위계 구조에서 상층을 차지한 까닭도 폭력을 유효하게 사용했다는 데 있다. 노예무역은 근대 세계사에서 가장 대규모적이고 비극적인 폭력의 사례라고 그는 주장한다. 주목할 것은 이러한 유럽산 폭력이 최고의 이윤을 획득하기 위해 최대의 폭력을 집중시키는 '합리적' 폭력이었다는 점이다. 합리적 폭력이었기에 유럽산 폭력의 힘이 더욱 위력적이었고 결국 세계를 지배할 수 있게 됐다는 그의 논리는 경청할 만하다.

주경철이 겨냥한 목표 중 하나는 유럽중심주의의 극복이다. 그가 말하는 유럽중심주의란 유럽을 절대적 보편성을 가진 '기준'으로 삼아 다른 지역의 역사를 그 기준에 따라 해석하는 것을 뜻한다. 이 유럽중심주의를 그는 '신화적인 인식틀'로 파악하고, 이러한 잘못된 인식틀을 수정하려 한다.

주경철이 중시하는 것은 역사적 사실이다. 그에 따르면, 15~18세기에 유럽은 아직 절대적 지배권을 행사하지 못했고, 지구적 네

트워크는 유럽의 힘만으로 이뤄진 게 아니라 전 세계 문명권들이 참여해 만들어진 것이었다. 여기에 더해, 그는 이 시기에 유럽은 공세적이고 다른 지역은 수세적이었기에 결국 19~20세기 유럽이 제국주의적 지배자가 될 수 있었다고 설명한다. 유럽의 역할을 부정하지 않으면서도 다른 문명권들의 역할을 온당하게 평가할 때 유럽중심주의를 극복할 수 있다는 균형 잡힌 시각을 그는 제시하는 셈이다.

《대항해시대》를 읽어본 이들은 종교와 과학에서 음식과 전염병에 이르기까지 다양한 주제들을 종횡무진 다루는 주경철의 폭넓은 지식에 감탄하게 된다. 그리고 그 지식을 근대 세계의 형성이라는 하나의 역사 해석으로 일관되게 꿰는 그의 깊이 있는 통찰에 수긍하게 된다. 이렇듯 주경철은 《대항해시대》를 통해 역사학의 진면목을 선보인다.

그동안 《대항해시대》에서 세세한 나무들에 대한 주경철의 분석은 재고돼야 한다는 비판이 없지 않았다. 그러나 15~18세기의 세계사라는 숲을 우리나라 학자가 이렇게 독자적으로 조망했다는 것은 광복 이후 우리 학문의 발전을 증거하는 대표적인 사례 중 하나라고 볼 수 있다. 그의 향후 연구에 관심을 두는 이가 결코 나만은 아닐 것이다.

문명의 미래

주경철이 반복해 강조하듯, 근대 세계는 어느 한 문명이 주도해 만들어진 게 아니다. 여기에는 많은 문명이 참여했고 결합돼 있다. 2009년에 출간한《문명과 바다》에서 그는 말한다.

"중국과 인도 문명의 심원한 지혜가 세계의 지성들에게 영감을 주었고, 아메리카 대륙의 놀랍도록 다양한 식물자원이 세계의 식탁을 풍요롭게 해주었으며, 아프리카의 음악이 세계인의 감성에 호소하지 않는가. 세계화 혹은 지구화를 촉진시킨 뇌관 역할을 한 것은 서구 문명이고 또 제국주의 시대에 그들이 지구의 패권을 차지한 것은 분명하지만, 그렇다고 그들이 이 세상을 홀로 만들어낸 것은 아니다."

21세기가 열리고 20년이 지난 현재, 인류 문명의 미래가 어느 방향으로 나아갈지는 알기 어렵다. 월러스틴은 일찍이 자본주의 미래 문명의 세 가지 전망을 제시한 바 있다.

첫 번째 유형은 신봉건주의다. 이는 혼란의 시대에 나타나는 분할된 주권, 자급자족적 지역, 지역적 위계제로 이뤄진 세계가 매우 안정된 형태로 재현될 것이라는 전망이다. 두 번째 유형은 민주주의적 파시즘이다. 이는 카스트 제도처럼 세계를 두 개의 계층으로 나누고 5분의 1 정도의 세계 인구가 그 상위계층에 편입되는 체제가 될 것이라는 전망이다. 세 번째 유형은 탈중심화하고 평등주의적인 세계질서다. 이는 우리 인간의 집합의지가 구현된 유토피아적 전망이다.

월러스틴이 제시하는 신봉건주의, 민주주의적 파시즘, 탈중심의 평등한 세계질서 가운데 어떤 것이 인류의 미래가 될 것인지는 예측하기 어렵다. 문명의 미래는 우리와 우리 후손에 의해 만들어지는 것이라고 주경철은 역설한다. 새로운 과학기술 혁명의 도전과 세습 자본주의 경향의 부활에서 볼 수 있듯, 21세기 인류의 미래에는 낙관과 비관이 공존한다. 역사는 구조에 강제돼 있지만 그 구조를 만드는 것은 인간의 의지다. 어떤 문명을 일궈나갈지는 바로 그 문명을 만들어가는 우리 인간의 집합의지에 달려 있다고 나는 생각한다.

VI. 정치가와 나라 만들기

독립정신

이승만 지음
박기봉 교정

본 칙 져 슐 흘 씨 본 져 슐 가 리 승 만 본 헝 허

비봉출판사

31. 이승만:
《독립정신》과 민주공화국의 미래

　두 가지 여론조사를 소개하면서 이 장을 시작하고 싶다. 하나는 1947년에 이뤄진 조사다. 당시 미군정청은 서울에 거주하는 1,000명을 대상으로 대통령 후보자에 대한 여론조사를 실시했다. 결과는 이승만 43.9퍼센트, 김규식 18.5퍼센트, 여운형 17.5퍼센트, 김구 15.2퍼센트였다. 다른 하나는 2008년 정부 수립 60주년을 맞이해 이뤄진 조사다. 경향신문은 성인 남녀 1,000명을 대상으로 가장 존경하는 인물에 대한 여론조사를 실시했다. 결과는 박정희 45.1퍼센트, 김구 28.3퍼센트, 김대중 4.8퍼센트, 정주영 4.6퍼센트, 이승만 3.6퍼센트였다.

　두 조사에서 특히 관심을 끄는 인물은 이승만이다. 여론조사는 상황에 따라 변할 수 있다. 그러나 이승만의 경우는 그 진폭이 대단히 크다. 그는 어떤 인물이었던 걸까. 오늘날 이승만에 대한 평가는 크게 엇갈린다. 비판자들은 이승만을 통일을 저해하고 민주주의를 압살한 인물로 파악하는 반면, 옹호자들은 독립과 번영의 기초를 다진 인물로 평가한다.

지난 100년 우리 현대사에서 이승만의 활동은 독립운동과 정부 수립, 그리고 제1공화국에 걸쳐 있다. 이승만 생애의 끝에는 4월혁명이 위치한다. 1960년 4월혁명으로 그는 대통령 자리에서 물러나 하와이로 망명했다. 역사학자 서중석은 당시 상황을 다음과 같이 기술한다.

"이승만 정부는 처음부터 반공을 내세워 비판세력을 탄압했고, 사상과 양심의 자유를 억압했으며, 끝내는 2차에 걸친 마산의 거를 배후에 공산당이 있는 것으로 몰고 가려고 했다. 4월혁명은 (…) 모든 퇴영적인 것, 또 침체되고 암울했던 1950년대로부터 벗어나려는 운동이기도 했다. 4월혁명으로 한국인은 (…) 일종의 정신혁명을 가졌다."

이승만의 삶과 독립운동

이승만은 1875년 황해도 평산에서 태어났다. 역사학자 정병준은 이승만의 생애를 여섯 시기로 구분한 바 있다. 첫 번째 시기가 세 살 때 서울로 이사와 전통적 유학 교육을 받은 때였다면, 두 번째 시기는 1894년 배재학당에 입학해 근대 학문을 배우고 독립운동에 투신한 때였다. 그는 서재필이 주도한 독립협회에 참여해 강연과 신문 논설로 자신의 존재를 알렸다. 1899년에는 고종 폐위 음모에 가담했다는 혐의로 체포돼 5년 7개월의 감옥 생활을 했다. 1910년 미국에서 출간한 《독립정신》을 이때 집필했다.

세 번째 시기는 미국에서 공부한 때였다. 1910년 그는 프린스턴대학에서 박사학위를 받았다. 학위논문은 〈미국의 영향을 받은 중립(Neutrality as Influenced by the United States)〉이었고, 프린스턴대학출판부에서 출간됐다. 학위를 마치고 돌아와 그는 기독교청년회(YMCA)에서 사회 활동을 벌였다. 네 번째 시기는 1912년 하와이에 망명한 후 미국에서 독립운동을 전개한 때였다. 그는 1919년 수립된 대한민국 임시정부에서 대통령을 맡았고, 임시정부 승인과 대한민국 독립을 위한 외교 활동을 벌였다. 1945년 광복과 함께 그는 고국으로 돌아왔다.

이승만은 여러 저작을 남겼다. 앞서 말한 《독립정신》, 《미국의 영향을 받은 중립》 외에 《한국 교회 핍박》(1913), 《일본 내막기(Japan Inside Out)》(1941) 등이 있었고, 《청일전기》(1917)라는 번역서도 있었다. 그는 젊은 시절부터 한문과 영어에 동시에 능했다. 그가 만든 《신영한사전》(1904)이 있었고, 한시들은 《체역집》(1961)이란 제목으로 묶여 나왔다.

《독립정신》은 이승만이 옥중에서 쓴 52편의 논설을 모은 저작이다. "책의 강령을 자세히 살펴보면 맥락이 서로 연결되어 있는데, 모두 다 '독립'이란 두 글자를 주지(主旨)로 삼고 있다"라고 쓴 서문에서 볼 수 있듯, 이 책은 문명·정치·외교를 포괄하는 그의 독립 사상을 전달하는 저작이다.

정치학자 김용직은 《독립정신》이 갖는 의의를 다음과 같이 평가한다. "《독립정신》은 자유주의와 민족주의 계열의 개화사상에 입각하여 당시 대한제국의 정치외교적 문제를 총정리한 대작이라고 할 수 있다. 이 책에서 이승만의 사상은 민권론에 기반한 구국론을 잘 전개하고 있다." 대한민국 임시정부 초대 대통령을 맡을 만큼 일제강점기 초기 독립운동에서 이승만이 안창호와 함께 가장 영향력이 있는 인물이었던 것은 분명하다.

이승만과 제1공화국

이승만의 생애에서 다섯 번째 시기는 광복 직후 귀국해 활동한 때였다. 좌우파 사이에, 우파들 사이에 치열한 경쟁이 진행됐던 당시 그는 남한 단독 정부 수립을 모색해 1948년 8월 15일 출범한 대한민국 정부에서 초대 대통령을 맡았다. 마지막 여섯 번째 시기는 그 이후 제1공화국 시대였다. 그는 한국전쟁을 치렀고 전후에는 민주주의를 억압해 일인 독재체제를 구축했다. 4월혁명으로 그의 시대는 마감했고, 1965년 망명지 하와이에서 세상을 떠났다.

이 짧은 글에서 이승만의 삶과 정치를 모두 평가하기는 어렵다. 앞서 말했듯 긍정적 평가와 부정적 평가가 극단적으로 교차하기 때문이다. 역사학자 유영익은 말한다. "이 대통령은 1948년부터 1960년까지 12년간 집권하면서 자신이 해방 전부터 오랫동안 준비했던 건국 구상에 따라 정치, 외교, 군사, 경제, 교육, 사회 및 문화 등 국정 전반에 걸쳐 실로 괄목할 만한 업적을 달성했으며 (…)

대한민국 '건국' 대통령이 된 다음 맡은 바 소임을 다하려 노력했음을 보여주었다."

독립기념관장을 지낸 김삼웅은 말한다. "분명한 것은 이승만은 민주주의를 짓밟았고 시장경제를 살리지도 못했다는 사실이다. (…) 원조물자는 소수의 권력자와 기업인들의 배만 불렸다. (…) 자신의 권력독점을 위해서는 몇 차례나 헌법을 헌신짝 버리듯 바꾸고, 각급 선거를 경찰·관권을 동원하여 조작했다. 헌법은 이승만 장기집권의 장식물이 되고, 선거는 3·15부정선거가 말해주듯 선거라는 이름의 협잡이었다."

이승만이 이끈 제1공화국에 그늘만 있었던 것은 아니었다. 정부 수립, 농지개혁, 한미상호방위조약 등은 성과로 평가받을 수 있다. 그러나 동시에 그의 실정은 결코 적지 않았고, 무엇보다 반공과 독재를 통해 민주주의를 후퇴시킨 것은 비판받아 마땅하다. 그의 최후와 사후 평가가 초라한 까닭은 여기에 있었다.

"이승만은 (…) 독립운동 당시부터 그 자신을 최고 정점으로 한 정치운동에만 관심을 기울였다. (…) 해방 후 귀환한 뒤에도 그 자신을 중심으로 한 정당 통합운동을 펼쳤으며, 자신이 최고 정점에 서지 않을 어떠한 국가 건설의 대안도 받아들이지 않았다. (…) 정치체제의 건설에서 그에게 중요한 것은 정치 이념과 제도의 원칙보다는 그의 '국부적인' 존재의 확인이었다."

이승만에 대한 정치학자 김영명의 평가다. 제1공화국은 1인 지배의 권위주의 정치체제였다. 민주주의를 추구했던 독립운동가가 바로 그 민주주의를 억압하는 독재정치가로 삶을 마감하게 된 것은 우리 현대사의 한 비극이었다고 볼 수 있다.

민주공화국의 미래

이승만의 집권 시대를 제1공화국이라 부른다. 대한민국이 민주공화국임을 최초로 선포한 것은 1919년 대한민국 임시정부 수립에서였다. 현재 헌법의 제1조 1항은 대한민국이 민주공화국임을 천명하고 있다. 그리고 2항은 대한민국의 주권이 국민에게 있고 모든 권력은 국민으로부터 나온다고 규정하고 있다.

"민주주의를 전적으로 믿어야 될 것입니다. (…) 역사의 거울이 우리에게 비추어 보이는 이때에 우리가 민주주의를 채용하기로 30년 전부터 결정하고 실행하여 온 것을 또 간단없이 실천해야 될 것입니다."

1948년 8월 15일 이승만이 대통령에 취임하면서 연설한 정부 수립 기념식사의 한 구절이다. 민주주의는 지난 100년 우리 현대사를 이끌어온 마스터 프레임이자 가장 중요한 시대정신이었다.

"아름다운 강산에 아름다운 나라를, / 아름다운 나라에 아름다운 겨레를, / 아름다운 겨레에 아름다운 삶을 / 위해, / 우리들이 이루려는 민주공화국. (…) 우리는 아직 / 우리들의 피 깃발을 내릴 수가 없다. / 우리들의 피 외침을 멈출 수가 없다. / 우리들의 피 불길, / 우리들의 전진을 멈출 수가 없다. // 혁명이여!"

청록파 시인 박두진이 4월혁명을 기린 시 〈우리의 깃발을 내

린 것이 아니다〉의 한 구절이다. 지난 100년 동안 그랬듯이, 국민
이 주인이고 더불어 살아가는 민주공화국은 새로운 미래 100년
에서도 의당 제1의 가치가 돼야 한다고 나는 생각한다.

32. 박정희:
《국가와 혁명과 나》와 보수의 미래

우리 현대사에서 국민 다수에게 가장 큰 관심을 모은 정치가는 박정희와 노무현일 것이다. 박정희와 노무현을 주목하는 까닭은 그들의 시대정신에 있다.

광복 이후 우리 사회를 이끌어온 두 시대정신은 산업화와 민주화였다. 일제 식민지에서 해방된 우리 사회에 부여된 가장 중요한 시대적 과제는 '나라 만들기'였다. 이 나라 만들기의 일차적인 목표는 경제적 산업화와 정치적 민주화였다. 박정희가 산업화의 상징이었다면, 노무현은 민주화의 상징이었다.

박정희와 그의 시대를 어떻게 볼 것인가는 광복 이후 우리 현대사를 다루는 인문·사회과학에서 가장 중요한 주제 중 하나였다. 그동안 학술 토론을 비롯해 개인 회고, 정치 비사, 소설화 또는 영화화 등에 이르기까지 다양하게 조명돼왔다. 박정희 개인에 대한 평가 역시 '민족의 영웅'에서 '독재의 원조'에 이르기까지 다각도로 이뤄져왔다. 이러한 풍경은 '개인적 존재'로서의 박정희는 1979년에 사망했으나 '역사적 존재'로서의 박정희는 우리 사회에 여전히 살아 있음을 보여준다.

조국 근대화의 시대정신

박정희는 1917년 경북 선산에서 태어났다. 대구사범학교를 졸업하고 잠시 교사의 길을 걸은 다음 만주군관학교와 일본 육군사관학교를 졸업하고 일본 군인이 됐다. 광복 후 그는 육군사관학교의 전신인 조선경비사관학교를 졸업해 다시 군인이 됐고, 1961년 5·16쿠데타를 감행해 우리 사회의 전면에 등장했다.

박정희를 위시한 쿠데타 주역들은 5·16을 '군사혁명'이라 불렀다. 하지만 지배계급 내의 일부 세력이 무력 등 비합법적 수단으로 정권을 기습적으로 탈취하는 정치활동이 쿠데타라면, 5·16은 명백히 쿠데타다. 문제는 쿠데타가 낳은 결과였다. 쿠데타에 성공한 박정희는 1963년 대통령에 당선됐고, 강력한 국가 주도 산업화를 추진했다.

박정희 시대는 우리나라 현대성에서 일대 전환기였다. 구체적으로 1960년에 64퍼센트였던 농어민이 1980년에는 31퍼센트로 감소했다. 또 중화학공업화가 진행된 1970년대에는 2차 산업이 1차 산업을 능가했고 중공업이 경공업의 비중을 추월하는 서구형 산업구조를 갖췄다.

생활수준 및 양식 역시 크게 변화했다. 1961년 87달러에 불과했던 1인당 국민총생산(GNP)이 1979년에는 1,597달러로 증가해 절대빈곤에서 벗어났다. 이와 더불어 아파트와 텔레비전으로 대표되는 도시적 생활양식이 보급됐고, 할리우드 영화와 팝뮤직으로 대표되는 미국 대중문화가 유행했다.

박정희가 남긴 글들은 2017년 박정희 탄생 100돌 기념사업 추진위원회가 편집해 도서출판 기파랑에서 《박정희 전집》으로 출간됐다. 이 가운데 내가 주목하려는 책은 《국가와 혁명과 나》다. 이 저작은 1963년 당시 박정희 국가재건최고회의 의장의 초고를 박상길이 정리한 것이다. 공화당 대통령 후보로 나서기 직전에 쓰인 만큼 그의 정치철학과 시대정신을 선명하게 담고 있다. 5·16 쿠데타를 박정희는 다음과 같이 규정한다.

"이 혁명은 정신적으로 주체의식의 확립혁명이며, 사회적으로 근대화혁명이요, 경제적으로는 산업혁명인 동시에, 민족의 중흥 창업혁명이며, 국가의 재건혁명이자 인간개조, 즉 국민 개혁혁명인 것이다."

이러한 혁명 이념의 연장선상에 조국 근대화 전략이 놓여 있었다. 박정희는 가난이 자신의 스승이자 은인이라고 말한다. 이 가난을 벗어나기 위해 그는 자립경제를 위한 산업화를 강조한다. 자립경제 건설은 "혁명을 통한 민족국가의 일대 개혁과 중흥 창업의 성패 여부를 판가름하는 문제의 전부이며, 그 관건"임을 주장한다. 자립경제에 대한 그의 열망은 19년이라는 짧은 시간에 고도 경제성장을 이루는 경이로운 결과를 가져왔다.

주목할 것은 이 책에서 박정희가 자신의 이념의 하나로 민족주의를 표방한다는 점이다. 그는 쑨원의 중국, 메이지유신의 일본, 케말 파샤의 터키, 가말 압델 나세르의 이집트 등의 민족주의를 주목하고 비교한다. '퇴폐한 민족 도의와 국민 정기를 바로잡기 위하여 청신한 기풍을 진작한다'는 5·16쿠데타의 공약은 박정희가 지향한 민족주의를 엿볼 수 있게 한다.

《국가와 혁명과 나》에서 제시된 조국 근대화의 열망은 가파른 경제성장을 낳았지만, 유신체제의 등장과 함께 그 정치적 정당성이 고갈되기 시작했다. 1978년 10대 총선에서 야당 신민당이 전체 득표율에서 여당 공화당에 1.1퍼센트 앞선 것은 대표적인 증거였다. 1979년 10월 26일 박정희는 중앙정보부장 김재규의 총격에 의해 돌연 이승을 떠났다.

박정희 시대의 명암

박정희 시대는 흔히 '발전국가' 또는 '개발독재' 시기로 불린다. 개발독재란 경제적 개발과 정치적 독재가 결합돼 있는 체제를 말한다.

현재의 시점에서 이러한 개발독재를 어떻게 봐야 할까. 발전사회학의 관점에서 개발독재의 핵심적 쟁점은 경제적 산업화와 정치적 권위주의 간 관계의 문제다. 이는 권위주의가 경제성장에 효율적이라고 해서 민주주의를 유보하고 개발독재를 선택해야 하는가, 경제성장과 사회 안정이 인권과 정치적 자유보다 중요한 것인가의 질문이다.

1960년대 당대의 시선에서 보면 박정희식 발전 모델은 상당한 지지를 얻고 있었다. 한국전쟁에 대한 생생한 기억은 사회 안정에 대한 희망을, 보릿고개의 암울한 현실은 경제성장에 대한 열망을 낳았다. 이러한 희망과 열망은 위로부터의 국가적 동원을 통한 산업화에 유리한 토양을 제공했다.

　　문제는 경제성장에 성공했다고 해서 박정희식 발전 모델이 정당화되는 것은 아니라는 점이다. 중요한 것은 박정희식 발전 모델이 경제성장과 민주주의를 결합하는 데 과연 얼마나 노력을 기울였는지에 있다. 1969년 3선 개헌에서 1972년 10월 유신에 이르는 절차적 민주주의에 대한 부정, 특히 유신체제의 암울한 독재는 박정희 시대가 얼마나 비민주적이었고 반인권적이었는지를 여실히 증거했다.

　　요컨대, 박정희 시대는 현대성의 명암이 뚜렷한 시대였다. 경제성장을 통해 우리 사회를 농업사회에서 공업사회로 변화시킨 산업화 시대였지만, 동시에 정경유착이 이뤄지고 인권탄압이 가해진 권위주의 시대였다.

　　박정희 자신 또한 그 명암이 분명한 정치가였다. 그는 쿠데타로 권력을 장악했고, 민주주의를 훼손했고, 1인 지배의 유신체제를 만든 독재자였다. 그러나 동시에 본격적인 산업화를 모색했고, 중화학공업화를 추진했고, 의료보험을 포함한 복지국가 기틀을 마련한 지도자였다. 이러한 두 얼굴을 가진 박정희였기에 어떤 이들은 그와 그의 시대를 열렬히 옹호해온 반면 다른 이들은 완강히 부정해왔다.

보수의 미래

박정희와 그의 시대는 1980년대 이후 우리나라 보수 세력에게 결정적 영향을 미쳤다. 우리나라 보수를 지탱하던 핵심 이념은 이른바 '박정희주의'였다.

박정희주의는 경제성장이란 목표를 위해선 인권을 포함한 민주주의를 유보할 수 있다는 게 핵심을 이뤘다. 결과를 위해선 과정은 무시해도 좋다는 성장만능주의가 '시장 보수'로 거듭났다면, 국가를 위해선 인권은 무시해도 좋다는 반공권위주의가 '안보 보수'로 나타났다. 박정희주의의 두 적자인 안보 보수와 시장 보수의 전략적 공존이 우리 사회 보수가 가진 힘의 원천이었다.

이 박정희주의는 이제 역사적 종언을 고하고 있다. 2017년 박근혜 대통령의 탄핵은 그 상징적 사건이었다. 공익과 사익을 구별하지 않는 약탈적 경제 운영에 대한 거부, 국가정보원 등에 의한 두려움의 동원을 핵심으로 하는 권위적 통치 방식에 대한 거부, 차이와 다양성을 인정하지 않는 획일적 사회·문화에 대한 거부는 박정희주의가 더 이상 지속가능하지 않다는 것을 분명하게 보여 줬다.

박정희주의는 지나간 시대의 보수적 가치일 뿐이다. 지나간 것은 지나간 것이다. 우리 사회 보수 세력이 새롭게 거듭나기 위해선 박정희주의를 넘어서는 정치철학을 일궈야 한다. 이를 위해 보수는 고전적인 디즈레일리의 '한 국민 국가'에서 최근 캐머런의 '따뜻한 자본주의'와 메르켈의 '탈이념적 포용주의'까지의 서구 보수로부터 비전 및 정책을 배워야 한다. 21세기 정보혁명 시대에 걸맞게 공동체·사회통합·점진주의와 같은 보수 본래의 가치를 새롭게 재구성하고 정립하는 것은 보수의 미래에 부여된 가장 중요한 과제라고 나는 생각한다.

민주주의를 위한 나의 투쟁

김영삼
대통령 회고록 (상)

조선일보사

33. 김영삼:
《김영삼 대통령 회고록》과 정치가의 미래 ①

 정치학은 법학과 함께 가장 오래된 사회과학이다. 인류가 모여 살기 시작하면서 공동체의 의사결정을 다루는 정치적 상상력과 문법은 공동체의 유지를 위한 일차적인 조건을 이뤄왔다. 공자와 플라톤의 사상에서 볼 수 있듯 정치에 대한 담론이 아주 오랜 역사를 갖는 까닭이 여기에 있다.

 이런 정치를 직업으로 삼는 이가 정치가다. 어느 사회이든 정치가 중요하듯 정치가 역시 큰 영향을 미친다. 우리 현대사에서 가장 주목할 정치가들 가운데 한 사람이 김영삼이다. 그는 평생 경쟁자였던 김대중만큼 파란만장한 삶을 살았다. 1960~1970년대에는 박정희에 맞섰고, 1980년대에는 군부독재에 저항한 민주화 세력의 정치적 구심을 이뤘으며, 1992년에는 대통령에 당선돼 '김영삼 시대'를 열었다. 사회적 측면에서 민주화 시대는 1987년 6월 항쟁을 통해 시작됐지만, 정치적 측면에서 민주화 시대는 김영삼 시대에 본격화됐다.

김영삼 시대는 명암이 아주 뚜렷한 시대였다. 한편에선 금융실명제 실시에서 볼 수 있듯 거침없는 개혁이 진행됐던 반면, 다른 한편에선 외환위기에서 볼 수 있듯 그늘 또한 짙었다. 김영삼 시대를 어떻게 평가하든 김영삼은 이승만, 박정희, 김대중과 더불어 광복 이후 우리 사회를 대표하는 정치가였다. 그의 삶과 정치를 돌아보는 까닭이 여기에 있다.

김영삼의 삶과 정치

김영삼은 1927년 경남 거제에서 태어났다. 서울대 철학과를 졸업한 다음 정치에 입문했다. 1954년 스물여섯의 나이에 제3대 국회의원에 당선됐고, 제14대까지 아홉 번 국회의원을 지냈다. 그가 정치인으로서의 존재감을 드러낸 것은 1963년 군정 연장 반대 데모로 서대문형무소에 수감된 사건을 통해서였다. 1969년에는 3선 개헌 반대투쟁을 벌이다가 초산 테러를 당하기도 했다.

김영삼은 1970년 '40대 기수론'을 주창하며 신민당 대통령후보 지명전에 출마함으로써 국민들에게 널리 알려지게 됐다. 경쟁자 김대중에게 패배했지만 그는 광복 이후 제2세대 정치가들의 앞자리에 섰다. 1970년대 유신독재 아래서 신민당 총재를 맡았고, 1979년 뉴욕타임스 회견을 빌미로 국회의원직에서 제명되기도 했다.

1980년대 김영삼은 김대중과 함께 민주화 세력을 대표하는 정치가로 부상했다. 두 차례의 가택연금을 당했고, 군부독재에 맞서 민주화를 요구하는 23일간의 단식투쟁을 벌였다. 민주화추진협의회를 발족시켜 공동의장을 맡았으며, 1985년 신한민주당을 창당해 총선 돌풍을 이끌었다. 1987년에는 통일민주당을 창당해 6월항쟁의 한 축을 담당함으로써 민주화 시대를 여는 데 기여했다.

민주화 시대 이후 김영삼의 삶과 정치는 드라마틱했다. 1987년 대통령선거에 출마했지만 노태우에 이어 2위를 차지했다. 당시 김대중과의 후보단일화를 둘러싼 논란은 이후 민주화 세력의 분화에 중대한 영향을 미쳤다.

정치적 승부사로서 김영삼이 자신의 존재감을 선명히 드러낸 것은 1990년 민정당·공화당과의 합당을 통해 민주자유당을 출범시킨 3당 합당을 통해서였다. 민주 개혁을 표방하던 민주당이 보수정당들과 통합한 것은 충격적이었다. 정치의 역동성과 민주당의 중도보수적 개혁성을 주목할 때 3당 합당은 실현 가능한 보수대연합이었지만, 동시에 민주화운동에서의 그의 역할을 돌아볼 때 민주화 세력에겐 작지 않은 충격을 안겼다.

김영삼이 겨냥한 것은 국가권력 쟁취였다. 그는 1992년 민자당 대통령후보로 선출됐고, 대통령선거에서 김대중과 정주영을 꺾고 제14대 대통령에 당선됐다. 군사정부와는 다른 '문민정부'를 표방한 김영삼정부는 이렇게 출범했다.

김영삼 시대의 명암

《김영삼 대통령 회고록》은 2001년 김영삼이 출간한 회고록이다. 두 권으로 이뤄진 이 책은 김영삼정부의 집권 기간인 1993년부터 1998년까지의 국정을 다룬다. 자신의 국정을 스스로 돌아본다는 점에서 주관적인 기록이지만, 김영삼정부 5년의 진행 과정을 생생히 증거하는 저작이다.

김영삼정부의 역사적 위상은 세 가지로 평가할 수 있다. 노태우정부를 이은 민주화 시대의 두 번째 정부였고, 민주화 세력이 집권한 첫 번째 정부였으며, 그 빛과 그늘이 선명한 정부였다. 노태우정부에서 박근혜정부까지 민주화 시대에 집권한 정부들 가운데 김영삼정부는 집권 초반에 가장 높은 지지를 받았다. 그러나 시간이 흐르면서 지지는 크게 감소했고, 외환위기로 결국 쓸쓸하게 퇴장했다.

김영삼정부의 주요 성취는 세 가지였다. 경제적 측면에선 금융실명제 실시와 경제개발협력기구(OECD) 가입이 꼽혔고, 정치적 측면에선 군부의 권력 개입 차단과 정치관계법 실시가 주목됐다. 역사·사회적 측면에서는 '역사 바로 세우기'가 국민적 관심과 지지를 얻었다.

"금융실명거래의 정착 없이는 이 땅의 진정한 분배정의를 구현할 수가 없습니다. 우리 사회의 도덕성을 확립할 수가 없습니다. 금융실명제 없이는 건강한 민주주의도, 활력이 넘치는 자본주의도 꽃피울 수가 없습니다."

1993년 8월 대통령 김영삼이 발표한 금융실명제 실시 특별담화문이다. 금융실명제는 김영삼정부 제1의 경제 업적이었다. 부작용이 없진 않았지만 투명한 시장경제를 구축하는 데 크게 기여했다. 김영삼정부는 금융실명제에 더해 부동산실명제를 실시했다.

김영삼정부의 주요 한계로는 두 가지를 지적할 수 있다. 경제적 측면에서 외환위기가 그 하나였다면, 정치·사회적 측면에서 측근의 부정부패가 다른 하나였다. 1994년부터 김영삼정부는 시련에 직면했다. 아시아나 항공기 추락사건, 서해 페리호 침몰사건, 성수대교 붕괴사건, 삼풍백화점 붕괴사건 등 대형 재난 사고가 잇달아 발생함으로써 정부의 정당성은 서서히 약화됐다.

김영삼정부의 최대 시련은 1997년 외환위기였다. 외환위기는 동아시아 경제위기라는 외적 요인과 자본시장의 과도한 개방이라는 내적 요인이 중첩돼 발생했다. 무리한 자금 차입과 그에 따른 국제수지 불균형이 금융위기를 낳고, 여기에 유동성 부족이 결합돼 한국 경제가 부도사태를 맞이함으로써 우리 사회는 커다란 위기에 빠졌다. 이런 일련의 과정에서 김영삼정부는 무능을 드러내 정당성을 크게 상실할 수밖에 없었다. 우리 정치가 갖는 '열광과 환멸의 사이클'을 김영삼정부는 극적으로 보여줬다.

이 외환위기는 6월항쟁 못지않게 이후 우리 사회 변화에 큰 영향을 미쳤다. 두꺼운 중산층이 감소하고 사회 양극화가 증가하기 시작했다. 거시적으로 '발전국가' 모델이 종언을 고하면서 우리 사회는 신자유주의의 영향력이 더욱 커진 '포스트 발전국가' 모델로 나아갔다.

정치가의 미래 ①

그의 삶 전체를 통틀어볼 때 김영삼은 우리 현대사에서 만나게되는 대표적인 민주주의 정치가였다. 군부독재와 맞서 싸운 민주주의자 김영삼의 삶은 높은 평가를 받을 만했다. 하지만 그가 갖는 또 하나의 정체성이었던 정치가 김영삼의 삶은 그 마지막에서 아쉬웠고 비판받을 수밖에 없었다. 최고 의사결정권자로서 외환위기를 막지 못한 것은 그의 책임이었기 때문이다.

"26세에 국회의원이 된 이래 45년 동안, 영광의 시간은 짧았지만 고통과 고뇌의 시간은 길었습니다."《김영삼 대통령 회고록》마지막에서 그가 전한 말이다. 그는 모두가 개혁을 원했지만 개혁은 혁명보다 더 어려운 일이었고, 자신의 부족과 부덕에 대해 반추한다고 안타깝게 술회한다. 2015년 김영삼은 세상을 떠났다.

김영삼의 정치적 리더십을 이루는 세 요소는 자유주의, 민주주의, 계몽주의였다. 그는 자유주의자였고 민주주의자였다. 또 그는 국가와 시민사회 위에 존재하는 서구의 계몽군주와 유사한 리더십을 발휘했다. 이 계몽군주적 리더십은 권위주의 경향을 갖는다는 점에서 자유주의·민주주의 리더십과 상충한다. 이런 유형의 리더십은 김영삼은 물론 김대중도 공유하던 것이었다. 김영삼 리더십의 한계는 그 자신의 한계였지만, 동시에 민주화 세력의 리더십의 한계이기도 했던 것으로 보인다.

정치가 제대로 작동하기 위해선 정치가의 리더십과 시민들의 팔로어십이 적절히 결합해야 한다. 민주주의가 올바로 운영되기 위해선 대의민주주의와 참여민주주의가 생산적으로 결합해야 하는 것과 같은 이치다. 정치 리더십은 공동체의 운명을 결정짓는 중요한 사항이다. 민주적·참여적·생산적 정치 리더십을 어떻게 정착시킬 것인가는 미래 100년의 우리 사회와 국가 발전에서 매우 중대한 요소라고 나는 생각한다.

김대중
자서전

삼인

34. 김대중:
《김대중 자서전》과 정치가의 미래 ②

지식사회와 정치사회는 뗄 수 없는 관계를 갖는다. 특히 정치, 경제, 사회를 다루는 사회과학과 국가의 최종 의사결정을 담당하는 정부, 의회는 긴밀히 영향을 주고받을 수밖에 없다. 어느 나라든 지식인들은 정치가들에게, 동시에 정치가들은 지식인들에게 작지 않은 영향력을 행사하기 때문이다.

광복 이후 우리나라 지식사회에 가장 큰 영향을 미친 정치가들로는 이승만, 김구, 여운형, 박헌영, 박정희, 김영삼, 김대중, 그리고 노무현을 꼽을 수 있을 것이다. 이제 김대중을 살펴보려고 한다.

김대중은 흔히 박정희의 라이벌로 지목된다. 1971년 대통령선거에서 박정희와 겨뤘고 이후 유신체제에 맞서 투쟁했다. 또 김대중은 김영삼과 함께 민주화의 상징을 이뤘다. 1970년대부터 두 정치가는 때로는 경쟁하고 때로는 연대했다. 김대중은 김영삼에 이어 1997년 대선에서 당선됐다.

김대중이 대통령으로 재임한 5년의 김대중 시대는 19년 재임한 박정희 시대와 비교할 때 상대적으로 짧았다. 그러나 그는 외환위기 극복을 위시해 작지 않은 업적을 남겼다. 광복 이후 경제 구조에 주목할 때 우리 사회에 지대한 영향을 미친 것은 '61년 체제'와 '97년 체제'였다. 97년 체제가 지속되는 현재, 김대중 시대가 미친 다각적인 영향은 여전히 계속되고 있는 셈이다.

김대중의 삶과 정치

김대중은 1924년 전남 신안에서 태어났다. 식민지 시대에 목포 상고를 졸업한 다음 청년사업가로 활동했다. 1945년 광복 직후에는 여운형이 이끄는 건국준비위원회에 참여했다. 1950년대 중반까지 해운업에 종사했고, 1954년 민의원 선거에 목포에서 무소속으로 출마했지만 낙선했다.

이후 김대중은 《사상계》에 〈한국 노동운동의 진로〉를 발표했고, 민주당에 입당해 정치가의 길을 걸었다. 1961년 강원도 인제에서 민의원 보궐선거로 출마해 당선됐지만, 5·16쿠데타로 국회의원 선서조차 하지 못했다. 민주당 재건에 참여하면서 1963년 총선에 목포에서 출마해 당선됐다. 1967년 총선에서 다시 당선됐고, 1970년 신민당 대통령후보로 선출됐다.

1971년 대선은 김대중의 정치 인생에서 첫 번째 분수령이었다.

그는 대통령 후보 기자회견에서 '한반도 평화정착을 위한 미·소·중·일 4대국 보장, 비정치적 남북 교류 허용, 평화통일론, 예비군 폐지' 등을 제시해 선거를 뜨겁게 달궜다. 46퍼센트를 득표함으로써 선전했지만 낙선했다. 1971년 총선에서 다시 당선됐고, 유신 선포 후에는 일본에서 망명생활을 시작했다.

1970년대부터 1987년까지 김대중은 시련과 저항의 나날을 보냈다. 1973년 도쿄 납치 살해 미수 사건이 일어난 후 정치 활동을 금지당하고 옥고를 치렀다. 1979년 박정희가 세상을 떠난 후 정치 활동을 재개했지만, 1980년 내란 음모 사건으로 다시 수감됐고, 1982년 신병 치료 차 미국으로 출국했다. 두 번째 망명 생활이었다. 이런 시련 속에서도 그는 군사정부에 당당히 맞서 저항했다.

1987년 6월항쟁을 통해 민주화 시대가 열린 다음 12월에 치러진 대선에 김대중은 출마했다. 그의 정치 인생에서 두 번째 분수령이었다. 그는 낙선했다. 하지만 그가 이끄는 평화민주당이 1988년 총선에서 제1야당으로 부상하면서 그는 재기했다. 1992년 대선에서 세 번째 고배를 들었던 그는 1997년 대선에서 김종필 자민련 총재와 후보 단일화를 이뤄 제15대 대통령에 당선됐다. 그의 정치 인생에서 세 번째 분수령이었다.

김대중 시대, 어떻게 볼 것인가

김대중의 삶과 정치를 가장 잘 살펴볼 수 있는 저작은 《김대중 자서전》이다. 이 책은 2010년 2권으로 나왔다. 김대중의 구술을 바탕으로 그의 저작물과 각종 자료를 참고로 해 김택근이 집필했다.

물론 본인이 원고를 직접 고쳤고, 세상을 떠난 후 부인인 이희호가 원고를 최종 검토했다.

김대중이 집권했던 김대중 시대를 어떻게 평가할 수 있을까. 김대중은 자신의 정부를 '국민의정부'라 명명했다. 그의 국정철학은 국민의정부가 국정이념으로 내세운 '시장경제와 민주주의의 병행발전'에 집약돼 있었다. 그리고 그의 방법론은 '서생적 문제 의식과 상인적 현실 감각'으로 요약할 수 있었다. 이론과 현실을 적절히 결합하려는 '규범적 현실주의'가 김대중의 일관된 정치철학이었다고 볼 수 있다.

김대중 시대는 '고난의 시대'였다. 개발 시대의 종언을 가져온 1997년 외환위기를 극복해야 하는 과제를 안고 있었다. 동시에 김대중 시대는 '역설의 시대'였다. 신자유주의가 절정을 이룬 세계사적 구속 아래 민주주의 가치를 지켜내고 확장해야 하는 과제 또한 안고 있었다.

이러한 조건 아래 김대중정부는 최선의 정치를 모색했고 추진했다. 그 결과가 4대부문 구조조정, 국민기초생활보장법 제정, 국가인권위원회 설치, 의약분업 실시, 그리고 남북정상회담 개최 등으로 현실화됐다.

김대중정부라고 해서 그늘이 없던 것은 아니었다. 김대중 시대를 통해 우리 사회에선 97년 체제가 정착됐다. 한편에선 신자유주의 구조조정을 통해 외환위기를 극복했지만, 다른 한편에선 그 신자유주의 경제 정책으로 인해 사회 양극화가 구조화되기 시작했다. 또 집권 말기에 일어났던 일련의 비리 사건들은 적잖은 아쉬움을 갖게 했다.

전체적으로 볼 때, 김대중은 민주화 세력과 민주화 시대를 상징하는 지도자였다. 그는 민주화 투쟁의 중심을 이뤘고, 민주화 시대를 열었으며, 복지국가와 한반도 평화의 기초를 세웠다. 그는 '행동하는 양심'이었고, 역사가 결국 발전한다는 것을 자신의 삶으로써 증거했던 정치가였다.

《김대중 자서전》은 이러한 김대중의 삶과 정치가 펼친 드라마를 생생히 보여준다. 역사에서 비약은 없다. 우리나라가 이제 97년 체제를 넘어서 새로운 국가와 사회로 나아가야 한다면, 그 출발은 당연히 김대중 시대의 성취와 한계에 대한 성찰에서 시작해야 한다고 나는 생각한다.

정치가의 미래 ②

김대중의 일생을 돌아보면 정치란 무엇인가라는 질문을 던지게 된다. 정치란 한 사회의 자원과 가치 배분에 대한 최종 의사 결정을 함의한다. 인간들이 모여 사회를 이루며 살아가는 한, 그 사회 속에 내재한 다양한 가치와 이익을 조정하는 정치는 불가피한 것이다.

이런 정치를 직업으로 삼는 정치가에 대해 가장 날카로운 정의를 내린 이론가는 독일 사회학자 막스 베버다. 베버는 정치가란 '악마적 수단을 통해 천사적 목적을 실현하는 존재'라고 규정한 바 있다. 때로는 원칙으로, 때로는 타협으로 국민적 합의를 이끌어 내는 게 바로 정치가의 역할이다.

이러한 역할을 수행하기 위해 정치가가 갖춰야 할 미덕은, 베버를 다시 인용하면, '열정·책임감·균형감각'이다. 열정과 책임감의 다른 이름은 의지다. 의지가 목표로 삼는 것은 더 나은 국가와 사회로 변화시키겠다는 마음일 것이다.

　정치사회학을 공부해온 내게 우리나라 정치가들이 남긴 말들 가운데 가장 인상적이었던 것의 하나는 1997년 대선 텔레비전 토론에서 김대중 후보가 한 연설이다. 《김대중 자서전》에 나오는 그 내용은 다음과 같다.

　"불행히도 저는 세 번이나 도전했지만 실패했습니다. 국민이 저를 이때에 쓰시려고 뽑아주지 않은 것 같습니다. 저는 위기의 강을 건너는 다리가 되겠습니다. 모든 분들이 제 등을 타고 위기의 강을 건너십시오. 저는 다음에는 더 이상 기회가 없습니다. 두 분은 다음에도 기회가 있습니다. 저에게 꼭 한 번 기회를 주십시오."

　그에게 표를 던졌든 던지지 않았든, 이 호소는 정치가의 소명에 대해 많은 것을 생각하게 한다. 세 차례의 대선 도전에 실패했지만 결코 굴하지 않은 의지의 소유자였던 김대중에게 우리 현대사는 외환위기 극복이라는 과제를 안겼다. 그는 자신의 정치적 역량을 바탕으로 외환위기의 덫을 벗어나고 한반도 평화의 길을 열었다.

　과학기술 발전이 가속화되는 현재, 인류는 새로운 국가와 사회로 빠르게 이동하고 있다. 이러한 변동 속에서도 인류의 운명을 최종 결정하는 정치 및 정치가의 역할에 변함이 없으리라는 것은 분명하다. 열정, 책임감, 균형감각을 갖춘 정치가의 존재는 더 나은 사회로 나아가기 위한 필요조건이다. 새로운 대한민국 100년을 이끌어나갈 정치가를 기다리는 이가 결코 나만은 아닐 것이다.

진보의 미래

다음 세대를 위한 민주주의 교과서

노무현 지음

동녘

35. 노무현:
《진보의 미래》와 진보의 미래

    박정희 대통령이 광복 이후 보수를 대표한 정치가라면, 진보를 대표한 정치가는 누구일까. 많은 이들은 김대중 대통령과 노무현 대통령을 지목할 것이다. 김대중은 박정희의 정치적 라이벌이었다. 여기서는 김대중이 아니라 노무현을 다루려고 한다. 그 까닭은 더없이 극적이었던 노무현의 삶과 정치가 이른바 '386세대'를 포함한 젊은 세대에게 큰 영향을 미쳤다는 데 있다.

    2009년 노무현이 세상을 떠났을 때 나는 그를 추모하는 칼럼을 썼다. "노무현이란 이름은 복수로 존재했다. 정책 입안가로서 노무현, 인간적 정치가로서 노무현, 그리고 시대정신으로서 노무현이 있었다. 그의 급작스러운 서거는 우리로 하여금 인간적 정치가와 시대정신으로서 노무현을 새삼 일깨우게 했다." '인권변호사'

이자 '대통령'이자 '시대정신'이 노무현이라는 정치가의 정체성을 이뤄왔던 것으로 보인다.

2003년에서 2008년에 이르는 노무현 시대는 1987년 시작된 민주화 시대가 절정에 달했던 시기였다. 진보 세력은 2003년 노무현 정부를 출범시켰고, 2004년 총선에서도 승리했다. 하지만 시장과 공론장에선 보수 세력이 여전히 우위를 점하고 있었다. 정치적으로 다수였지만 사회적으론 소수였던 게 노무현정부가 마주한 시대적 조건이었다. 그만큼 노무현 시대에는 보수와 진보의 긴장이 내내 뜨거웠다.

노무현 시대의 회고

노무현은 1946년 경남 김해에서 태어났다. 부산상고를 졸업한 다음 1975년 사법시험에 합격해 대전지법 판사를 지냈다. 1978년 변호사를 개업하고 인권변호사로 민주화운동에 참여했다. 1987년 민주화 시대가 열리자 국회의원이 됐고, 김대중정부에서 해양수산부 장관을 맡았다. 노무현의 삶에서 극적인 전환은 2002년에 주어졌다. 그는 새천년민주당 대통령 후보가 됐고, 12월 제16대 대통령에 당선됐다.

대통령으로서 노무현이 추구한 것은 민주화의 진전과 심화였다. 이를 위해 노무현정부는 '국민과 함께하는 민주주의, 더불어 사는 균형발전사회, 평화와 번영의 동북아 시대'라는 3대 국정 목표를 내걸었다. 참여민주주의와 균형발전이 대내적 목표였다면, 한반도 평화와 동북아 번영은 대외적 목표였다.

구체적으로 노무현정부는 권력기관의 민주화와 시민사회와의 거버넌스를 모색해 대의민주주의와 참여민주주의의 생산적 결합을 추진했다. 또 행정수도 이전, 공공기관 이전 등의 과감한 균형발전 정책을 통해 중앙 대 지방, 지방 대 지방의 불균형을 해소하려 했다. 나아가, 김대중정부의 대북 포용정책을 계승하고 미국 중심 외교정책에서 동북아 중심 외교정책으로 전환하려 했다.

여기서 주목할 것은 노무현정부가 마주한 또 하나의 시대적 조건이다. 노무현 시대는 우리 사회에서 민주화와 세계화가 극적으로 교차하고, 이 둘이 집권 시기 내내 충돌하며 생긴 갈등을 대면해야 했던 시대였다. 세계사적으로 신자유주의 세계화를 지향하는 보수의 시대가 절정에 도달한 가운데 진보적 가치를 추구해야 했던 게 노무현정부가 놓인 시대적 운명이었다. 이런 구조적 조건을 극복하기 위해 노무현정부는 최선을 다했지만, 집권 당대에는 그렇게 높은 평가를 받지 못했다.

노무현의 시대정신

《진보의 미래》는 노무현이 대통령을 퇴임한 다음에 집필한 책이다. '다음 세대를 위한 민주주의 교과서'가 그 부제다. 이 책은 미완의 저작이다. 노무현은 2008년 10월 참모진과 가까운 학자들에게 진보주의 연구모임을 제안하고 비공개 연구 카페를 열었다. 여기에 자신의 생각과 구상을 올리고 이를 놓고 토론했다. 《진보의 미래》는 바로 이 내용을 담고 있다. 서문에서 노무현은 말한다.

"진보주의에 관한 책을 만들어 보자는 것입니다. (…) 미래의 역사는 진보주의가 제시하는 방향으로 가게 될 것입니다. 한국에서는 진보와 보수의 문제가 사회적 논쟁의 중심 자리를 차지해야 지역주의를 넘어설 수 있을 것입니다."

진보의 현재에 대한 진단과 그 미래에 대한 모색이 《진보의 미래》가 겨냥하는 목표다. 책의 차례를 보면 노무현의 고민을 엿볼 수 있다. 직접 작성한 원고로 이뤄진 제1부는 '국가의 역할을 고민하자', '보수의 시대, 진보의 시대', '보수의 주장, 진보의 주장', '진보란 무엇인가, 보수란 무엇인가', '세계는 진보의 시대로 가는가', '한국은 지금 몇 시인가'가 주요 내용을 이룬다. 이어지는 제2부는 제1부의 주제들을 생생한 육성으로 전달한다.

이 책은 노무현의 시대정신과 정치철학을 돌아보게 한다. 대통령이 되기 전 노무현이 소망한 것은 상식과 원칙이 통하는 사회였다. 그에 따르면, 격렬한 산업화를 지나오면서 비상식과 반칙이 우리 사회를 지배하는 원리가 됐고, 그 결과 사람이 사람으로 존중받지 못하고 반칙으로서의 특권이 횡행하는 사회가 됐다. 5년의 국정 경험은 상식과 원칙이 존중받기 위해선 무엇보다 국가의 역할이 중요하다는 점을 그로 하여금 깨닫게 했다. 그는 말한다.

"결국 국가의 역할에 관한 문제는 누가 어떻게 통치할 것인가하는 문제와 더불어 우리들의 구체적인 삶을 지배하는 문제이자 정치와 민주주의의 핵심적인 의제이다. (…) 성장과 분배, 감세와 복지를 둘러싼 논쟁, 민영화, 탈규제, 노동의 유연화, 개방, 작은 정부, 이런 논쟁이 정부의 역할에 관한 논쟁이다."

노무현이 제시하는 진보의 일차적 과제는 새로운 분배 및 재분배 정책의 수립에 있다. 신자유주의가 가져온 사회 양극화를 해소하기 위해 시장의 분배인 노동영역과 정부의 분배인 복지영역에 국가가 어떻게, 어디까지 개입할 것인가가 이 과제의 핵심을 이룬다. 요컨대, 노동시장정책과 복지정책의 재구성이 진보가 감당해야 할 시대적 과제라고 노무현은 주장한다.

시대정신이 한 사회가 지향해야 할 가치의 집약이라면, 노무현의 시대정신은 무엇일까. 그것은 '사람 사는 세상'이라고 나는 생각한다. 사람 사는 세상은 약육강식과 적자생존의 나라가 아닌 '함께 사는 사회'와 '더불어 사는 국가'를 추구한다. 함께, 그리고 더불어 사는 국가와 시민사회가 산업화와 민주화의 바탕 위에 우리 사회가 나아가야 할 미래라는 점을 노무현은 강조한다. 안타깝게도 이러한 소망을 이루지 못한 채 2009년 5월 그는 돌연 우리 곁을 떠났다.

진보의 미래

진보란 변화를 통해 더 나은 삶과 사회를 모색하려는 사상적·정치적 기획을 통칭한다. 서구사회에서 근대 이후 진보는 17~18세기의 계몽주의와 19세기의 마르크스주의로 대표됐고, 20세기에 들어와선 '자본주의 안 개혁'을 모색한 사회민주주의와 '자본주의 밖 혁명'을 추구한 국가사회주의로 분화되고 발전해왔다. 오늘날의 진보는 서유럽의 사회민주주의, 미국의 진보적 자유주의,

그리고 생태주의·페미니즘의 급진 민주주의 등 다양한 스펙트럼을 보여준다.

우리나라 진보의 역사는 담론과 정치의 두 측면에서 살펴볼 수 있다. 담론의 측면에서 진보는 1950년대에 냉전분단체제가 공고화되면서 사실상 불허됐다. 그러다 1970년대 이후 박현채의 《민족경제론》, 한완상의 《민중과 지식인》, 이효재의 《분단 시대의 사회학》 등을 통해 깨어나기 시작했고, 사회구성체 논쟁을 거치면서 학문적 시민권을 얻었다. 1980년대 이후 진보주의는 민족해방주의, 민중민주주의, 시민사회론 등으로 분화되면서 이론적 르네상스를 맞이했다.

1987년 민주화 시대가 열린 이후 현실 정치의 차원에서 진보에는 중도적 경향과 급진적 경향이 공존했다. 여기서 특히 주목할 것은 평화민주당에서 더불어민주당에 이르는 중도진보적 흐름의 변화였다. 이 흐름은 민주화 시대 초기에 중도적 경향이 두드러졌지만 21세기에 들어와선 점차 진보적 경향을 강화해왔다. 퇴임 후 노무현이 발표한 《진보의 미래》는 이러한 진보적 경향의 강화를 상징적으로 보여준다.

노무현정부 이후 진보는 두 차례 대선에서 보수에게 잇달아 패배했다. 그리고 박근혜 정부의 조기 퇴진에 따른 2017년 대선에서 승리했다. 21세기의 미래에서 진보에게 부여된 주요 과제는 세 가지다. 시장의 적절한 제어, 사회적 약자 보호, 개인적 자율과 공동체적 연대의 생산적 결합이다. 사회민주주의자인 영국 사회학자 앤서니 기든스가 강조하듯, 사회변동에 적극적으로 대응하는 정책의 부단한 혁신만이 진보의 가치를 지킬 수 있다. 이러한 혁신을 어떻게 이룰 것인지에 우리 사회 진보의 미래가 달려 있다고 나는 생각한다.

VII. 법, 정치, 경제

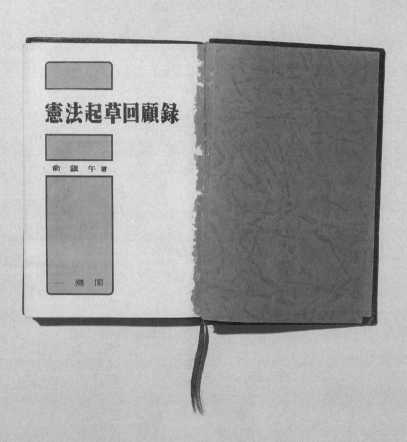

憲法起草回顧錄

俞鎭午著

一潮閣

36. 유진오:
《헌법기초회고록》과 헌법 정신의 미래

우리 지성사의 100년을 대표하는 문헌을 들라면 어떤 것을 꼽을 수 있을까.

나의 경우 〈3·1독립선언서〉(1919), 〈제헌헌법〉(1948), 김수영의 〈풀〉(1968), 장일순의《나락 한 알 속에 우주가 있다》(1991), 그리고 백낙청의《한반도식 통일, 현재진행형》(2006)을 들고 싶다. 이 문헌들에는 민족주의, 민주주의와 공화주의, 민중과 시민, 인간과 자연, 그리고 한반도 평화와 통일에 대한 깊은 고민과 성찰이 담겨 있다.

널리 알려졌듯 3·1독립선언서를 작성한 이는 최남선이며, 제헌헌법을 기초한 이는 유진오다. 이 두 지식인의 삶에는 빛과 그늘이 뚜렷하다. 지난 20세기 전반의 대표적인 천재들이었지만, 두 사람은 모두 친일파였다. 특히 유진오는 문제적 인물이었다. 지식인으로서의 그의 명성은 평생 하늘을 찔렀다. 그러나 동시에 친일파로서의 그의 활동은 그의 인생에 짙은 얼룩을 남겼다.

지식의 분화가 빠른 속도로 이뤄진 현대사회에서 인문학과 사회과학에서 두루 업적을 남긴 지식인은 서구사회에서도 찾기 쉽지 않다. 작가이자 철학자였던 장 폴 사르트르와 작가이자 기호학자였던 움베르토 에코가 있었지만, 두 사람 모두 인문학의 테두리에 머물러 있었다. 그런데 유진오는 〈김강사와 T교수〉를 쓴 작가이자 제헌헌법을 기초한 법학자로 기억되고 있다. 문학과 사회과학을 모두 아우른 그는 르네상스적 지식인이었다.

작가인 동시에 법학자

유진오는 1906년 서울에서 태어났다. 어릴 적부터 그는 당대를 대표하는 천재였다. 1924년 경성제국대학 예과에 수석으로 입학하고 1929년 법문학부를 수석으로 졸업했다. 일본 학생들과의 경쟁에서도 이겼으니 공부에서만큼은 타의 추종을 불허한 셈이었다.

대학 시절부터 유진오는 문학과 법학에서 모두 두각을 나타냈다. 먼저 문학에선 1927년 잡지 《조선지광》에 〈스리〉를 발표함으로써 소설가로 데뷔했다. 초기에 그는 이효석과 함께 '동반작가'로 활동했다. 동반작가란 조선프롤레타리아예술가동맹(KAPF)의

회원은 아니었으되 이들의 문학에 동조한 이들을 지칭한다. 1930년 대 중반 이후 그는 순수문학으로 기울어졌다. 단편소설 〈김강사 와 T교수〉(1935)와 〈창랑정기〉(1938)는 그의 대표작들이었다. 특 히 〈김강사와 T교수〉는 지식인들의 내면의식을 밀도 있게 그린 작품으로 주목됐다.

한편 법학에선 경성제대를 졸업한 후 법문학부 조수를 맡고 예과 강의를 담당했다. 1932년부터 보성전문학교에 강사로 나가 다가 1937년 교수로 취임했다. 당시 그는 식민지 시대를 대표하는 공법학자였다. 1945년 광복 이후 보성전문 교수와 경성대 교수를 겸임하다가 1946년부터는 고려대 교수를 맡았다. 그는 더 이상 문학에 관여하지 않고 법학자이자 교육자이자 정치인으로 활동 했다.

주목할 것은 일제강점기 말 유진오가 보인 친일 활동이었다. 1939년부터 그는 글을 쓰고 단체에 참여함으로써 친일 활동에 나 섰다. 독립운동기념관 관장을 지낸 김삼웅은 이에 대해 다음과 같이 말한다. "유진오는 일제 말기 각종 친일 발언과 글을 쓰고 친일단체에 가담하면서 지식인의 본분과 민족적 지절을 지키지 못하였다. 그러면서도 창씨개명을 끝까지 하지 않았고, 1945년 3월 말 (…) 퇴계원 소개지로 물러나 그곳에서 8·15 해방을 맞 았다."

제헌헌법의 기초자
학자로서 유진오의 가장 큰 업적은 제헌헌법을 기초했다는 데 있다. 해방공간에서 그는 독립된 우리나라의 헌법을 기초할 수 있는 거의 유일한 헌법학자였다. 1948년 그는 헌법 및 정부조직법 기초위원회 기초전문위원을 맡아 제헌헌법을 기초하는 데 주도적인 역할을 담당했다.

제헌헌법에 연관해 유진오가 남긴 대표적인 저작들이《헌법해의》(1949), 《헌법의 기초이론》(1950), 《헌법기초회고록》(1980)이다. 이 가운데《헌법기초회고록》은 제헌헌법을 기초할 때 자신이 고민했던 문제들과 겪었던 일들에 대한 기록이다. 제헌헌법이 어떻게 만들어졌는지를 생생히 알려주는 책이다.

서문에서 유진오는 회고한다. "제헌 당시 나는 서생의 오기로 노련한 당대의 정치지도자들을 상대로 하여 제법 1 대 1의 게임을 벌였던 것으로 자부하였지만, 실은 그렇지 못했던 흔적이 곳곳에 보인다. (…) 권력의 남용이 방지되고 모든 사람의 인권이 보장되는 훌륭한 새 헌법이 국민의 총의로 하루 속히 출현되기를 기대"하는 마음을 적어두고 있다.

제헌헌법이 갖는 의의는 어떻게 볼 수 있을까. 법학자 심재우는 유진오가 기초한 헌법이 근대민주주의 헌법이 갖춰야 할 기본정신과 원칙들을 빠짐없이 반영하고 있었다고 평가한다.

구체적으로, 자유적 기본권과 사회적 기본권에 대한 포괄적 보장, 3권분립을 통한 권력 간의 견제와 균형, 독재방지와 책임정치 구현을 위한 내각책임제 권력구조, 사법권의 독립, 위헌법률심사를 위한 헌법재판제도, 공공복리를 위한 사소유권의 공적 제한, 사회정의의 실현을 위한 경제적 자유의 공적 제한, 농지개혁

등이 그것이다. 여기에 더해, 부칙에 민족정기를 회복하고 민족적 정체성을 확립하기 위해 친일 반민족행위자 처벌의 근거 조항까지 마련했다.

제헌헌법에서 특히 주목할 것은 세 가지였던 것으로 보인다. 첫째, 유진오는 내각제로 초안을 만들었지만 당시 유력한 대통령후보였던 이승만이 이를 반대해 권력구조가 대통령제로 바뀌었다. 둘째, 제헌헌법에서 가장 중요한 조항은 '제1조 대한민국은 민주공화국이다'와 '제2조 대한민국의 주권은 국민에게 있고, 모든 권력은 국민으로부터 나온다'일 것이다. 이에 대해 유진오는 《헌법해의》에서 "대한민국의 국체는 '공화국'이며 정체는 '민주국'인데, 그를 합하여 '민주공화국'이라 한 것"이라고 밝히고 있다.

셋째, 제헌헌법은 정치적 측면에선 자유민주주의 요소를, 경제·사회적 측면에선 사회민주주의 요소를 담고 있다. 유진오는 자유민주주의와 사회민주주의의 조화를 개인 자유의 제한을 통한 공공복리 또는 사회정의 실현에서 찾았다. 요컨대, 제헌헌법은 국민이 주인인 민주주의와 국민이 더불어 사는 공화주의의 정신을 오롯이 반영하고 있다.

제2차 세계대전 이후 독립한 몇몇 국가들이 외국 학자들에게 헌법 제정을 의뢰했던 당대 상황을 돌아볼 때 우리나라 제헌헌법이 우리나라 학자에 의해 기초됐다는 것은 자랑스러운 일이다. 제헌헌법을 기초한 후 유진오는 초대 법제처장을 맡아 정부조직법 등 많은 법률을 만드는 데 크게 기여했다. 이 외에도 그는 고려대 총장과 신민당 총재로서 교육과 정치에도 작지 않은 족적을 남겼다. 지난 100년 우리 지성사에서 전무후무했던 이 르네상스적 지적 거인은 1987년 세상을 떠났다.

헌법 정신의 미래

"유구한 역사와 전통에 빛나는 우리들 대한국민은 기미 삼일 운동으로 대한민국을 건립하여 세계에 선포한 위대한 독립정신 을 계승하여 이제 민주독립국가를 재건함에 있어서 정의인도와 동포애로써 민족의 단결을 공고히 하며 모든 사회적 폐습을 타 파하고 민주주의 제 제도를 수립하여 정치, 경제, 사회, 문화의 모 든 영역에 있어서 각인의 기회를 균등히 하고 능력을 최고도로 발휘케 하며 각인의 책임과 의무를 완수케 하여 안으로는 국민 생활의 균등한 향상을 기하고 밖으로는 항구적인 국제평화의 유 지에 노력하여 우리들과 우리들의 자손의 안전과 자유와 행복을 영원히 확보할 것을 결의하고 우리들의 정당 또 자유로히 선거된 대표로써 구성된 국회에서 단기 4281년 7월 12일 이 헌법을 제정 한다."

긴 인용이지만 제헌헌법의 전문(前文)이다. 유진오가 기초한 내용을 약간 수정한 것이다. 역사학자 박찬승이 지적하듯, 전문을 관통하는 이념은 민족주의, 민주주의, 균등주의, 국제평화주의다. 이 네 이념은 지난 100년 우리 지성사를 이끌어온 핵심 가치다.

돌아보면, 민족주의를 추구했던 이기백, 민주주의를 열망했던 최장집, 균등주의를 지향했던 조세희, 평화주의를 모색했던 백낙청은 모두 제헌헌법의 정신적 자장 속에서 자신들의 지적 활동을 펼쳐왔다. 민족주의, 민주주의, 균등주의, 평화주의는 현재에도 유효한 시대정신이다. 변화하는 21세기의 상황에 걸맞게 이 시대 정신들에 새로운 생명을 불어넣는 것은 이 시대를 살아가는 지식인의 미래적 과제라고 나는 생각한다.

일반
국제정치학

(상)

이용희 저

도서출판 이조

37. 이용희:
《일반 국제정치학(상)》과 세계정치의 미래

오늘날 지식인이 자기 전공을 넘어 다른 분야에서 탁월한 업적을 내기란 쉽지 않다. 그 까닭은 현대사회에서 학문이 더욱 분화되고 그 과정에서 지식의 양이 더욱 많이 축적돼 왔기 때문이다. 지난 100년 우리 지성사를 돌아볼 때, 상이한 두 분야에서 성취를 이룬 대표적 지식인으론 이용희를 꼽을 수 있다. 그는 국제정치학과 미술사에서 선명한 자취를 남겼다.

이용희의 호는 동주(東洲)다. 그는 국제정치 연구에선 이용희라는 본명을, 미술사 연구에선 이동주라는 필명을 주로 사용했다. 2017년 이용희 탄생 100주년을 맞이해《동주 이용희 전집》전 10권이 출간됐다. 국제정치학 저작이 6권이고, 미술사 저작이 4권이다. 사회과학을 공부하는 이들에겐 국제정치학자로, 미술사를

공부하는 이들에겐 미술사가로 기억되는 르네상스적 지식인이
바로 이용희다.

여기서 주목하는 이용희는 국제정치학자로서의 정체성이다.
무릇 학문의 발전에서 주목할 것은 제도와 사상이다. 이용희는
1956년 서울대에 외교학과를 설립하고 한국국제정치학회를 창립
해 분과 학문으로서의 국제정치학을 제도화하는 데 결정적 역할
을 맡았다. 동시에 그는 1962년《일반국제정치학(상)》등을 발표함
으로써 학문 담론으로서의 국제정치학을 체계화하는 데 중요한
기초를 세웠다.

국제정치학자이자 미술사가

이용희는 3·1운동이 일어나기 두 해 전인 1917년 서울에서 태
어났다. 3·1운동을 언급한 것은 그의 부친이 3·1독립선언 33인
의 한 사람인 독립운동가 이갑성이기 때문이다. 독립운동가 아들
이라는 특수성은 이용희의 성장 과정에 중대한 영향을 미쳤다.
그는 사학인 중앙고보를 다녔고, 역시 사학인 연희전문학교에서
언어학 등 다양한 학문을 익혔다.

연전을 졸업한 다음 이용희는 만주로 건너가 만철도서관에
근무하면서 역사와 사회과학을 공부했다.《일반국제정치학(상)》
의 말미에 실린 연보를 보면, "주관심이 정치사회 문제로 집중되
어 영국의 정치학, 불란서의 헌법학, 독일의 국가학 등을 읽고 비
교하면서 일본 정치학이 구미 정치학의 아류이며 각국의 정치학
은 일반 정치학이 아니라 자기 정치학을 합리화하는 이론"임을

깨달았다고 적혀 있다.

광복 이후 이용희는 1948년부터 서울대에서 가르치기 시작했다. 1949년 정치학과 조교수가 됐고, 앞서 말했듯 외교학과를 만들고 국제정치학계를 이끌었다. 그는 이 시기에《국제정치원론》(1956),《정치와 정치사상》(1958),《일반국제정치학(상)》등을 잇달아 발표했다. 국제정치학자로서 이용희의 면모를 잘 보여주는 저작들이다.

이채로운 것은 이용희가 1960년대 후반부터 미술사가로 활동했다는 점이다. 젊은 시절 그는 오세창을 통해 우리 회화를 보는 안목을 길렀고, 이러한 역량을 바탕으로 주목할 책들을 연달아 출간했다.《한국 회화소사》(1972),《일본 속의 한화》(1972),《우리나라의 옛 그림》(1975)을 펴냈고, 이어《한국 회화사론》(1987)을 내놓았다. 어떤 이들에겐 국제정치학자 이용희보다 미술사가 이동주가 더 친숙했다. 나의 경우도 국제정치학자 이용희보다 미술사가 이동주를 먼저 알게 됐다.

이용희가 상아탑 안에만 머문 것은 아니었다. 그는 1975년 대통령 특별보좌관을 맡았고, 1976년에서 1979년까지 국토통일원 장관으로 일했다. 일흔이 넘었는데도《미래의 세계정치》(1994)를 발표했고,《우리 옛 그림의 아름다움》(1996)을 출간했다. 국제정치학자이자 미술사가라는 두 정체성으로 살아온 그는 1997년 세상을 떠났다.

한국적 국제정치학의 확립

이용희 국제정치학의 출발을 알려주는 저작은 《국제정치원론》이다. 이용희는 "본래 내가 품게 된 정치학의 관심은 우리 겨레가 왜 이렇게도 취약하냐 하는 의문을 내놓고는 생각할 수가 없는 것"이었다고 말한다. 이어 "내 정치학은 내가 살고 있는 고장 또 내가 그 안에 살고 있게 되는 나라의 운명과 무관할 수는 도저히 없었다"고 고백한다. 이용희의 문제의식은 우리가 왜 남의 나라의 지배를 받았는지의 질문에 있었다.

이러한 탐구를 위해 그는 국제정치 현상, 국제정치학 성립, 근대국가 이해, 현대국가에의 지향을 살펴보고, 이를 바탕으로 국제정치의 정태와 동태를 설명한다. 이 저작에서 주목할 것은 '장소의 논리'다. 이용희는 국제정치를 장소의 논리로 읽어야 한다는 이론을 내놓는다. 그가 전달하려는 메시지는 서양 국제정치학이 장소에 구속받는 특수 국제정치학이고, 따라서 우리 문제를 이해하고 해결하는 데는 큰 도움을 안겨주지 않는다는 점이다.

《일반국제정치학(상)》은 이러한 문제의식을 확장·심화하고 있는 책이다. 이 저작의 핵심 아이디어는 '권역'과 '전파'다. 이용희는 국제정치를 유교권·이슬람권·기독교권 등의 권역으로 파악할 것을 제안한다. 그리고 한 권역의 문명이 다른 권역으로 전파되면서 일어나는 순응과 저항 등의 다양한 변동이 국제정치의 역동성을 이룬다는 견해를 제시한다. 이처럼 이용희는 서양 국제정치학의 보편성을 부정하고 상대주의적 관점에서 국제정치를 이론화하려고 했다. 그가 책 제목에서 '일반'이란 표현을 쓴 까닭이 여기에 있다.

국제정치학자 하영선은《일반국제정치학(상)》이 갖는 의의를
네 가지 측면에서 요약한 바 있다. 주체적 입장에서의 국제정치학
모색, 장소의 논리에 기반을 둔 독창적인 국제정치학 이론의 추구,
군사국가·경제국가·식민지국가 등 근대국가의 역사적 성격 탐
색, 우리나라의 나아갈 방향 탐구가 그것들이다. 아쉬운 점은 서
문에서 (하)권의 집필을 예고하고 있음에도 출간되지 않았다는 점
이다.

국제정치학자 이용희가 지식사회에서 매우 유명했지만 시민
사회에 널리 소개됐다고 보긴 어렵다. 미술사가 이동주가 외려 더
많이 알려졌다. 현대 한국 지성사에서 이용희는 국제정치학의 토
대를 마련했고, 무엇보다 한국적 국제정치학의 확립을 추구했다.
현재의 시점에서 이용희의 국제정치학은 다소 소박하고 지나치게
포괄적이었던 것으로 보인다. 그러나 주체적 관점에서 국제정치
를 읽어내고 대응해야 한다는 그의 학문적 방법과 이론은 새로운
100년으로 가는 한국 사회과학의 한 출발점을 이룰 수 있다고 나
는 생각한다.

세계정치의 미래

이용희는 세상을 떠나기 몇 해 전 서울대 외교학과 대학원에서
연속 특별강의를 했다. 그 강의에 기반한 책이《미래의 세계정치》
(1994)다. 그는 유럽연합이란 국가연합이 기존의 국민국가를 대체
할 것이라고 전망한다.

"초국가주의에 기반한 새로운 정치체제는 (…) 내부에 지역적

다양성 혹은 민족적 다양성을 가지면서도 초국가적인 체제를 가지고 그 위에 또 유엔과 같은 국제기구를 정부간주의에 의해서 유지되는 그런 체제로 나아가는 모델을 만들어낼 경우에, 아마도 내 생각에는 이러한 모델을 선도하는 몇 나라가 결국 세계를 지배하는 나라가 될 것입니다.”

이처럼 이용희의 전망은 날카로웠다. 오늘날 세계정치는 지구적·지역적·국민국가적·국지적 차원에서 복합적으로 진행되며, 이 차원들 사이의 갈등 및 협력이 존재한다. 이러한 세계사적 흐름에서 동북아에 깊게 뿌리내린 단일 민족주의가 역기능으로 작용할 가능성이 크다는 이용희의 우려는 경청할 만하다.

이용희가 어떤 지식인이었는지를 생생히 담은 저작은 국제정치학자 하영선의 《역사 속의 젊은 그들》이다. 이 책은 18세기부터 현재까지 열강들 속에서 우리나라가 나아갈 길을 고민한 지식인들의 국제정치 사상을 주목한다. 영·정조 시대 박지원에서 최근 복합파까지 다룬 이 저작에서 특히 내 시선을 끈 것은 ‘동주 이용희와 한국 국제정치학’이다. 하영선은 말한다.

“한반도와 (…) 동아시아가 겪을 운명에 대해 미국이나 중국이 잘 알아서 처리할 것이라는 기대는 무리입니다. 미국은 상대적 쇠퇴의 어려움을 겪으면서 새로운 해결책을 찾아 땀을 흘리고 있지만 전망은 불투명합니다. 단기간에 비대해진 중국은 스스로 당황해서 시대의 변화에 뒤떨어진 해법으로 문제를 풀려는 느낌을 주고 있습니다. 작은 거인으로서 우리도 본격적 고민을 해야 할 중요한 때입니다.”

세계정치와 경제에서 한국이 당당한 작은 거인으로 활동하는 것은 지난 19세기 후반부터 우리 모두가 품어온 간절한 바람일 것이다. 초강대국들로 둘러싸인 상황에서 민족과 나라의 활로를 어떻게 모색할 것인지는 우리 학문과 정치에 부여된 가장 중요한 과제 중 하나라고 나는 생각한다.

전환시대의 논리

리 영희 평론집

창비
Changbi Publishers

38. 리영희:
《전환시대의 논리》와 시대의 미래

2017년 나는 현대 서구사회에서 세상을 뒤흔든 저술과 사상에 대한 책을 펴낸 적이 있다. 지난 100년 우리 지성사에서 한국사회를 뒤흔든 저작은 어떤 것들이 있었을까. 가장 먼저 떠올릴 수 있는 책은《전환시대의 논리》이지 않을까. 펜이 낡은 우상의 질서를 무너뜨리는 날카로운 이성의 무기라면, 리영희의《전환시대의 논리》만큼 이성의 힘을 가장 잘 발휘한 저작은 찾기 어려운 것으로 보인다.

1974년에 나온《전환시대의 논리》는 1970년대 학생운동 세대인 '긴급조치 세대'와 1980년대 '86세대'에게 심원한 영향을 미쳤다. 당시 학생운동 세대를 이른바 '전논(《전환시대의 논리》의 줄임말) 세대'라 불렀던 것에서 볼 수 있듯,《전환시대의 논리》는 '운

동권'의 필독서였다. 리영희는 냉전반공 세대에게 '의식화의 원흉'
이라 비판받았지만, 진보적 청년세대에겐 '사상의 은사'로 존경
받았다. '사상의 은사'라는 표현은 지식인이 받을 수 있는 최고의
영예다.

리영희는 진정 용기 있는 지식인이었다. 1970년대 당시 성역이
었던 냉전과 반공주의에 도전한다는 것은 목숨을 거는 용기가
필요한 일이었다. 지식인 리영희는 냉전분단체제에 맞서는 진보
적 지식사회의 최전선에 언제나 서 있었다. 광복 이후 우리 현대사
에서 한 지식인이 사회변동에 미칠 수 있는 영향을 리영희보다 더
강렬하게 보여준 사상가는 찾아보기 어려울 것이다.

냉전 반공주의에 맞서서

리영희는 1929년 평북 운산에서 태어났다. 경성공립공업학교
와 한국해양대에서 공부했고, 기자 생활을 하다가 한양대에서 가
르쳤다. 리영희가 펴낸 책들은 2006년 한길사에서 《리영희 저작
집》 전12권으로 출간됐다.

사상가 리영희를 우리 사회에 등장시킨 것은 《전환시대의 논
리》였다. '아시아, 중국, 한국'이 부제인 이 저작은 전후 공고화된
냉전체제에 대해 코페르니쿠스적 사고의 전환을 요구했다. 리영희
는 '머리말'에서 말한다.

"지동설을 증명한 코페르니쿠스의 《천체의 회전에 관하여》라
는 책의 출판을 위탁 맡은 신학자 오리안더는 교회 권력과 신학 도
그머와 그에 사로잡혀 있는 민중의 박해 때문에 그 책을 '사실'로

서가 아니라 '가설'이라는 궤변을 서문에 삽입하여 출판했다. (…)
격에 안 맞는 코페르니쿠스와의 비교를 자청하는 것이 아니라 이
사회를 '정치적 신학'의 도그머가 지배하는 날까지는 가설인 것으
로 나는 만족한다는 것이다."

가설이라는 겸양의 표현을 쓰지만 이 책은 냉전 반공주의라는
골리앗에 맞서는 다윗의 용기와 의지를 담고 있다. 《전환시대의
논리》는 1960년대 후반과 1970년대 초반 변화하는 동아시아를 다
룬다. 중국의 재인식을 중심으로 닉슨 독트린과 미국의 대외정책,
일본의 군사적 재무장화, 그리고 베트남 전쟁의 역사와 현실에 이
르는 분석을 통해 냉전체제에 갇혀 있던 지식인과 시민들의 의식
을 일깨웠다. '전환의 시대'에 '의식의 전환'을 요구하는, 대외의존
적 사유에서 주체적 현실인식에로의 전환을 요청하는 게 이 책에
담긴 목표였다.

한반도 문제는 동아시아 지정학(地政學)과 지경학(地經學)의 중
심을 이룬다. 한반도는 해양세력(미국·일본)과 대륙세력(중국·러시
아)의 교차점에 놓여 있고, 남과 북으로 분단돼 있다. 이러한 역사
적 현실에 대해 리영희는 두 가지 인식의 전환을 촉구한다. 냉전
적 보수주의에서 벗어난 균형적 현실주의의 시선이 하나라면, 외
세적 시각을 넘어선 민족적 시각에서 평화와 민주주의의 새로운
국제질서를 구축해야 한다는 게 다른 하나다.

리영희 사상의 현재적 의미

리영희는 합리적 이성의 관점에서 우상 파괴자의 역할을 떠맡

왔다. 그에게 우상이란 냉전 반공주의였다. 리영희의 기여는 미국의 패권적 정책, 일본 군국주의의 부활, 중국의 새로운 부상을 주목함으로써 냉전 반공주의의 실체를 해부했다는 데 있다.《전환시대의 논리》이후 리영희는《우상과 이성》(1977) 등 문제작들을 잇달아 발표했다.

리영희 사상을 관통해온 것은 민주주의, 민족주의, 사회민주주의, 평화주의다. 그는 외세의존적 사상과 외교에 맞서 주체적인 방향과 전략을 요구했고, 군사독재에 맞서 언론의 자유와 인권의 민주주의를 강조했다.

리영희의 정치 이념은 사회민주주의다.《새는 '좌·우'의 날개로 난다》에 실린 한 인터뷰에서 이념적 정체성을 묻는 질문에 그는 자신의 노선이 '중도좌'라고 답한 바 있다.

"중도좌를 다른 말로 하면 사회민주주의인데, 나는 자본주의 시장경제가 지니는 필연적 결과로서의 인간 소외와 무제한적 이윤추구 경쟁으로 인한 부패·타락·범죄 등을 치유하기 위해 마르크스의 사상·철학적 부분을 수용할 필요가 있다고 생각하고 있습니다."

이처럼 리영희는 1970~1980년대 진보적 지식사회를 대표하는 지식인이었다. '이론적 실천'을 누구보다 성실히 수행했던 리영희의 삶과 사상에 대해선 앞서 지적했듯 보수와 진보에 따라 그 평가가 사뭇 달랐다. 1987년 민주화 시대가 열린 이후 리영희는 진보세력의 상징적 지식인으로 활동했다. 2005년에는 문학평론가 임헌영과 나눈 자전적 대담《대화: 한 지식인의 삶과 사상》을 출간하기도 했다.

현재적 시점에서 돌아볼 때, 비록 세세한 가설들은 틀렸을지 몰라도, 주체적 대외정책을 모색하고 평화와 민주주의를 추구해야 한다는 리영희의 주장은 선구적인 통찰이었다. 한 사상을 포괄적으로 평가하는 기준으로는 세세한 나무의 관점이 아니라 전체적인 숲의 관점이 온당하다. 노무현정부가 제시한 동북아시아 평화와 번영을 위한 '동북아 시대론'도 냉전분단체제론을 넘어서려 했던 리영희의 사상으로부터 영향을 받은 담론이자 정책 대안이라고 볼 수 있다.

리영희가 겪었던 '아홉 번의 연행, 다섯 번의 기소 또는 기소 유예, 세 번의 징역'은 우리 현대사에서 진보 세력의 역사를 그대로 상징한다. 그의 삶에서 내게 가장 인상적이었던 것은 2003년 노무현정부의 이라크전 파병 결정에 맞선 반대 시위에 노구를 이끌고 참가한 모습이었다. 그는 이렇듯 평화주의자였다. 역사의 관찰자인 동시에 주인공이었던 그는 2010년 세상을 떠났다.

시대의 미래

어느 나라든 지식인에게 가장 기대하는 것의 하나는 시대의 미래를 선구적으로 읽어내는 일이다. 시대에 대한 전망은 쉬운 과제가 아니다. 시대의 변화는 예견된 경로로 진행하지 않는 경우가 적지 않기 때문이다. 시대의 진로는 기성 체제로부터 주어지는 구조적 강제와 경로의존성, 그리고 이 안에서 집합적 행위자들이 추구하는 전략적 선택이 서로 영향을 미치고 어우러져 결정된다.

리영희는 우리 사회에서 시대의 미래를 날카롭게 전망한 드문 지식인이었다. 그는 1970년대에 민주화 시대와 탈냉전 시대를 소망하고 또 예견했다. 국면사적 시각에서 1980년대 이후 우리 사회는 사회학자 조희연이 말한 바 있는 '반공규율사회'로부터 벗어나기 시작했고, 세계 사회는 동구 사회주의의 몰락을 계기로 냉전 시대에서 탈냉전 시대로 변화했다.

21세기가 열린 이후 가장 주목할 세계사적 흐름은 중국의 도전이 본격화됐다는 점이다. 이러한 변화가 갖는 의미는 두 가지다. 세계사회가 '팍스 아메리카나 시대'에서 'G2 시대'로 재편돼왔다는 게 하나라면, 우리에게 기회와 성장의 땅이었던 중국이 경쟁과 추격의 위협이 되고 있다는 게 다른 하나다. 중국의 성장 추세가 계속 유지된다면 중국의 경제 규모가 미국을 앞서는 데 오래 걸리지는 않을 것이다. 앞으로 몇십 년 동안 G2 시대가 공고화될 것은 분명한 경향인 것으로 보인다.

이러한 세계사적 전환에서 우리가 어떤 대외정책을 추진할 것인지는 매우 중대한 과제일 수밖에 없다. 한미관계 및 한중관계는 남북관계와 더불어 우리에게 더없이 중요한 정치경제적 대외관계다. 지난 100년 동안 우리는 미국으로 대표되는 해양세력과 긴밀한 관계를 맺어왔다. 하지만 이제 중국으로 대표되는 대륙세력과의 관계 또한 강화해야 한다.

리영희는 새가 '좌·우'의 날개로 난다고 말한 바 있다. 해양세

력과 대륙세력이라는 두 날개를 어떻게 활용할 것인지, 이념의 차
이를 뛰어넘어 균형 잡힌 대외정책을 어떻게 추구할 것인지는
G2 시대에 우리에게 부여된 매우 중대한 국가적 과제다. 시대의
전환 속에서 우리나라가 동북아의 평화와 번영을 주도할 수 있는
역량을 발휘하기를 나는 기대하고 또 소망한다.

오늘의 思想新書 5

民族經濟論

朴玄埰評論選

한길사

39. 박현채:
《민족경제론》과 지식인의 미래 ③

　현대 한국 지성사에서 영향력이 컸던 한 그룹은 이른바 비제도권에서 활동했던 지식인들이었다. 이들은 '재야 지식인'이라 불렸다. 재야 지식인은 크게 두 유형으로 나뉘었다. 처음부터 제도권 밖 시민사회에서 활동한 이들이 한 유형이었다면, 권력의 탄압으로 제도권을 떠나 시민사회에서 활동한 이들이 다른 한 유형이었다. 이 책에서 앞서 다룬 함석헌이 전자를 대표했다면, 리영희는 후자를 대표했다.

　광복 이후 이런 재야 지식인들 가운데 잊을 수 없는 인물이 경제학자 박현채다. 민주화 시대가 열린 이후 대학 교수가 됐지만, 그는 1960년대부터 1980년대 중반까지 시민사회에서 활동했던 지식인이었다. 그가 학술과 담론 영역에 미친 영향은 결코 작지 않았다. 그가 펼친 '민족경제론'은 1970~1990년대 대표적인 진보적 경제이론이었다.

어떤 이론이라 하더라도 시간이 강제하는 풍화를 이겨내긴 어렵다. 시간이 흐르면서 이론의 영향력은 감소하고 그 의의는 재평가되기 마련이다. 민족경제론 역시 마찬가지였다. 산업화 시대와 민주화 시대 초반기에 민족경제론은 대표적인 진보적 경제이론으로 주목받았지만, 21세기 현재에는 적잖이 잊혔다. 그럼에도 불구하고 민족경제론에 담겨 있는 문제의식의 일단은 여전히 중요하다고 나는 생각한다.

실천적 지식인으로서의 삶

박현채는 1934년 전남 화순에서 태어났다. 서울대에서 경제학을 공부하고 대학원에서 석사학위를 받았다. 이후 시간강사로 일하면서 연구와 집필 활동을 이어갔다. 1970년대 이후 그는《민족경제론》등 일련의 저작들을 발표해 대표적인 진보 경제학자로 부상했다. 한편에선 민족경제론이란 독자적 경제이론을 구축했고, 다른 한편에선 사회구성체 논쟁을 촉발시켜 '사회과학 르네상스'에 기여했다.

민주화 시대가 열린 이후 그의 활동은 눈부셨다. 단재학술상을 받았고, 경제학자 정윤형 등과 한국사회연구소를 설립했으며, 조선대 경제학과 교수로 자리 잡았다. 그는 리영희, 김진균, 강만길, 백낙청 등과 함께 진보적 지식사회의 구심을 이뤘다. 한국사회연구소와 한겨레사회연구소를 통합해 한국사회과학연구소를 창립하고 공동이사장을 맡기도 했다. 이렇게 왕성하게 활동하던 그는 1995년 62세로 비교적 일찍 세상을 떠났다.

한 개인의 인생에서 구체적인 삶의 경험은 결코 작지 않은 영향을 미친다. 박현채의 삶에서 이채로운 것은 빨치산 경험이었다. 그는 17세에 지리산으로 들어가 빨치산이 됐고 2년 동안 활동했다. 조정래의 소설《태백산맥》은 이를 다뤘다. 소설에 나오는 소년 빨치산 조원제가 바로 박현채였다. 또 그는 '인혁당 사건'에 연루돼 옥고를 치렀는데, 이 역시 그의 삶에 작지 않은 영향을 미쳤다. 실천적 지식인으로서의 박현채의 삶을 정윤형은 다음과 같이 평가한다.

"그의 현실 참여는 겉으로는 지식운동가의 그것에 한정되었던 것으로 보이지만, 실천의지는 늘 치열했고 시선은 잠시도 운동현장에서 떠나지 않았다. 또한 그는 아무리 어려운 상황에서도 원칙을 포기하거나 물러서는 일이 없었다. (…) '온몸으로 글을 쓴다'는 것이 그의 학문하는 기본적 태도였다. 민족경제론은 바로 그의 이러한 실천적 삶의 결정체였던 것이다."

민족경제론은 무엇인가

박현채가 남긴 글은 논문을 위시해 1,368편에 달한다. 대부분의 시간을 제도권 지식사회 밖에서 보낸 그의 삶을 돌아볼 때, 이런 결과와 성과는 그가 얼마나 성실한 학자였는지를 증거한다. 2006년 고 박현채 10주기 추모집·전집 발간위원회는 7권으로 이뤄진《박현채 전집》을 펴냈다.

1978년에 발표된《민족경제론》은 박현채의 대표 저작이다. 이 책이 당대에 미친 영향은 실로 컸다. 필자가 1979년 대학에 입학하자 선배들이 가장 먼저 추천한 책들은 리영희의《전환시대의 논리》, 강만길의《분단시대의 역사인식》, 한완상의《민중과 지식인》, 그리고 박현채의《민족경제론》이었다.

　　《민족경제론》은 박현채가 여러 지면을 통해 발표한 글들을 편집한 저작이다. 민족경제론이란 말은 박현채 자신이 주조한 개념이 아니다. 책을 펴낸 한길사에서 일하던 김학민이 제안한 개념이다. 김학민은 박현채의 글들을 읽고 그의 이론에 깃든 두 아이디어를 '민족에 대한 새로운 발견과 경제의 인간주의적 해석'에 있다고 파악하고 '민족경제론'이란 제목을 달았다고 한다.

　　이후 민족경제론은 박현채 경제이론의 핵심 키워드가 됐다. 민족경제론이란 무엇인가. 박현채 회갑기념 논문집인《민족경제론과 한국경제》에서 정윤형은 말한다. "민족경제론은 1960년대 이후의 산업화 과정에서 나타난 여러 가지 사회적 문제들을 정치경제학적 관점에서 해명하고 그에 대한 체계적 대안을 마련하고자 하는 실천적 목적에서 이루어진 박현채 교수의 독특한 한국자본주의의 이론체계이다."

　　박현채는《민족경제론》의 서문에서 말한다. "자립적 민족경제의 확립을 위한 길은 생활하는 민중의 소망에 쫓아 국민경제의 내용을 정리하는 것이다. 그리고 이것은 한 민족의 자립·자주의 기초를 조성하는 것이기도 하다." 그에게 의미 있는 경제란 농민과 노동자를 포괄한 민중의 생활을 향상시킬 수 있는 자립적인 민족 경제의 구축에 있었다.

이러한 관점에서 박현채는 일제강점기의 경제 침탈에서 산업화 시대의 차관경제에 이르기까지 지난 20세기 한국 자본주의의 구조적 변동을 분석했다. 그는 외국자본에 의존한 수출주도형 경제성장 모델을 비판하고, 자주성·자립성·민주성을 추구하는 민족경제를 그 대안으로 제시했다. 이런 그의 논리는 당대 진보 세력에게 한국 경제의 매판성과 종속성을 비판할 수 있는 이론적 무기를 제공했다.

1985년 박현채는 《창작과비평》에 〈현대 한국사회의 성격과 발전 단계에 관한 연구〉를 발표해 사회구성체 논쟁을 촉발시켰다. 그가 제시한 국가독점자본주의론은 '식민지 반봉건사회론'에 맞선 '신식민지 국가독점자본주의론'에 큰 영향을 미쳤다. 사회학자 김진균과 조희연은 사회구성체 논쟁이 민족·민중적 학문의 수립에 결정적 영향을 미쳤다고 평가했다. 이후 박현채는 《민족경제의 기초 이론》(1989)을 통해 민족경제론과 국가독점자본주의론의 통합을 체계화하려고 했다.

지식인의 미래 ③

앞서 김용섭을 다룰 때 나는 지식인의 고독과 사명에 대해 이야기한 바 있다. 김용섭이 대학사회 안에서 지식인의 고독에 맞서 지식인의 사명에 충실했다면, 박현채는 대학 사회 밖에서 최선을 다하는 삶을 살았다.

박현채의 삶과 사상을 다룬 뛰어난 책은 김삼웅의 《박현채 평전》이다. '시대의 모순과 대결한 불온한 경제학자의 초상'이 그 부제다. '시대의 모순'이 분단체제와 군부독재를 뜻한다면, '불온'은 그 시대적 구속에 맞서 진보적 가치를 추구했다는 것을 함의한다. 이 저작은 소년 빨치산에서 진보적 경제학자로의 치열했던 박현채 삶의 궤적을 생생히 전달한다.

김삼웅은 '민족·민주·민중·자주·민생의 담론이 담긴 민족경제론을 자신의 실천 가치로 삼은 박현채는 전사이면서 학자'였다고 말한다. '맨살로 역사의 현장, 지성의 광장에 우뚝 선 이가 바로 박현채'라고 평가한다. 더하여 김삼웅은 질문을 던진다.

"박현채가 살아 있다면 구소련과 동구권 사회주의의 파산에 이어 미국 세계무역기구와 펜타곤 건물이 붕괴된 9·11 사태, 그리고 '월스트리트를 점령하라'라는 전지구적인 시위와 2012년 다보스 포럼의 핵심 화두가 된 '자본주의에 대한 반성'을 지켜보면서 무슨 생각을 하고, 어떤 '제3의 길'을 내놓았을까?"

김삼웅이 후학들의 몫이라고 지적하듯, 우리 사회는 어떤 경제를 일궈나가야 하는 걸까. 한국 경제가 걸어온 길을 돌아볼 때 박현채의 이론은 재고를 요청한다. 한국 경제의 그늘을 설명하는 데 그의 분석은 날카로웠지만, 한국 경제의 성공을 분석하는 데는 한계가 존재했다.

경제학자 조석곤은, 신자유주의가 효율성을 중시하는 경제이론이라면, 민족경제론은 형평성을 추구하는 경제이론이라고 평가한다. 2008년 금융위기 이후 지구적 차원에서 포스트 신자유주의

체제로의 이행이 진행되고, 어느 나라든 그 핵심 과제가 경제적 불평등 해소에 놓여 있는 현재, 민중의 삶을 위한 경제라는 민족경제론의 문제의식은 여전히 유효하다. 이러한 문제의식을 우리 경제학이 어떻게 구체화하고 그 대안을 모색할 것인가는 한국 경제의 미래에 부여된 중대한 과제라고 나는 생각한다.

40. 백낙청:
《한반도식 통일, 현재진행형》과
분단체제의 미래

　지식인에겐 두 그룹의 독자가 있다. 한 그룹이 대중이라면 다른 한 그룹은 지식인들이다. 어느 사회이건 두 그룹 모두에게 공감을 얻고 영향을 미치는 지식인은 드물다. 나아가 이런 공감력과 영향력을 오랜 시간 유지해온 지식인은 더욱 드물다. 지난 100년 우리 지성사에서 이런 지식인을 찾으라면, 가장 먼저 떠오르는 이는 백낙청이다.

　백낙청을 내가 처음 알게 된 것은 1980년대 초반 학부 시절이었다. 그때 백낙청은 민족문학론을 대표하는 문학평론가였다. 유학을 마치고 돌아와 학생들을 가르치기 시작한 1990년대 초반 그는 내게 근대 적응과 근대 극복의 이중 과제를 제시한 이론가였다. 그리고 1990년대 중반 이후부터는 분단체제론, 과정으로서의 통일론, 변혁적 중도주의를 주창한 사상가였다.

백낙청의 활동이 대학사회 안에만 그친 것은 아니었다. 그는 우리 사회 담론을 주도한 《창작과비평》, 그리고 시민사회와 정치사회에서 상당한 역할을 맡은 '원탁회의'를 이끌었다. 1938년 대구에서 태어나고 미국 하버드대학에서 공부한 다음 1970년대 초반부터 본격적으로 활동한 그는 이론과 실천에서 모두 주목할 업적을 남긴 지식인이다.

백낙청의 학문적 기여는 민족문학론, 근대성 담론, 분단체제론의 측면에서 조명할 수 있다. 여기서 이 모든 것을 다루기는 어렵다. 그 가운데 나는 분단과 통일 담론을 주목하려고 한다. 그 까닭은 분단체제론과 이와 연관된 담론들이 인문학은 물론 사회과학에도 작지 않은 영향을 미쳐왔기 때문이다.

분단체제란 무엇인가

분단과 통일에 대한 백낙청의 탐구에서 출발을 이룬 저작은 《분단체제 변혁의 공부길》(1994)이었다. 이어 그는 《흔들리는 분단체제》(1998), 《한반도식 통일, 현재진행형》(2006), 《어디가 중도며 어째서 변혁인가》(2009)를 발표했다. 그리고 공동 저작 《변화의 시대를 공부하다: 분단체제론과 변혁적 중도주의》(2018)를 내놓았다.

분단과 통일에 대한 백낙청의 담론은 세 영역으로 이뤄져 있다. 분단의 역사와 현실을 이론화하는 분단체제론, 통일의 방법을 탐색하는 과정으로서의 통일론, 분단체제를 극복하려는 변혁적 중도주의가 그것이다.

먼저 분단체제론을 구성하는 아이디어는 세 가지다. 첫째, 분단된 남북한의 관계는 한반도 전체, 그리고 남과 북의 역사 및 현실을 효과적으로 설명할 수 있게 한다. 둘째, 분단체제는 미국 사회학자 이매뉴얼 월러스틴이 개념화한 근대 세계체제의 하위 체제라 할 수 있는, 자본주의 세계경제와 한국사회라는 국민국가 사이에 존재하는, 동아시아에 위치한 중범위적 체제로 볼 수 있다. 셋째, 이런 사실을 주목할 때 한국 사회운동은 다른 나라 사회운동과 구별되는 분단체제 변혁운동이라는 중대한 과제를 안고 있다.

이 분단체제론은 1994년 뜨거운 논쟁을 일으켰다. 정치학자 손호철은 두 가지 측면에서 분단체제론을 비판했다. 첫째, 분단체제는 세계체제처럼 자기 완결성과 내적 분업이 부재하기 때문에 엄격한 의미의 체제로 보기 어렵다. 둘째, 분단모순을 주요 모순으로 볼 경우 계급모순과 민족모순을 소홀히 하는 문제를 갖는다. 이러한 비판에 대해 백낙청은 분단의 특수성과 국민국가적 관점의 한계를 다시 한 번 강조했고, 이러한 반비판에 대해 손호철은 분단 변수의 과도한 평가라며 우려를 표명했다.

1990년대 당대의 시점에서 분단체제 논쟁은 이론적이자 실천적 논쟁이었다. 이론적 쟁점이 세계체제와 한국사회 사이에 분단체제라는 중범위적 분석 단위 설정이 갖는 타당성에 있다면, 실천적 쟁점은 노동·시민운동으로 대표되는 사회운동에서 통일운동이 갖는 위상에 대한 평가에 있었다.

현재의 시점에서 분단체제론은 분단이 우리나라 정치·경제·사회에 미친 영향을 계몽하는 데 작지 않게 기여해온 것으로 보인다. 보수로 기울어진 이념·정치구조, 남북 대치로 인한 '코리아 디스카운트', 남북갈등에 짝하는 남남갈등은 그 구체적 사례들이다. 분단의 영향을 과장할 필요는 없을 것이다. 그러나 분단의 프리즘을 통과하지 않고서 우리 사회 현실을 제대로 판독하기 어렵다는 점 또한 분명하다.

과정으로서의 통일과 변혁적 중도주의

그렇다면 분단체제의 극복은 어떻게 가능할까. 백낙청은 그 실천적 방법으로 과정으로서의 통일론을, 실천적 사상으로 변혁적 중도주의를 제시한다.

먼저 과정으로서의 통일은 세 단계로 이뤄진다. 첫째 누구나 쉽게 동의할 수 있는 분단 극복이라는 대원칙에 합의하면서, 둘째 쌍방 정권이 결코 합의할 수 없고 민중으로서는 지금 저들끼리 합의하는 게 달가울 바도 없는 통일국가의 최종 형태나 주도층의 문제를 열어둔 채, 셋째 통일국가 형성의 잠정적이고 가장 초보적 형태에 동의하는 수순을 백낙청은 제안한다.

과정으로서의 통일론은 분단체제의 특수성을 고려한 한국적 해법이다. 우리에게 통일은 흡수 통일의 독일, 무력 통일의 베트남, 담합 통일의 예멘 사례와 달라야 한다는 게 백낙청의 생각이다. 《한반도식 통일, 현재진행형》에서 그는 말한다.

"무엇이 통일이고 언제 통일할 거냐를 두고 다툴 것 없이 남북

간의 교류와 실질적 통합을 다각적으로 진행해 나가다가 어느 날 문득, '어 통일이 꽤 됐네, 우리 만나서 통일됐다고 선포해 버리세' 라고 합의하면 그게 우리식 통일이라는 겁니다. 물론 그것이 통일 작업의 완성은 아닙니다. (…) 무엇이 2단계, 3단계 통일에 해당 할지도 그때 가서 정하면 되는 것입니다."

변혁적 중도주의는 분단에서 통일로 가는 실천 사상이자 전략 이다. 여기서 변혁이란 분단체제의 변혁을 뜻한다. 구체적으로 그 것은 분단체제의 영향을 고려해서 정치적 차원의 현실적 개혁노 선과 경제적 차원의 한국 경제 발전 및 한반도 경제권 구축을 추 구한다. 이 목표를 달성하기 위해 성찰적 진보와 합리적 보수가 만나 폭넓고 튼튼한 중도 세력을 형성해야 한다는 게 변혁적 중도 주의다. 분단을 극복하고 통일로 가는 이러한 과정에서 백낙청은 무엇보다 시민들의 적극적 참여를 강조한다.

그동안 백낙청의 이론적 구상과 실천적 해법에 대해 문제제기 가 없지 않았다. 이론적 측면에선 사회과학적 엄밀성에 대한 요 구가, 실천적 측면에선 통일보다 평화가 우선돼야 한다는 논리가 제시됐다. 남북관계 변화에 따라 분단체제론에 대한 평가가 달라 지기도 했다.

분단 시대를 올바로 분석하고 제대로 극복하기 위해선 과학 적 엄밀성 못지않게 현실적 설명력과 규범적 지향성이 중요하다. 그리고 평화와 통일의 불가분성(不可分性)에 대해서도 다시 한 번 생각해봐야 한다. 이 점에서 분단체제론과 변혁적 중도주의는 자본주의 세계체제라는 세계적 흐름 속에서 분단 상황이라는 한국적 특수성을 이론화한 사상으로서의 의의를 갖는다고 나는 생각한다.

분단체제의 미래

2018년 4월 남북정상회담을 지켜본 백낙청은《변화의 시대를 공부하다》의 '후기'에서 다음과 같이 말하고 있다.

"이제부터는 분단체제 극복을 위한 시민참여형 통일과정과 남한사회의 실천노선으로서의 변혁적 중도주의, 그리고 어떤 남북연합을 만들고 어떤 사회를 한반도에 건설할 것인가를 한층 구체적으로 검토할 시기인데 현존하는 분단체제에 대한 인식은 그런 노력의 기본일 터이다."

정치학자 이남주가 지적하듯, 수십 년에 걸쳐 남과 북의 사회 내부에 뿌리 내려온 분단체제가 하루아침에 물러난다고 믿는 것은 순진한 생각일 것이다. 분단체제의 극복을 희망하더라도 분단체제의 관습에 따르는 발상과 태도가 우리 내부에 존재하는 것도 사실일 것이다.

분명한 것은 한반도 평화체제 구축이 가져야 할 궁극적 목표가 통일이라는 점이다. 통일을 고려하지 않은 평화가 불안정할 수밖에 없다면, 평화를 전제하지 않은 통일은 소망스럽지 않다. 분단에서 평화로, 그리고 통일로 가는 길은 여러 과정을 거칠 수밖에 없다. 특히 통일은 국민적 공감대의 형성과 주변 국가들에 대한 외교적 노력이 요구된다.

지난 2018년에는 남북정상회담과 북미정상회담으로 광복 이후 우리 사회를 규정해온 분단체제가 크게 변화할 수 있는 중대한 계기가 주어졌다. 분단체제 극복은 분단으로 치러지는 대가를 고려한 사실판단의 관점에서 현실적 과제이지만, 분단된 민족이 하나 되는 규범판단의 관점에서도 역사적 과제다. 한반도 평화체제를 구축하고 통일 시대를 여는 실천적 지혜가 더없이 중요한 시점이라고 나는 생각한다.

민주화
이후의
민주주의

한국민주주의의 보수적 기원과 위기

최장집 지음

이 책은 지난 50여 년의 현대 한국정
치를 소재로 한국민주주의의 기원과
구조, 변화를 다룬다. 9년 만에 한국의
민주주의가 안고 있는 문제들을 나타
내기 어렵다는 조바심과 현실변화의
속도가 차원을 넘어 보다 구조적이
고 이나리만 자유로서 한국민주주의
의 초기 형성조건과 현실 그대로 이
우리 시대 전기의 변화를 붙이면서
의미 중요하다. 그러나 현재분에서
적 시대성에 서울보나 다소 형이우
드적인 구성을 갖는 비교정치, 관
국소사이라는 말이 더욱 문제 중심
의 연구로 서울을 특징으로 한 PK가 다
시 말해 이 책을 통해 나는 오늘의
한국민주주의가 안고 있는 종합은 문
제를 포착하고 신사가 출발하여, 그
가에서 우리를 놓는가 나오가, 내포
화같은 프로그램으로 거기가 발표되
는 '도강한 방법의 대가를 요새에 보
려 한다. 아닌 시대에서 이 책은 한
국정치에 대해 접근하기 아니라 소
소이거나 핵심구조와 이행인식 측면
들 두고 나마의 요소들을 과감히 열
차려는 방법으로9091에기탈가1을 통
하고 있다.

최장집

후마니타스

41. 최장집:
《민주화 이후의 민주주의》와 민주주의의 미래

현대 사회사상에서 가장 중요한 주제는 민주주의일 것이다. 민주주의는 자본주의와 함께 현대성을 이루는 양대 제도다. 전후 서구를 대표하는 사상가들인 철학자 존 롤스, 정치학자 로버트 달, 사회이론가 미셸 푸코와 위르겐 하버마스는 현대 민주주의 사상의 발전에 직간접적으로 기여해왔다. 지난 100년 우리 현대사에서 가장 주목할 민주주의 사상가는 정치학자 최장집이다.

한국 민주주의는 최장집의 일관된 연구 테마였을 뿐만 아니라 민주정치의 제도화는 그의 열렬한 희망이었다. 민주주의(democracy)란 인민(demos)의 지배(kratia)를 말한다. 그렇다면 민주정치란 무엇인가.

최장집은 다음과 같이 말한다. "민주정치란 정당을 중심적 매커니즘으로 하여 사회의 갈등과 균열을 폭넓게 표출하고 대표하는 방법을 통해 다수의 힘을 동원하고, 선거에서 승리함으로써 권력을 획득하고, 이 과정에서 형성된 정책적 대안을 실현하고, 그 실현을 위해 필요한 사회적 지지를 동원하는 일련의 과정으로 이루어지는 집단적 행위라고 정의할 수 있다." 이러한 개념 규정에는 최장집의 민주주의 이론이 집약돼 있다. 민주주의를 정착시키고 성숙시키기 위해선 무엇보다 정치와 정당이 중요하다는 것이다.

고대 그리스에 기원을 둔 민주주의는 우리 인류의 '오래된 미래'다. 인민의 지배, 다시 말해 시민들의 자기 지배보다 더 중요한 사회적 가치는 없다. 최장집은 이 오래된 미래를 깊이 있게, 열정적으로 탐구함으로써 한국 민주주의의 성찰적 계몽을 이끌어왔다. 학문적 연구와 사회적 영향력이라는 두 기준을 놓고 볼 때 그는 민주화 시대 최고의 이론가다.

《민주화 이후의 민주주의》의 내용

최장집은 1943년 강원도 강릉에서 태어났고, 고려대에서 정치외교학을 공부했으며, 미국 시카고대에서 박사학위를 받았다. 고려대에서 정치학을 가르쳐온 그가 지식사회를 넘어 시민사회에 자신의 존재를 본격적으로 알린 담론은 1998년 김대중정부 정책기획위원장을 맡아 발표한 '민주적 시장경제론'이다. 민주적 시장경제론은 국가-시장-시민사회 간의 생산적 균형을 요청한 중도진보 대안론이다. 국가와 시장의 관계를 어떻게 설정할 것인가의 문제가 제도적 측면에서 우리 사회의 가장 중요한 과제인 만큼 민주적 시장경제론은 진보는 물론 보수에게도 큰 영향을 미쳤다.

《민주화 이후의 민주주의》는 한국 민주주의에 대한 최장집 사상을 대표하는 저작이다. 2002년에 발표된 이 책은 2005년에 개정판이 나왔다. 부제는 '한국 민주주의의 보수적 기원과 위기'다. 2012년 미국 스탠퍼드대학 아시아태평양연구센터는 이 책의 영어판《Democracy after Democratization: The Korean Experience》를 출간했다.

《민주화 이후의 민주주의》는 네 부분으로 이뤄져 있다. 2002년의 시점에서 최장집은 한국 민주주의가 안락한 보수주의에 빠져 있다는 문제를 제기하고, 이런 보수적 민주화의 역사적·구조적 기원을 추적하며, 민주화 시대에 관찰할 수 있는 국가의 무능, 시장으로의 전환, 시민사회의 명암을 분석한 다음, 결론으로 우리 민주주의의 발전을 위한 과제를 탐색한다.

《민주화 이후 민주주의》가 성취한 이론적·실천적 기여는 세 가지다. 첫째, 한국 민주화를 냉전분단국가 형성과 자본주의 산업화 과정 속에 위치시켜 조명한다. 둘째, 허약한 대표성, 정당체제의 미성숙, 지역주의 정치를 한국 정치의 현주소로 진단한다. 셋째, 시민사회 균열을 제대로 반영한 정당정치와 신자유주의에 맞서는 경제적 민주화를 한국 민주주의의 당면 과제로 제시한다.

최장집 민주주의론을 생각하면 먼저 떠오르는 정당정치의 정상화에 대한 그의 이론적·실천적 관심이 체계적으로 탐구되고 오롯이 반영된 저작이 바로《민주화 이후의 민주주의》다. 현대 민주주의가 대의민주주의를 바탕으로 이뤄지고 있다면, 국민 다수의 의사를 정치적으로 대의하고 대표하는 정당의 역할은 아무리 강조해도 지나침이 없다.

"민주화 이후 민주주의의 핵심 문제는 민주정부를 강하고 능력 있게 만드는 일이다. 이를 위해서는 정치가 민주주의적 정치과정에서 중심적 역할을 해야 하며, 그 중심적 메커니즘이 정당정치이므로 정당과 정당체제를 바로 세우고 튼튼한 사회적 기반을 갖게 만들어야 한다"는 최장집의 주장은 민주화 시대가 열린 이후 한국 민주주의가 가야 할 길을 선명히 안내한다.

실질적 민주주의를 향하여

돌아보면 민주주의는 지난 100년 동안 우리 사회변동을 이끌어온 강력한 힘의 원천이자 최고의 규범적 이상이다. 대한민국이 민주공화국이라는 언명은 임시정부에서 현재까지 우리나라를 규정해온 가장 중요한 정치·경제·문화적 정체성이다. 국민주권의 민주주의에 대한 열망은 4월혁명, 부마항쟁, 광주민주화운동으로 이어졌고 6월항쟁을 통해 민주화 시대를 열었다.

민주화 시대에서 핵심적 문제는 '어떤 민주주의'를 이룰 것인가에 있었다. 이 엄정한 질문에 최장집은 절차적 민주주의를 넘어선 경제적 민주화를 위한 실질적 민주주의를 한국 민주주의의 목표로 내세웠다. 1997년 외환위기 이후 양극화의 확대, 2008년 금융위기 이후 불평등의 강화를 주목할 때 최장집의 대안은 작지 않은 공감을 불러일으켰다. 2012년 대선에서 경제민주화와 복지국가가 새로운 시대정신으로 부상한 것은 구체적인 증거였다.

이후 최장집은 '진보적 자유주의'를 주창해 다시 한 번 관심을 모았다. 그는 자율적 결사체의 강화를 통해 개인의 자유를 보호하고 국가·시장의 관료화에 맞서는 정당과 이들 간의 경쟁을 보장하기 위한 '자유주의'를 강조했다. 이러한 자유주의가 사회경제적 평등을 모색하는 진보적 방향성을 갖는 것이 '진보적' 자유주의다. 진보적 자유주의는 민주적 시장경제론의 21세기 버전이라 할 만하다.

그동안 최장집의 민주주의론에 대한 반론이 없지 않았다. 대표적인 반론은 최장집이 참여민주주의를 과소평가한다는 비판이다. 지난 30여 년 우리 사회 민주화를 이끌어온 주요 동력은 시민운동과 노동운동을 포함한 사회운동이었다. '사회운동에 의한 민주화'는 한국 민주화 과정을 특징짓는 현상이었다. 2017년 박근혜정부를 퇴진시킨 것도 다름 아닌 촛불시민혁명이었다. 요컨대, 정당정치와 운동정치, 대의민주주의와 참여민주주의를 생산적으로 결합해야 하는 것은 한국 민주주의에 부여된 새로운 과제라 할 수 있다.

민주주의의 미래

민주주의를 발전시키기 위해선 정치를 활성화하고, 정치를 바로 세우기 위해선 정당정치를 정상화해야 한다는 게 최장집 민주주의론의 요체다. 주목할 것은 21세기 현재 어느 나라든 정당정치가 위기에 빠져 있다는 점이다. 위기의 일차적 원인은 정당이 가져야 할 '대표성의 위기'다. 대표성의 위기란 기성 정당이 국민 다수의 정치적·경제적 가치 및 이익을 더 이상 대변하지 못하는 것을 뜻한다.

이러한 대표성의 위기가 가져온 결과가 포퓰리즘의 부상이다. 오늘날 포퓰리즘은 두 얼굴을 가진다. 정책적 측면에서 포퓰리즘이 '대중영합주의'로 나타난다면, 정치적 측면에서는 '인민주권주의'로 표출된다. '정치적 포퓰리즘'은 무엇보다 '엘리트 대 국민'이라는 균열을 부각시킨다. 정치의 일차적 목표가 엘리트 기득권에 맞선 인민주권의 회복에 있다는 게 '정치적 포퓰리즘'의 핵심을 이룬다.

이러한 포퓰리즘이 최근 서구 정치를 뒤흔들고 있다. 미국의 '트럼프 현상'과 '샌더스 현상', 프랑스의 '국민전선', 독일의 '독일을 위한 대안', 영국의 '독립당', 이탈리아의 '오성운동', 그리스의 '시리자', 스페인의 '포데모스'에 이르기까지 우파 포퓰리즘은 물론 좌파 포퓰리즘이 번성하고 있다. 포퓰리즘 정치는 기성 정당과 공론장을 건너뛰어 사회관계망서비스(SNS) 등을 통해 국민과의 직거래를 시도하려는 직접민주주의를 강화한다.

포퓰리즘은 제도정치를 무력화한다는 점에서 민주주의의 불편한 친구다. 그러나 동시에 인민주권의 회복을 강조한다는 점에서 민주주의의 한 식솔이다. 2008년 금융위기 이후 포퓰리즘이 부상한 것은 서구 정치가 새로운 시대로 나아가는 문턱에 올라서 있음을 일러준다. 우리 사회의 경우도 예외가 아니다. 불평등 완화를 포함한 문제 해결에 무력한 기성 정치사회에 대한 실망은 언제든지 포퓰리즘을 불러낼 수 있다. 민주화 이후의 민주주의가 민주화 이후의 포퓰리즘에 어떻게 대응할 것인가는 우리 민주주의에 부여된 매우 중대한 과제라고 나는 생각한다.

대한민국

선진화 전략

박세일 지음

21세기북스

42. 박세일:
《대한민국 선진화 전략》과 발전의 미래

사상과 이념은 긴밀한 관계를 갖는다. 이념에 따른 보수사상과 진보사상의 구분은 철학사상과 사회사상, 서양사상과 동양사상의 분류처럼 사상을 나누는 중요한 기준의 하나다. 그렇다면 지난 100년 우리 역사에서 보수 이념을 대표하는 사상가는 누구일까. 가장 먼저 주목하고 싶은 이는 박세일이다.

그 까닭은 두 가지다. 첫째, 박세일은 보수 담론의 일대 혁신을 모색했다. 그 개혁 담론이 '선진화론'이다. 둘째, 박세일은 학문과 정치를 결합한 대표적인 경세가(經世家)였다. 경세가란 뜻을 이룰 상황이면 세상에 나아가 경륜을 펼치지만, 그렇지 않으면 물러나 학문에 전력하는 이를 말한다. 조선시대 정도전과 이이는 경세가의 전형이었다. 지식인의 정체성과 정치인의 정체성을 모두 가졌던 이가 박세일이다.

지식인 박세일은 1948년 서울에서 태어났다. 서울대에서 법학을 공부했고, 미국 코넬대에서 박사학위를 받았으며, 서울대에서 법경제학을 가르쳤다. 그런데 그는 기회가 주어지면 정치사회로 나갔다. 김영삼정부 청와대 수석비서관, 한나라당 비례대표 국회의원, 정당 국민생각 대표가 그 사례였다. 정치인 박세일에겐 영광과 좌절이 공존했다. 그러나 지식인 박세일이 발표한 선진화론은 우리나라 미래를 위한 개혁 담론에 큰 영향을 미쳐왔다.

2017년 박세일이 돌연 세상을 떠났을 때 나는 한국일보에 그를 추모하는 칼럼을 썼다. 지식인을 역할에 따라 '보편적 지식인'과 '참여적 지식인'으로 구분할 수 있다면, 격동의 우리 현대사를 함께해온 박세일은 보수적 개혁 담론을 통해 참여적 지식인의 길을 걸어온, 보수 세력의 '숨은 신'과 같은 존재였다고 나는 회고한 바 있다.

《대한민국 선진화 전략》의 내용

《대한민국 선진화 전략》,《창조적 세계화론》,《선진 통일 전략》은 박세일이 남긴 3부작이다. 이 가운데 2006년에 발표한《대한민국 선진화 전략》은 선진화론의 출발점을 이룬다. 선진화론의 핵심 아이디어는 우리 현대사에서 산업화와 민주화에 이어 선진화가 새로운 국가 목표가 돼야 한다는 데 있다.

이 저작은 네 부분으로 이뤄져 있다. '우리는 어디에 서 있는가'의 변화와 도전에 대한 문제제기에서 시작하여, '우리는 어디로 가야 하는가'에 대한 국가의 목표와 이념, '우리는 무엇을 해야 하는가'에 대한 선진화의 과제와 전략의 탐구를 거쳐, '누가 선진화를 이끌 것인가'에 대한 선진화 세력 양성론으로 마무리한다.

'공동체 자유주의'와 '선진화 5대 핵심 전략'은 선진화론의 중심 개념이다. 공동체 자유주의는 선진화를 달성하기 위한 정책 철학이다. 그것은 말 그대로 공동체의 가치를 중시하는 자유주의 이념을 뜻한다. 박세일은 연대성과 보완성을 공동체 자유주의의 구성 원리로, 정보공유와 협치를 운영 원리로 삼는다. 더불어 살아가는 공동체에 대한 개인의 성찰적 배려와 자율적 책임을 중시하는 공동체 자유주의는 보수의 새로운 정치 철학이라 할 만하다.

선진화 5대 핵심 전략은 보수의 새로운 개혁 담론이다. 박세일은 5대 반(反)선진화 사상을 지적한다. 수정주의(신좌파적) 역사관, 결과평등주의, 집단주의(전체주의), 반(反)법치주의, 포퓰리즘(대중인기영합주의)이 그것이다. 이런 반선진화 경향에 맞서 그가 제시한 선진화 5대 핵심 전략은 교육과 문화의 선진화(최고 핵심전략), 시장능력의 선진화(선진경제), 국가능력의 선진화(선진정치와 행정), 시민사회의 선진화(선진시민사회), 그리고 국제관계의 선진화(선진외교안보)다.

선진화를 통해 박세일이 이룩하려는 나라는 '부민덕국(富民德國)의 선진일류국가'다. 부민덕국은 부자 국민과 소프트파워 강국의 결합을 함의한다. "우리가 목표로 하는 진정한 선진국, 진정한 일류국가는 국민 개개인의 정신적 자유와 경제적 풍요가 보장되면서 동시에 소프트파워 면에서 국제적으로 신뢰국가, 모범국가, 매력국가가 되는 것, 즉 덕 있는 나라가 되는 것을 의미한다"고 그는 역설한다.

선진화론의 명암

광복 이후 우리나라 보수 담론을 주도해온 것은 이른바 '박정희주의'였다. 박정희주의의 핵심을 이룬 것은 성장제일주의와 반공권위주의였다. 빠른 경제성장이란 목표를 이루기 위해선 인권을 포함한 민주주의를 유보할 수 있다는 논리였다. 민주화 시대 개막 이후 박정희주의가 서서히 쇠퇴해 가는 과정에서 선진화론은 보수의 새로운 담론으로 각광받았다. 앞서 말했듯, 개발독재론에 의존해온 보수 세력에게 박세일은 새로운 정치적·정책적 상상력을 제공한 '숨은 신'과도 같은 존재였다.

《창조적 세계화론》(2010)에서 박세일은 선진화의 목표를 '창조적 세계화'로 명명하고, 이를 위한 10대 발전전략을 제시한다. 정신자본 중시, 지구촌과의 통합 확대, 세계화 부문과 비세계화 부문의 병진 발전, 인적 투자 효율 제고와 세계 지식생태계 활용, 성장·분배·환경의 공생적 발전, 고용극대화, 민관협치와 지방주권시대 추진, 자유민주주의 정착, 통일 한반도 시대에 기반한 세계 공헌 국가로의 도약, 현장과 역사를 중시하는 국가전략 수립이 그것이다.

이후 박세일이 주력한 것은 통일 담론이다.《선진 통일 전략》(2013)에서 그는 '선진화 통일론'을 선보인다. 선진자유·자주공영·민주평화를 대원칙으로 삼는 선진화 통일론에서 특기할 것은 미국과 중국을 포함한 주변국을 상대로 한 적극적인 통일 외교를 강조한다는 점이다. 이렇듯 박세일은 다양한 분야를 섭렵하고 종합하여 대한민국의 새로운 국가전략을 구상하고 정교화했다.

돌아보면, 선진화론은 박정희주의에 이어 보수의 새로운 시대정신을 제시하는 데 성공했던 것으로 보인다. 공동체 자유주의에 기반한 선진화 5대 핵심 전략은 당시 위기에 빠진 보수 세력을 구출했다. 박세일이 제안한 부민덕국은 보수적 '부국강병'의 21세기형 버전이라 할 수 있다.

광복 이후 박세일만큼 시대정신과 국가전략을 열정적으로, 깊이 있게 탐구한 이를 찾기 어렵다. "사실 우리에게 남아 있는 시간은 별로 없다. 그러나 우리가 풀어야 할 시대적 과제는 너무나 엄중하고 절박하다"는 그의 발언은 보수와 진보를 넘어서 울림이 결코 작지 않다.

그러나 동시에 선진화론의 한계 역시 주목해야 한다. 이에 대해서는 두 가지 문제를 제기할 수 있다. 첫째, 현재 우리 사회에서 무엇이 시대정신이 돼야 하는가. 여전히 민주화 시대인가, 아니면 선진화 시대인가. 외려 복지국가 시대라고 볼 수 있다고 나는 생각한다. 둘째, 선진화론은 보수적 대안답게 성장과 개방에 무게중심을 둠으로써 분배와 복지를 상대적으로 소홀히 하는 것으로 보인다. 2008년 금융위기 이후 어느 나라든 불평등 해소가 새로운 시대적 과제로 부상했다. 우리나라 역시 예외가 아니다. 불평등 완화를 위한 정책대안의 발굴과 추진은 매우 중대한 경제적·사회적 과제인 셈이다.

발전의 미래

선진화란 말이 보여주듯 박세일의 꿈은 대한민국이 선진국이 되는 것이었다. 우리 사회에서 선진국에로의 진입은 보수와 진보를 넘어서는 가치다. 선진국이란 국민 다수가 경제적으로 풍요롭고 정치적으로 자유로우며 문화적으로 성숙한 나라를 뜻한다. 미국과 서유럽 국가들이 선진국에 속한다.

주목할 것은, 우리나라와 같은 비서구사회에서 선진국으로의 도약이 결코 쉽지 않은 과제라는 점이다. 오늘날 선진국들은 제2차 세계대전 이전에 이미 선진국이 됐다. 전후에는 일본과 아일랜드가 선진국 대열에 합류했다. 선진국으로 승인받기 위해서는 지속적인 성장과 분배를 이뤄야 할 뿐만 아니라 성숙한 민주주의와 시민문화를 일궈내야 한다.

분명한 것은, 선진국이 되기 위해선 기존의 '모방 전략'을 넘어서야 한다는 점이다. 자기 나라의 역사적·사회적 조건에 걸맞은 '창의적 표준'을 만들고 이를 실현해야 한다. 일본식 고용관계와 아일랜드식 협약모델은 자기 표준 성취의 구체적인 사례다. 이 점에서 박세일이 제시한 서울 컨센서스 10대 전략은 '한국식 표준'을 세우는 데 여전히 작지 않은 함의를 안겨준다.

100년에서 100년으로 가는 전환기를 살아가는 우리 세대는 다음 세대와 그 세대의 아이들에게 어떤 나라를 물려줘야 할까. 그

나라가 선진국이라면 그러한 선진국으로 발전하는 데 필요한 것은 지속적 혁신이다. 지식정보화가 가속화하는 현재, 이 지속적 혁신을 이루기 위해선 무엇보다 창의적 사유가 요구된다. 창의적 사유의 교육을 위한 사상의 역할이 더없이 중요한 시점이라고 나는 생각한다.

정운찬 평론집

한국경제
아직 늦지 않았다

위기의 한국경제가 풀어야 할 과제와 해결 방안, 그리고 새로운 패러다임

KOSPI
1,255.13

43. 정운찬:
《한국경제 아직 늦지 않았다》와
한국 경제의 미래

사회과학에서 경제학이 갖는 의미는 남다르다. 경제학은 흔히 '사회과학의 여왕'이라 불린다. 이 말에는 여러 뜻이 담겨 있다. 경제학이 사회과학 중 가장 과학적 분석을 강조한다는 의미도 있고, 먹고사는 문제를 다루는 만큼 가장 중요하다는 의미도 존재한다.

우리 현대 지성사에서 경제학자들이 지식사회는 물론 시민사회에 미친 영향은 결코 작지 않다. 일제강점기에 활동했던 백남운, 민족경제론을 주창한 박현채, 서울시장을 역임한 조순, 그리고 영국에서 활동하는 장하준 등은 당대 시민들에게 친숙한 경제학자들이었다. 먹고사는 문제를 다루는 지식인들인 만큼 많은 국민은 이들의 목소리에 귀 기울여왔다.

그런데 경제에 대한 국민들의 관심이 이렇게 높은 것에 비해 경제학자들의 현실참여적 글쓰기는 정작 활발하지 않다. 그 까닭은 경제학이 갖는 학문적 속성에서 찾을 수 있다. 경제학의 발전 과정에서 전문적 글쓰기가 강조돼온 반면에, 현실 문제를 두고 발언하는 것에 대해 경제학계 안에선 호의적이지 않았다.

이러한 경제학의 경향을 주목할 때 앞서 말한 경제학자들은 예외적인 존재들이었다. 이들 외에도 경제학자로서 현실참여적 글쓰기를 활발히 벌인 이들로는 한신대 교수였던 정운영, 서울대 명예교수인 이준구와 정운찬을 꼽을 수 있다.

정운찬의 지적·정치적 경력은 화려하다. 그는 서울대 교수이자 총장이었고, 이명박정부에서 국무총리를 맡았으며, 한때는 유력한 대통령 후보로 거론됐다. 여기서 주목하려는 것은 경제학자로서의 정운찬이다.

케인스주의자로서의 지적 이력

정운찬은 1947년 충남 공주에서 태어났다. 서울대에서 경제학을 공부하고 한국은행에서 근무하다가 미국으로 유학을 떠났다. 프린스턴대에서 박사학위를 받은 다음 컬럼비아대에서 가르치다가 서울대 경제학과 교수로 돌아왔다. 그가 사회적으로 널리 알려지게 된 것은 2002년 서울대 총장을 맡으면서부터였고, 2009년에는 국무총리에 취임했다.

1970년대 후반부터 1997년 외환위기까지 정운찬은 강의와 연구에 충실한 전형적인 교수였다. 그 결과물들이 《경제통계학》, 《금융개혁론》, 《중앙은행론》, 《거시경제론》, 《예금보호론》, 《화폐와 금융시장》 등의 연구서였다. 그는 화폐와 금융 분야의 전문 학자로 일해 오면서 가끔 칼럼을 통해 자신의 의견을 표명해왔다.

이 가운데 1990년대 후반 출간된 두 권의 평론집이 사회적으로 그의 존재를 알리는 데 작지 않게 기여했다. 《한국경제 죽어야산다》(1997)와 《한국경제 아직도 멀었다》(1999)가 그것들이었다. 특히 《한국경제 죽어야 산다》는 국제통화기금(IMF) 관리경제로 귀결될 수밖에 없었던 한국 경제의 구조적 취약성을 간결하면서도 예리하게 분석함으로써 화제를 모았다.

정운찬의 지적 이력에서 가장 중요한 두 사람은 경제학자 조순과 존 메이너드 케인스다. 조순은 학부시절부터 인간적으로, 지적으로 가까운 스승이었다. 케인스는 학문적으로, 정책적으로 정운찬에게 큰 영향을 미친 경제학자였다. 정운찬이 스스로를 '미시적 케인스주의자'라 부르고 있듯 케인스는 정운찬에게 학자적 모범을 이루는 지식인이었다.

한국 경제에 주는 충고

2007년에 출간한 평론집 《한국경제 아직 늦지 않았다》는 위에서 말한 두 평론집에 1999년 이후 쓴 칼럼들과 〈2007 한국경제의 전망과 과제〉, 〈IMF와 한국경제〉 두 편의 논문을 덧붙인 책이다.

정운찬이 말하는 미시적 케인스주의란 뭘까. 일반적으로 케인스주의라면 시장이 잘 발달되어 있는 나라에서 시장이 실패하거나 경기가 부진할 때 정부가 나서서 수요 확대를 통해 경제를 회복시키고 부양하는 것을 정책의 핵심으로 한다.

이러한 거시적 케인스주의에 비해 미시적 케인스주의는 우리나라처럼 아직까지 시장이 원활하지 못한 경우 정부가 주도적으로 시장을 형성해 경제에 활력을 불어넣게 하는 프로그램을 지칭한다. 정운찬의 미시적 케인스주의는 신자유주의 경제정책이나 마르크스 정치경제학과는 다른 '개혁적 케인스주의'를 대표한다.

그렇다면 김영삼정부, 김대중정부, 노무현정부의 경제정책을 정운찬은 어떻게 봤을까. 먼저 김영삼정부에 대해 정운찬은 세계화 전략 등 경제정책 전반을 비판적으로 평가한다. 김영삼정부에선 경제적 형평에 대한 생각이 들어설 자리가 없었다고 그는 회고한다.

김대중정부가 들어선 이후 정운찬의 비판은 초점이 바뀌었다. 그는 국제통화기금(IMF)으로부터 구제금융을 받고 나서 국가경제가 생존의 문제에 직면했고, 형평을 무시할 수 없는 상황이었으나 시장의 활력을 이젠 중시해야 한다는 생각이 들었다고 돌아본다. '성장잠재력을 키워야 한다', '적자생존 원칙을 지켜야 한다', '경제활동 투명도를 높여야 한다' 등을 포함한 그의 발언들은 바로 이런 맥락에서 제기됐다.

김대중정부에 대한 정운찬의 평가는 양가적이다. 한편에서 그는 김대중정부가 유동성 위기 극복과 사회안전망 구축을 위해 노력했다는 점을 긍정적으로 평가한다. 하지만 다른 한편에선 정책적 실패에 대한 아쉬움이 크다고 덧붙인다. 실패의 직접적인 원인으로 그는 관료와 재벌문제를 꼽는다. 집권 초반기에 개혁에 대한 사회적 공감대가 형성됐음에도 관료와 재벌이 이를 거부함으로써 제대로 개혁을 추진하지 못했던 것을 안타까워한다.

노무현정부의 경제정책에 대한 정운찬의 평가는 김대중정부보다 후하지 않다.《한국경제 아직 늦지 않았다》의 서론인 '2007년 한국경제의 전망과 과제'는 노무현정부에 대한 그의 견해를 엿볼 수 있게 한다. 그는 투자 부진과 사회 양극화를 한국 경제의 핵심 문제로 파악하고, 이를 해결하기 위한 대안으로 새로운 조정 장치의 구축과 사회적 자본의 성숙을 제시한다.

이명박정부에서 국무총리에 취임한 정운찬은 의욕적으로 자신의 경제이론을 정책으로 추진하려 했다. 하지만 그 실제적 성과는 크지 않았던 것으로 보인다. 이명박정부의 '신자유주의적 개발주의'와 정운찬의 '개혁적 케인스주의'는 애초에 양립하기 어려운 패러다임들이었다.

지식인으로서의 정운찬의 장점은 일종의 균형 감각이다. 그 균형은 우리 앞에 놓인 현실의 문제들을 실현가능한 방법으로 해결하려는 데 있다. 성장과 형평을 결합하되, 정부의 역할을 여전히 중시하는 정운찬의 경제이론은 오늘날에도 작지 않은 함의를 안겨주는 것으로 보인다.

한국 경제의 미래

국무총리에서 퇴임한 이후 정운찬은 '동반성장'의 전도사로 활동해왔다. 2010년 동반성장위원회 출범과 함께 위원장을 맡았고, 2012년 민간단체인 동반성장연구소를 설립해 이끌어왔다. 정운찬은 말한다.

"동반성장은 '더불어 같이 성장하자'는 뜻입니다. 즉 '더불어' 살기 위해 네 것을 좀 줄여서 나한테 달라는 것이 아니라 '같이 성장하자'는 것입니다. (…) 파이를 더 크게 하고 분배도 공정하게 함으로써 모두가 함께 더 가질 수 있게 하자는 것입니다. 성장을 해치지 않으면서 분배도 공정하게 해서 모두가 함께 더불어 잘 살자는 것이 동반성장입니다."

정운찬이 가장 우려하는 것은 빈익빈 부익부라는 시장경제의 그늘이다. 이러한 그늘을 해결하기 위한 제도의 하나로 그가 내세운 것이 '초과이익공유제'다. 대기업과 함께 협력해 성과를 이룬 중소기업에도 기여도에 따라 초과이익을 공유하고 배분하자는 이 제도는, 정운찬이 강조하듯, 시장경제의 병폐를 치료할 수 있는 정책의 하나로 평가할 만하다.

불평등은 2008년 금융위기 이후 세계경제와 사회를 관통하는 핵심적 화두를 이뤄왔다. 2014년 경제개발협력기구(OECD)는 경제성장의 발목을 잡고 있는 것이 심각한 소득 불평등이라는 보고서를 내놓았다. IMF 역시 불평등 증가가 경제성장에 압박을 가하고 불안정을 부추긴다고 진단한 바 있다.

21세기 '뉴 노멀'의 세계경제에서 두 가지 경향은 분명하다. 첫째, 분배 및 복지정책이 적극적으로 추진되지 않는다면 불평등은 더욱 증가할 가능성이 높다. 둘째, '인더스트리 4.0' 또는 '제4차 산업혁명'으로 불리는 새로운 과학기술혁명이 경제는 물론 사회를 크게 바꾸어놓을 것이다.

불평등 해소에 더해 혁신성장을 어떻게 일궈나갈지는 한국 경제의 미래를 결정하는 핵심적 과제다. 이 두 과제에 어떻게 대처하느냐야말로 한국 경제의 낙관적 미래와 비관적 미래의 갈림길이 될 것이라고 나는 생각한다.

비
동시성의
동시성

한국 근대정치의 다중적 시간

SIMULTANEITY OF NON-SIMULTANEOUS:
Multiple Temporalities of Modern Politics in Korea

임혁백

SIMULTANEITY OF NON-SIMULTANEOUS:
Multiple Temporalities of Modern Politics in Korea

SIMULTANEITY OF NON-SIMULTANEOUS:
Multiple Temporalities of Modern Politics in Korea

고려대학교출판부
KOREA UNIVERSITY PRESS

44. 임혁백:
《비동시성의 동시성》과 비동시성의 미래

문학사든, 철학사든, 경제사든 이른바 통사를 쓰는 것은 결코 쉬운 일이 아니다. 통사를 기술하기 위해선 역사변동에 대한 거시적 안목과 미시적 탐구가 생산적으로 결합돼야 한다. 이런 거시적 시각과 미시적 분석의 종합은 오랜 학문적 훈련과 통찰을 통해서만 획득될 수 있는 것이다.

지난 100년 우리 사회가 걸어온 길을 다룬 사회과학의 통사적 연구에서 가장 주목할 저작 하나를 들라면 나는 정치학자 임혁백의 《비동시성의 동시성》(2014)을 꼽고 싶다. 그동안 임혁백은 민주화 이행과 공고화, 민주주의·국가·시장의 관계, 민주주의·세계화·정보사회의 관계에 대한 탐구에서 탁월한 성과를 남겨왔다. 《비동시성의 동시성》은 이러한 자신의 연구를 결산한 저작이다.

임혁백의 정치학을 주목하는 까닭은 두 가지다. 첫째, 임혁백은 정치학자 최장집과 함께 우리 사회를 대표하는 민주주의 이론가다. 둘째,《비동시성의 동시성》은 최장집의《민주화 이후의 민주주의》와 함께 광복 이후 한국 정치학을 대표하는 업적이다. 한국 민주주의론은 이 두 정치학자들에 의해 더욱 풍요로워지고 심화됐다고 나는 생각한다.

민주주의 이론가 임혁백

임혁백은 1952년 경북 경주에서 태어났다. 서울대에서 정치학을 공부했고, 시카고대에서 정치학 박사학위를 받았다. 이화여대와 고려대에서 정치학을 가르쳤고, 현재 고려대 명예교수와 광주과기원 석좌교수를 맡고 있다. 그는 경제학자 김형기와 중도진보 싱크탱크 '좋은정책포럼'을 창립해 이끌었고, 세계정치학회(IPSA) 집행위원으로도 일했다.

우리 지식사회가 임혁백을 주목하게 된 것은 그의 민주주의 연구를 통해서였다. 임혁백은 전략 선택 이론에 입각해 한국 민주화 시대의 개막을 분석했다. 전략 선택 이론은 행위자들의 전략적 선택에 초점을 맞춘 게임이론의 틀에서 정치변동을 설명하려는 분석 틀이다.

구체적으로 임혁백은 1987년 6월항쟁과 그 결과인 민주화 이행의 특징을 지배 블록 내 개혁파와 반대세력 내 온건파 간의 '타협에 의한 민주화'에서 찾았다. 군부세력 안의 개혁파와 민주화운동 세력 안의 온건파가 주도해 6·29선언을 이끌어냈다는 게 그 분석의 요체였다. 행위자의 선택을 중시한 이러한 연구는 참신한 시도였고, 이후 작지 않은 영향을 미쳤다.

민주화 이행 연구를 위시한 일련의 논문들을 묶어 임혁백은 《시장·국가·민주주의: 한국 민주화와 정치경제이론》(1995)을 내놓았다. 당시 이 저작은 두 가지 측면에서 주목받았다. 첫째, 그동안 우리 학계에서 등한시돼온 시장과 국가의 관계를 새롭게 조명했다. 둘째, 민주화와 민주주의에 대한 이론들을 깊이 있게 탐구했다. 임혁백에게 민주주의를 구현하는 데 중대한 과제는 불완전한 시장과 불완전한 국가를 개혁해 양자가 행복한 결합을 할 수 있는 방법을 찾는 것에 있었다. 시장·국가·민주주의의 관계에 대한 묵직한 테제를 그는 우리 사회과학에 내놓은 셈이었다.

이후 임혁백은 세계화와 정보사회의 진전이 민주주의에 어떤 영향을 미치는지 연구했다. 그 결과가 《세계화 시대의 민주주의: 현상·이론·성찰》(2000), 《신유목적 민주주의: 세계화·IT 혁명 시대의 세계와 한국》(2009)이었다. 임혁백 민주주의론이 갖는 장점은 정부와 정당 등 정치사회 내부의 행위자들뿐 아니라 시장과 시민사회 등 정치사회 외부의 행위자들까지 주목함으로써 민주주의에 대한 포괄적인 설명과 분석을 제공한다는 데 있다.

정치적 사회과학자 임혁백

《비동시성의 동시성》은 정치학자이자 민주주의자로서의 임혁백이 자신의 정체성을 선명히 보여주는 저작이다. '한국 근대정치의 다중적 시간'이라는 부제가 달린 이 책은 850쪽이 넘는 대작이다. 이 저작으로 그는 2015년 대한민국 학술원상(사회과학부문)을 수상했다.

저작《비동시성의 동시성》을 이끄는 두 착상은 '긴 20세기'와 '비동시성의 동시성'이다. '긴 20세기'는 이탈리아의 역사사회학자 조반니 아리기로부터 빌려온 개념이다. 임혁백이 말하는 우리 사회의 '긴 20세기'는 1876년 개항에서 시작해 식민지, 분단, 정부 수립, 전쟁, 산업화, 민주화, 그리고 최근 세계화까지 이르는 현재진행형의 장구한 시간을 지칭한다.

이 '긴 20세기'를 분석할 수 있는 유용한 개념으로 임혁백이 주목한 것은 독일의 철학자 에른스트 블로흐가 주조한 '비동시성의 동시성'이다. 블로흐의 '비동시성의 동시성'은 독일 바이마르 시대에 권위주의, 민주주의, 전체주의, 탈근대주의의 상이한 역사적 시간들이 동시적으로 공존했던 현상을 묘사하기 위한 개념이다.

임혁백은 이러한 블로흐 개념을 우리 사회 분석을 위해 재구성한다. 그가 재주조한 '비동시성의 동시성' 개념은 세 가지 의미를 담고 있다. 다중적 근대의 시간과 다양한 근대의 시간을 동시에 갖고 있고, 비동시적 시간의 동시적 '공존'뿐 아니라 '충돌'까지 포함하며, 경제와 정치의 균형적 시각을 중시하는 게 그것이다.

'비동시성의 동시성'이란 이론틀에 입각해 임혁백은 19세기 후반 개항에서 21세기 초반 세계화에 이르는 '긴 20세기'의 우리 역사 및 정치를 파노라마처럼 재현한다. 최장집이 적절히 지적하듯, 이 저작은 "거시역사적, 정치학적 퍼스펙티브를 통해 갈등과 고난으로 점철된 한국 근대화 과정을 면밀히 재점검하면서 근대화의 과제들을 어렵사리 성취해 가는 과정으로 분석한다."

그렇다면 임혁백이 도달한 결론은 뭘까. 우리 사회에서 관찰되는 '비동시성의 동시성'에 대해 어떻게 대처해야 할까. 임혁백은 말한다.

"필자는 '긴 20세기'에 전근대, 근대, 탈근대의 시간이 동시적으로 나타나는 비동시성의 동시성의 원인은 압축적 후발 산업화였다고 보았다. (…) 대한민국의 새천년 과제는 한편으로 전근대성을 탈피하면서 다른 한편으로 근대성을 완결하고 또한 탈근대에 진입해야 하는 3중적 과제를 동시에 수행하는 것이라고 결론지었다."

이 3중적 과제를 실현하기 위한 전략으로 임혁백이 제시하는 것은 다원주의적 공존 및 균형을 추구하는 정치제도와 정치문화의 생산적 결합이다. 무엇보다 그는 비례대표제와 초다수제의 강화, 관용의 경계 확장과 극단주의의 배격, 사회적 합의기구의 활성화, 합의민주주의 모델로의 전환, 연방주의와 지방분권의 강화 등을 구체적인 제도의 디자인으로 제안한다.

저작 《비동시성의 동시성》에서 볼 수 있듯, 임혁백 정치학은 전통적인 정치학을 넘어선 '정치적 사회과학'이라 할 수 있다. 임혁백의 관심과 연구는 정치사회 내부동학은 물론 시장·시민사회와의 관계라는 외부동학에도 맞춰져 있다. 국가가 시장 및 시민사회와 어떤 관계를 맺는지에 대한 이론적 탐구와 경험적 분석 없이 한국 정치의 특수성과 보편성을 제대로 파악하기 어렵다. 바로 이

점에서 임혁백은 '정치적 사회과학'이란 새로운 학문적 영역을 개척해왔다고 볼 수 있다.

비동시성의 미래

"모든 사람은 동일한 '현재'에 살고 있지 않다." 블로흐가 남긴 말이다. 우리 사회에도 적절한 구절이다. 임혁백은 말한다.

"아직도 전근대에 살고 있는 노령 세대, 가난한 농민, 도시 빈민들, 꼴통 보수들이 있고, 근대 한복판에 살고 있는 부유한 신중산층, 대자본가, 노동계급, 그리고 근대에서 탈근대로 폭넓게 살고 있는 젊은 세대, 신유목 시민사회, 벤처사업가들, 지식노동자들 그리고 퇴영적 포스트 모던 진보주의자들이 비동시적 시간을 동시에 살고 있다."

2014년 임혁백의 시선에 잡힌 우리 사회 현실은 현재에도 그대로 관찰된다. 앞서 지적했듯, '비동시성의 동시성'에 대해 임혁백은 다원주의적 공존 및 균형을 강조한다. 하나의 시간으로 동시화하지 말고 여러 시간을 사는 이들이 공존하면서 경쟁하는 균형을 확보하도록 하는 다원주의적 해법은 타당하면서도 불가피한 것으로 보인다.

21세기 미래 사회변동을 염두에 둘 때 이러한 '비동시성의 동시성'은 앞으로 강화될 가능성이 크다. 최근 우리 사회에선 기존의 계급·이념 균열에 새로운 세대·젠더 균열이 더해지면서 사회갈등의 갈래가 중층화되고 있다. 그리고 그 결과 비동시적 시간들의 동시적 공존은 복합적 양상으로 나타나고 있다. 이렇듯 미래의 시대는 다원주의적 상상력을 더욱 요청하고 있다. '닫힌 사회'가 아닌 '열린 사회'를 일궈나가야 하는 것은 새로운 100년으로 가는 데 매우 중대한 과제 중 하나라고 나는 생각한다.

CONTEM-
PORARY
KOREAN
POLITICS

Theory, History and Present, 1945~2011

현대- 이론, 역사, 현실, 1945~2011

한국정치

손호철 지음

이매진

45. 손호철:
《현대 한국정치》와 마르크스주의의 미래

현대 한국 지성사에서 마르크스주의의 기원은 일제강점기로 거슬러 올라간다. 당시 마르크스주의는 사회사상은 물론 사회운동에도 큰 영향을 미쳤다. 사상의 측면에서 문학평론가 임화의 계급문학론과 경제학자 백남운의 사회경제사 분석은 당대 마르크스주의를 대표한 담론 및 연구였다.

광복 이후 펼쳐진 해방 공간에서 마르크스주의는 다시 한 번 분출했다. 하지만 이내 냉전분단체제가 형성되고 공고화되면서 마르크스주의는 공적 담론의 장에서 사실상 불허됐다. 마르크스주의가 학문적 시민권을 회복한 것은 1987년 이후 민주화 시대가 열리면서부터였다.

이러한 마르크스주의의 부활에 기여한 지식인들 가운데 내게 가장 먼저 떠오르는 이들은 경제학자 김수행과 윤소영, 정치학자 김세균과 손호철, 사회학자 서관모와 이진경이다. 이들은 칼 마르크스 사상에 기반한 정치경제학, 국가론, 계급론 등을 펼쳐 진보적 사회과학의 발전에 큰 영향을 미쳤다.

이 장에서 다루려는 이는 손호철이다. 손호철을 주목하는 까닭은 세 가지다. 첫째, 손호철은 마르크스주의를 포함한 진보 정치학을 대표하는 사회과학자였다. 둘째, 손호철은 '분단체제 논쟁'에서 '한국체제 논쟁'에 이르기까지 일련의 논쟁들에 적극 개입하여 한국사회 이해를 풍성하게 했다. 셋째, 손호철은 이론과 실천의 변증법적 결합을 추구했다. 민주화를 위한 전국교수협의회(민교협) 상임공동의장 등을 포함한 진보적 지식인으로서의 그의 활동은 민주화에도 작지 않게 기여했다.

논쟁의 한가운데에서

손호철은 1952년 서울에서 태어나 서울대 정치학과를 졸업하고 미국 텍사스 주립대학(오스틴)에서 박사학위를 받았다. 서강대에서 오랫동안 가르쳐온 그는 제도화된 아카데믹 정치학과 실천적인 진보 정치학을 넘나들면서 자신의 이론과 분석을 체계화해 왔다.

손호철 정치학의 가장 중요한 이론적 자원은 마르크스의 정치경제학과 니코스 풀란차스의 정치이론이다. 특히 그리스 태생의 마르크스주의 정치학자 풀란차스가 손호철에게 미친 영향은 결코 작지 않다. 자본주의 국가 이론을 정립하고 사회주의와 민주주의를 적극 결합했던 폴란차스의 정치이론으로부터 손호철은 지적 영감과 실천적 통찰을 이끌어낸 것으로 보인다.

손호철 정치학의 미덕은 서구의 진보 정치이론에 입각해 한국의 정치 현실을 치밀하게 분석해온 데 있다. 이러한 연구의 결실이 《한국정치학의 새구상》(1991)에서 《촛불혁명과 2017체제》(2017)에 이르는 일련의 저작들이었다.

2011년에 나온 《현대 한국정치》는 손호철의 대표 저작이라 할 만하다. '이론, 역사, 현실, 1945~2011'이 그 부제다. 이 책은 《해방 50년의 한국정치》(1995)를 바탕으로 한, 저자 자신의 표현대로 '손호철의 한국정치 연구 종합판'이다. 이론적 탐구와 실증적 연구를 겸비한 뛰어난 저작이다.

'머리말'에서 손호철은 말한다. "이 책은 저의 진보적 이념을 반영하고 있습니다. (…) 넓은 의미에서 보자면 흔히 '민중사관'이라고 부르는 진보적 시각에 기초해 한국 현대정치를 비판적으로 분석하고 있습니다." 이 책에서 손호철이 전하려는 것은 한국사회의 비판적 독해를 통한 한국사회 문제들에 대한 일종의 조기 경보라고 할 수 있다.

손호철의 학문적 기여 가운데 내게 가장 인상적인 것은 그가 참여한 일련의 논쟁들이었다. 《현대 한국정치》는 그가 개입했던 논쟁의 주요 논문들을 싣고 있다. 구체적으로 그는 분단체제 논쟁에서 분단의 영향을 과도하게 부각하는 것에 이의를 제기했고, 시민사회 논쟁에서 시민사회론이 계급적 요인을 간과한다고 지적했으며, 민주화 이론에 대한 다각적 검토를 통해서는 '타협에 의한

민주화론'이 갖는 문제들을 비판했다. 또한, 한국체제 논쟁에서는 1997년 외환위기를 계기로 한국사회가 '97년 체제'로 전환됐다는 견해를 내놓았다.

이러한 논쟁들에서 손호철은 자신의 장점을 유감없이 발휘했다. 그는 이론과 실천의 결합을 추구한 진보 정치학자였지만, 정치 현상에 대해선 세계체제와 한국사회, 정치와 경제, 구조와 행위, 일반성과 특수성을 모두 고려한 과학적 연구를 강조했다. 그는 서구 정치이론 및 방법론에 밝았고, 이를 재구성한 이론 틀을 기반으로 해 한국정치의 역사와 현실을 분석했다. 세련된 이론 구성과 엄밀한 경험 분석을 통해 손호철은 한국 진보 정치학의 수준을 한 단계 끌어올렸다.

한국정치의 과제

2018년 2월 손호철은 정년퇴임과 함께 이매진출판사에서 네 권의 책을 동시에 내놓았다. 《국가와 민주주의》, 《한국과 한국정치》, 《유신 공주와 촛불》, 《즐거운 좌파》가 그것이다. 이 책들을 포함해 그는 총 16권으로 이뤄진 '손호철의 사색' 시리즈를 출간하겠다고 약속했다.

이 가운데 《유신 공주와 촛불》의 말미에는 손호철의 서강대 고별 강연인 '마르크스주의, 한국 예외주의, 시대의 유물론'이 실려 있다. 마르크스주의가 그의 학문적 토대를 이룬 이론이라면, 한국 예외주의는 그의 전공인 한국정치가 갖는 역사·구조적 특징을 지칭하는 담론이다. 그리고 시대의 유물론은 시대와 역사에 구속받은 자신의 인생을 돌아봄으로써 후학들에게 전달하는 삶의 메시지다.

고별강연인 만큼 이 강연에는 손호철의 정치적 소망이 압축적으로 담겨 있다. 지역주의를 넘어서 보수 대 진보의 정치 균열을 정상화하고, 민의를 제대로 반영할 수 있는 선거제도 등의 정치 개혁에 주력하며, 사회적 약자들과 함께하는 사회운동적 노동운동을 포함한 진보 세력의 혁신을 모색해야 한다고 그는 강조한다. 이러한 소망은 긴 학문적 여정에서 손호철이 도달한 결론이라 할 수 있다.

아카데믹 원칙에 충실한 이들에겐 이론과 실천의 결합을 추구하는 손호철의 진보적 경향이 불편할 수 있다. 더하여, 한국적 이념구도의 특수성을 부각시키는 이들은 더불어민주당을 자유주의 세력으로 파악하는 손호철의 정치적 평가에 이의를 제기할 수 있다. 그러나 계급적 요인을 중시하고 엄밀한 분석을 강조한 손호철의 학문적 입장과 한국사회 변화에의 정치적 개입을 촉구하는 그의 실천적 태도는 진보적 지식인의 한 모범이었다고 나는 생각한다.

마르크스주의의 미래

지난 100년 우리 지성사에서 진보적 사회과학에 큰 영향을 미친 이론으로는 민족주의, 마르크스주의, 케인스주의, 시민사회론 등을 들 수 있다. 이 가운데 마르크스주의의 영향은 유별났다. 마르크스주의는 무엇보다 자본주의 생산양식에 대한 비판, 계급해방과 인간해방의 추구, 이론과 실천의 변증법적 결합을 부각시켰다.

돌아보면, 역사적 마르크스주의는 '이론', '운동', '체제'의 세 차원에서 존재했다. 손호철은 말한다. "현실을 설명하는 이론으로서의 마르크스주의가 있다면, 변혁적 노동운동 등 운동으로서의 마르크스주의가 있습니다. 또한 몰락한 소련과 동유럽 등 현실사회주의와 같은 체제로서의 마르크스주의가 있습니다."

손호철이 지적하듯, 21세기 현재 마르크스주의는 중대한 위기에 처해 있다. 체제로서의 마르크스주의는 종말을 고했고, 이론으로서의 마르크스주의와 운동으로서의 마르크스주의 또한 위기를 겪고 있다. 하지만 위기에 직면해 있다고 해서 마르크스 사상의 유효성이 완전히 사라진 것은 아니다.

마르크스 사상의 현재성을 주목한 이는 영국 경제학자 메그나드 데사이다. 데사이는 자신의 저작《마르크스의 복수》에서 19세기 마르크스가 연구의 중심 주제로 삼았던 자본주의의 역동성, 사회 불평등의 강화, 물신화된 현대 문명이 21세기 우리 인류가 직면한 중요한 현실이라고 주장한 바 있다.

오늘날 신념과 이념으로서의 마르크스주의는 지난 20세기와 같은 정치적 영향력을 더 이상 행사하지 않는다. 그러나 마르크스가 제기한 자본주의의 불평등은 갈수록 중대한 사회 문제가 되고 있다. 프랑스 경제학자 토마 피케티는 자신의 저작《21세기 자본》에서 "2010년대에 접어든 오늘날, 필경 사라진 듯했던 부의 불평등이 역사적 최고치를 회복하거나 심지어 이를 넘어서는 수준에 다다랐다"고 경고한다.

마르크스의 실천적 해법과 정치적 전략이 잘못됐다는 것은 지난 20세기의 역사가 증거한다. 그러나 사회 불평등 해소에 대한 마르크스의 문제의식은 진보적 사회과학의 미래에서 여전히 중요한 과제를 이룬다. 사회 평등의 실현과 이를 바탕으로 한 인간 해방의 추구는 진보적 사회과학의 존재 이유이기도 하다고 나는 생각한다.

유교
자본주의
민주주의

함재봉

전통과현대

46. 함재봉:
《유교, 자본주의, 민주주의》와
지식사회의 미래

　이 장에서는 한 이채로운 지식인을 살펴보려 한다. 정치학자 함
재봉이 그다. 그가 왜 이채로운 지식인일까. 두 가지 점에서 그렇
다. 첫째, 그는 미국에서 고교와 대학을 다녔고, 박사학위를 마친
다음 한국으로 돌아와 가르치고 연구했다. 둘째, 이런 지적 배경에
서 그가 정작 내놓은 것은 유교사상과 민주주의를 결합한 유교민
주주의론이다. 서구 교육에 오랫동안 세례받았음에도 불구하고
전통사상인 유교를 앞세운 그의 연구들이 내겐 흥미롭고 이채로
웠다.

　지난 100년의 지성사를 돌아볼 때 우리 지식사회에서는 학파
또는 그룹들이 존재했다. 보수적 경제학자들로 이뤄진 '서강학파',
진보적 경제학자들이 주축이 된 '학현학파', 진보적 문예이론을 내

세운 '창비(창작과 비평) 그룹', 자유주의 문예이론이 두드러진 '문지(문학과 지성) 그룹'은 대표적인 사례들이었다. 진보적 사회학을 내건 '산사연(산업사회연구회)'이나 마르크스주의에 주력한 '서사연(서울사회과학연구소)'을 기억하는 이들도 있을 것이다.

이러한 학파들 가운데 1990년대 후반과 2000년대 초반 잡지 《전통과 현대》에서 활동한 그룹이 있었다. 이들은 전통사상인 유교가 갖는 의미를 재발견하고 현대화하려는 지적 기획을 펼쳐 보였다. 《전통과 현대》는 사회학자 전병재가 편집인을, 정치학자 함재봉이 편집주간을 맡았고, 유교자본주의론과 유교민주주의론을 주창해 지식사회 안에서 상당한 화제를 불러 모았다. 이채로운 지식인 함재봉을 다루는 까닭은 여기에 있다.

전통과 탈근대 사이에서

함재봉은 1958년 미국 보스턴에서 태어났다. 부친 함병춘의 유학과 외교관 생활로 어린 시절부터 미국과 한국을 오가며 성장했다. 칼튼 칼리지에서 경제학을 공부했고, 존스홉킨스대에서 정치학 박사 학위를 받았다. 연세대에서 정치학을 가르치다 프랑스 파리 유네스코(UNESCO) 본부 사회과학 국장을 맡았다. 이후 미국 남캘리포니아대 교수와 랜드연구소 선임 정치학자를 거쳐 아산정책연구원 이사장 및 원장으로 일했다.

함재봉은 1997년 여름에 창간한 《전통과 현대》의 편집주간을 맡으면서 국내 지식사회에서 주목받기 시작했다. 당시 《전통과 현대》의 등장은 앞서 말했듯 상당한 관심을 불러일으켰다. 포스트마르크스주의, 포스트모더니즘, 포스트콜로니얼리즘 등 다양한 '포스트주의'가 성행했던 상황에서 전통을 화두로 삼았기 때문이다.

철학자 이승환, 사회학자 유석춘, 정치학자 김병국 등이 참여한 《전통과 현대》는 전통주의 내지 보수주의와 가까웠다. 하지만 동시에 《전통과 현대》는 그 비판 대상의 하나를 오리엔탈리즘에 맞춤으로써 방어적 국수주의와도 거리를 뒀다. 주요 필자들이 이른바 '국내파'가 아닌 '유학파'였다는 점도 이채로웠다. 《전통과 현대》는 한편으로 전통의 재발견과 창조적 계승을 강조하고, 다른 한편으로 보수와 진보에 큰 영향을 미쳐온 서구중심주의를 비판함으로써 서구 이론 및 사상의 일방적 수용에 회의하던 이들에게 공감을 불러 모았다.

《탈근대와 유교》(1998)는 이즈음 발표한 함재봉의 첫 저작이다. '한국 정치담론의 모색'이라는 부제가 달린 이 책에서 그는 포스트모더니즘과 유교라는 사상적 프리즘을 통해 근대사회와 한국사회의 논리에 대한 심층적 분석을 시도했다.

함재봉은 스스로 보수주의자로서의 정체성을 갖고 있다. 그의 보수주의는 '철학적 보수주의'에 가깝다. 철학적 보수주의는 후기 루트비히 비트겐슈타인, 한스 게오르크 가다머, 마이클 오크숏으로 대표된다. 이들은 인간의 불완전성에 주목하고, 사회 문제들을 대화로 풀고자 한다. 전통을 중시한다는 점을 제외한다면, 이들의 사상은 미셸 푸코와 자크 데리다로 대표되는 포스트모더니즘 철학의 상대주의 인식론과 흡사하다.

주목할 것은 이런 철학적 보수주의와 유교사상이 갖는 친화성이다. 뿌리 깊은 전통주의, 가족·국가를 중시하는 공동체주의, 선차적 중요성이 부여되는 도덕주의, 배움을 바탕으로 한 엘리트주의와 같은 유교사상의 핵심은 철학적 보수주의로부터 먼 거리에 놓인 사유가 아니다. 탈근대와 유교라는 이질적으로 보이는 두 사유 방식 사이에서 함재봉은 한국정치의 생산 및 재생산의 문법을 탐구했다.

유교민주주의란 무엇인가

《유교, 자본주의, 민주주의》는 함재봉이 2000년에 발표한 저작이다. 《탈근대와 유교》에 이어 이 책에서 그는 유교사상을 자본주의, 민주주의와의 관계 속에서 탐구하고 해석한다. 그가 목표로 삼은 것은 보편사의 흐름 속에서 한국적 정체성에 대한 자각과 정립이다. 그는 말한다.

"유교를 자본주의와 민주주의에 비교해 보는 것은 자본주의와 민주주의를 유교적 토양 위에 정착시키는 작업이며, 자본주의와 민주주의를 유교화시키는 작업이기도 하면서 다른 한편으로는 유교를 보편화시키는 작업이기도 하다."

당시 유교에 대한 학문적 관심을 높인 것은 유교자본주의를 둘러싼 토론이었다. 유교자본주의는 국가와 교육의 역할에서 볼 수 있듯 동아시아 경제발전에서 유교적 가치관이 긍정적인 기여를 했다는 점을 부각했다. 하지만 이 담론은 1997년 외환위기가 발생하자 '정실자본주의'로 불리면서 작지 않은 비판을 받았다.

유교민주주의란 무엇인가. 유교민주주의란 '아시아적 가치'의 하나인 유교를 바탕으로 한 '비자유주의적 민주주의'를 지칭한다. 함재봉은 말한다.

　"유교민주주의란 다름 아니라 종교, 계급, 인종, 지역 간의 갈등을 긍정하거나 활용하지 않고 보다 공동체주의적인 민주주의를 모색하고자 하는 문제의식에서 출발한다. 한국사회의 도덕적 합의를 바탕으로 한 강력한 통합력을 유지시키면서 건설적인 방향으로 유도하기 위한 제도적 장치를 마련하는 것이 유교민주주의의 핵심이다."

　함재봉은 서구 자유주의가 가져온 사회적 병폐와 도덕적 해이를 우려한다. 그리하여 이 자유주의를 도덕·가족·국가를 중시하는 유교적 공동체주의로 대체하려는 정치담론으로서의 유교민주주의를 제시한다. 유교민주주의는 서구 자유민주주의와는 상이한, 동아시아에서 관찰할 수 있는 담론이자 현실이라는 게 그의 주장이다. 지성사적으로 유교민주주의는 아시아적 가치론의 정치학인 셈이다.

　이러한 유교민주주의론에 대해선 당시 상반된 평가가 이뤄졌다. 한편에서 유교민주주의론은 동아시아 정치의 역사적 특징을 주목함으로써 서구 정치이론의 무분별한 적용에 경종을 울렸다. 근대화론이든 마르크스주의든 서구 이론이 서구중심주의로부터 자유롭지 못하다는 점에서 유교민주주의론의 문제제기는 음미할 만한 내용을 담고 있었다.

　다른 한편에선 유교 사상이 자유주의를 대신할 수 있는 정치적 대안이 될 수 있는지에 대한 회의 또한 작지 않았다. 유교는 전통주의·도덕주의·공동체주의의 사상인 동시에 권위주의·국가주의·가부장주의의 사상이라는 게 그 비판의 핵심이었다. 나는 공감보다 비판에 더 동의했다. 하지만 한국정치의 특수성을 유교사상에서 찾으려는 함재봉의 노력은 평가할 만하다고 생각했다.

지식사회의 미래

2017년 함재봉은《한국 사람 만들기》라는 야심만만한 제목을 단 책의 저자로 돌아왔다. 그는 '조선 사람'이 지난 20세기를 거쳐 '한국 사람'으로 변화했다는 점을 주목한다. 이 '한국 사람'의 정체성은 '친중위정척사파', '친일개화파', '친미기독교파', '친소공산주의파', '인종적 민족주의파'의 다섯 가지로 나눠볼 수 있다는 게 그의 생각이다. 한국 사람의 계보학을 다룬 이 저작은 이제까지《한국 사람 만들기 1》'제1부 조선 사람 만들기', '제2부 친중위정척사파'와《한국 사람 만들기 2》'제3부 친일개화파'로 나왔다.

완성된 저작이 아닌 만큼 여기서《한국 사람 만들기》를 평가하기란 쉽지 않다. 분명한 것은 함재봉의 연구 태도가 주목받아 마땅하다는 점이다. 우리 사회에서 인간과 사회 탐구를 직업으로 하는 이들에게 서양과 동양의 거리, 서구사회와 한국사회의 차이는 그 공통점 못지않게 중요한 인식 대상이다. 세계사적 보편성 속에서 우리 사회의 특수성을 주목하려는 함재봉의 학문적 태도는 바람직한 것으로 보인다.

비서구사회에서 살아가는 지식인들은 자기 삶과 사회를 이해하는 데 서구 이론 및 사상을 어디까지, 그리고 어떻게 수용해야 할까. 서양중심주의와 동양중심주의는 그 대안이 될 수 없다. 이 둘을 모두 넘어서서 보편성과 특수성을 아우르는 담론 및 분석을 천착하는 것은 우리 지식사회의 미래에 부여된 중대한 과제라고 나는 생각한다.

VIII. 사회와 문화

흙속에
저 바람속에

발간 40주년 기념 개정증보판

흙 속에 저 바람 속에 그 후 40년 신작 수록
새 기획 새 편집의 감동으로 다시 거듭나는 한국 문화론의 고전

이어령

문학사상사

47. 이어령:
《흙 속에 저 바람 속에》와 전통의 미래

"30대에《흙 속에 저 바람 속에》를 써서 한국인을 놀라게 했다. 40대에는《축소 지향의 일본인》을 써서 일본 사람을 놀라게 했다. 그리고 50대에는 올림픽 문화 행사를 통해 세계를 놀라게 했다."

이어령에 대한 국문학자 김윤식의 평가다. 지식인 이어령의 정체성을 어느 하나로 특정하기 어렵다. 문학평론가, 문화비평가, 문명이론가, 작가, 행정가 등 다채롭게 활동해 왔기 때문이다. 문학, 문화, 문명을 포괄하는 '종합적 인문학자'가 가장 적절한 이름일 것으로 보인다.

이어령은 1934년 충남 아산에서 태어났다. 스물세 살 서울대 국문학과 졸업 무렵인 1956년 기성세대를 비판한〈우상의 파괴〉를 발표해 새로운 세대의 출발을 알렸다. 1957년에는 제목부터 의미

심장한 〈화전민 지대〉를 발표해 전쟁의 폐허 위에 새로운 창조의 씨앗을 뿌려야 한다고 선언했다. 전후 세대의 선두 주자가 이어령이었다.

이어령이 널리 알려진 것은 《흙 속에 저 바람 속에》(1963)를 통해서였다. 경향신문에 연재한 에세이를 묶은 이 책은 한국인과 한국문화의 정체성을 파헤쳐 지식사회는 물론 시민사회에 신선한 충격을 안겼다. 그는 여기서 그치지 않았다. 1970년대엔 '신바람 문화'를, 1988년 서울 올림픽에선 남북 분단과 동서 냉전의 극복을 상징하는 '벽을 넘어서'를 선보였다. 그리고 2000년대에 들어와선 '디지로그(digilog)'와 '생명자본주의' 담론을 펼쳤다. 결코 마르지 않는, 지칠 줄 모르는 인문정신의 소유자가 바로 이어령이다.

《흙 속에 저 바람 속에》의 세계

"그것은 지도에도 없는 시골길이었다. (…) 황토 흙과 자갈과 그리고 이따금 하얀 질경이꽃들이 피어 있었다. (…) 지프차가 사태진 언덕길을 꺾어 내리막길로 접어들었을 때 (…) 앞에서 걸어가고 있던 사람들은 늙은 부부였다. 경적 소리에 놀란 그들은 곧 몸을 피하려고는 했지만 너무나도 놀라 경황이 없었던 것 같다. 그들은 갑자기 서로 손을 부둥켜 쥐고 뒤뚱거리며 곧장 앞으로만 뛰어 달아나는 것이다. (…) 누렇게 들뜬 검버섯의 그 얼굴, 공포와 당혹스러운 표정, 마치 가축처럼 둔한 몸짓으로 뒤뚱거리며 쫓겨갔던 그 뒷모습 (…) 나는 한국인을 보았다. 천 년을 그렇게 살아온

나의 할아버지와 할머니의 뒷모습을 만난 것이다. 쫓기는 자의 뒷
모습을⋯."

다소 긴 인용이지만《흙 속에 저 바람 속에》의 서장이다. 1960년
대 경기도 양주 시골에서 초등학교를 다녔던 내겐 생생히 상상되
는 장면이다. 이어령은 묻는다. 한국인은 누구인가, 우리 문화의
본질은 무엇인가, 우리 체험의 원형은 어떻게 볼 수 있는가. "우리
의 피부빛과 똑같은 그 흙 속에 저 바람 속에 우리의 비밀, 우리의
마음", 다시 말해 한국 문화를 젊은 이어령은 예리하게 관찰하고
설득력 있게 해석한다.

문화에는 이중적인 뜻이 담겨 있다. 한 집단이 갖는 공동의 생
활양식이 그 하나라면, 삶의 이유를 제공하는 의미체계가 다른 하
나다. 이러한 문화는 앞선 세대로부터 다음 세대에게 의식적·무
의식적으로 전승되고, 사회의 '심층구조'로서 정치와 경제, 그리고
일상생활에 큰 영향을 미친다.

근대 이후 우리 문화와 미(美)의 본질은 인문학의 주요 관심사
의 하나였다. 미술사학자 고유섭은 우리 미의 본질을 '무기교의
기교'로 봤다. 국문학자 조윤제는 우리 문화의 특질을 '은근과 끈
기'에서 찾았다. 또 우리 문화의 특징을 '흥 또는 한'으로 파악한
이들도 있었다.

이어령이 독해하는 우리 문화의 코드는 단수가 아니라 복수다.
눈물 문화, 빈곤 문화, 권위주의 문화, 눈치 문화, 끼리끼리 문화
등이 그것들이다. 젊은 나이였음에도 그는 동서고금(東西古今)에
대한 해박한 지식에 바탕한 비교와 비유, 통찰을 통해 한국 문화

의 다양한 코드들을 해부한다. 고등학생 시절 이 책을 처음 읽었을 때 이어령의 박람강기(博覽强記)에 경탄해마지 않았던 기억이 여전히 새롭다.

《흙 속에 저 바람 속에》는 우리 문화의 예찬보다는 비판에 기울어져 있다. 한국인의 애달픈 자화상인 셈이다. 이러한 접근을 염려해서인지 이어령은 후기에서 "부정적인 면에서만 한국을 보자는 것이 아니라"고 강조한다. "먼저 아파해야 된다는 것, 그 아픔의 감각이 있어야 한다는 것"이 이 책에 담긴 메시지라고 적어둔다.

인문적 자유주의자로서의 삶

2002년에 나온 신판은 부록으로 〈흙 속에 그 후 40년〉이란 긴 인터뷰를 싣고 있다. 여기서 이어령은 우리 문화의 특질을 새롭게 열리고 있는 정보사회에 걸맞은 경향으로 해석한다. 예를 들어, 초판에선 윷놀이에 당파의 비극성이 담겨 있다고 봤다면, 신판 인터뷰에선 윷놀이의 우연성과 의외성, 애매성에서 우리 특유의 신바람 문화를 찾을 수 있다는 견해를 내놓는다.

인류학자 클로드 레비-스트로스가 주장하듯, 문화에는 우열의 차이가 존재하지 않는다. 이어령 역시 이를 모를 리 없다. 그는 농경사회에서 산업사회로 나아가는 문턱에서 우리 전통문화의 특징을 주목하고 그 부정적 유산의 극복을 계몽하려 했던 것으로 보인다. 《흙 속에 저 바람 속에》가 250여 만 부 이상 팔린 까닭은 이어령의 재치 있고 날카로운 통찰에 공감했기 때문일 터다.

예를 들어, 서구 사회를 '버튼 사회', 우리 사회를 '끈의 사회'로 비교한 이어령의 분석은 여전히 음미할 만하다. "끈은 덩굴처럼 무엇엔가 의지해야 한다. 스스로 자기 몸을 타인에게 속박시켜야 한다. 끈은 끊어질 때 멸망하는 것이다. 이것이 선이 갖는 비극성"이라는 주장은, 혈연과 지연, 학연이 우리 사회에 미친 영향을 돌아볼 때, 21세기 오늘날에도 설득력을 갖는다.

《흙 속에 저 바람 속에》 이후 내 시선을 끈 이어령의 저작은 《디지로그》(2002)와 《생명이 자본이다》(2013)다. 디지로그는 디지털과 아날로그를 결합시킨 말이다. 이어령은 《디지로그》에서 정감 있는 디지털 문화를 창출해 우리 사회가 세계 사회의 새로운 리더가 되자고 제안한다. 《생명이 자본이다》에서는 2008년 금융위기에 대한 성찰을 겨냥한다. 화폐와 물질이 결정하던 자본주의를 넘어서 생명과 사랑을 존중하는 자본주의를 열어가자는 것이 그의 문제의식이다. 이렇듯 이어령은 사회 변화에 호흡하면서 새로운 담론을 쉼 없이 주조해왔다.

이어령의 삶과 학문에 비판이 없지는 않았다. 문화 분석의 깊이에 의문을 표하는 이도 있었고, 양지에 머물러온 삶의 태도를 곱게 보지 않은 이도 있었다. 지난 60여 년 동안 이어령은 구속과 당파를 모두 거부했다. 그의 정체성은 보수와 진보를 초월한, 전통과 현대, 탈현대를 모두 아우르는 '인문적 자유주의'를 지향했다. 인문적 자유주의는 자유를 선택한 만큼 고독을 대가로 요구한다. 이 자유의 고독 속에서 그가 펼쳐온 담론들은 지난 100년 우리 지성사의 소중한 자산의 하나라고 나는 생각한다.

전통의 미래

초기 이어령은 우리 전통을 대체적으로 비판했다. 하지만 후기 이어령은 전통의 창조적 계승을 탐구했다. 전통은 결코 쉽게 사라지지 않는다. 그리고 전통을 일방적으로 배척하는 것도 소망스럽지 않다. 현재는 과거라는 전통 위에 존재하며, 미래 또한 현재라는 전통 위에서 시작한다. 역사란 전통과 현대가 서로 충돌하고 흡수하면서 나선형으로 발전해 가는 과정이다.

사회학자 임희섭은 '전통문화'와 '문화전통'을 구분한 바 있다. 전통문화가 과거 전통사회의 문화를 말한다면, 문화전통은 과거부터 현대까지 축적된, 현재 사회 환경 속에서도 유지되는 문화양식을 말한다. 우리 역사를 돌아볼 때, 권위주의와 가부장주의가 배격해야 할 전통문화라면, 인본주의와 공동체주의는 창의적으로 계승할 수 있는 문화전통이다.

새로운 100년의 문턱 위에 선 현재, 우리 사회가 나아가야 할 방향은 동도서기(東道西器)인가, 서도서기(西道西器)인가. 서양의 기술을 부정할 순 없다. 그러나 우리 문화를 지탱할 가치가 '동양의 마음'인가, '서양의 마음'인가는 결코 간단한 문제가 아닌 것으로 보인다. 아마도 그 마음은 동양의 마음과 서양의 마음 사이 어딘가에 있지 않을까.

지난 100년이 전통과 현대가 뒤섞인 시대였다면, 새로운 100년은 낡은 전통과 과감히 결별하고 지속가능한 전통을 창의적으로 수용해야 할 시대다. 인류의 보편 가치인 개인주의·민주주의와 우리 전통 안에 놓인 인본주의·공동체주의를 어떻게 생산적으로 결합하고 융합할 것인가는 우리 문화의 미래에서 중대한 과제 중 하나라고 나는 생각한다.

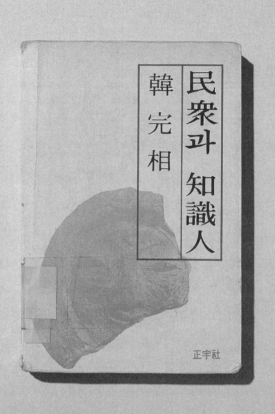

48. 한완상:
《민중과 지식인》과 민중의 미래

 지난 100년 우리 지성사에서 새로운 바람이 불기 시작한 시대는 1960~1970년대였다. 20세기 전반기에 일본 제국주의에 맞선 민족주의 사상이 지식사회를 주도했다면, 1960년대부터는 다양한 담론과 사상들이 지식사회 안에서 경쟁했다.

 이러한 변화에는 두 요인이 중요했다. 첫째, 산업화 시대가 본격화되면서 자본주의와 산업사회 이론들이 영향력을 발휘하기 시작했다. 둘째, 광복 이후 미국 등 서구 유학생들이 증가하면서 이들이 서구에서 배운 이론들을 우리 현실에 적용하기 시작했다. 정치학의 민주주의, 경제학의 케인스주의, 사회학의 페미니즘은 그 대표적인 담론들이었다.

 1960~1970년대 이후 등장한 담론들 가운데 이채로운 것이

'민중 담론'이다. 민중 담론은 서구 이론이라기보다 우리 이론이었다. 민중이라 하면 먼저 민(民), 민초(民草), 백성(百姓)을 떠올릴 수 있다.

이러한 민중 담론에서 한국 현실과 서구 이론을 결합시켜 민중이란 개념에 새로운 생명을 불어넣은 이가 사회학자 한완상이다. 그가 펼친 민중사회학은 민중신학, 민중문학론과 함께 1970년대 이후 민중 담론을 주도했다. 이 민중 담론은 사회운동에 큰 영향을 미쳤고, 1987년 민주화 시대를 여는 데 결코 작지 않게 기여했다.

《민중과 지식인》의 내용

한완상은 1936년 충남 당진에서 태어났다. 서울대에서 사회학을 공부하고 미국 에모리대에서 사회학 박사학위를 받았으며, 1970년부터 서울대에서 사회학을 가르쳤다. 한완상이란 이름이 널리 알려지기 시작한 것은 1970년대 전반 작가 최인호, 문학평론가 김병익 등이 참여한 '청년문화' 논쟁을 통해서였다.

이 논쟁에서 한완상이 취한 입장은 비판적 접근이었다. 그에 따르면, 청년문화는 본래 대항문화(counter-culture)의 창조적 의식을 보여주는 문화다.

한완상은 우리 사회에서 이러한 청년문화의 존재 가능성을 회의했다. 분단의 특수한 정치 상황, 젊은 세대를 존중하지 않는 유교문화, 타율성을 내면화하는 교육제도 등의 영향으로 행동적 대항문화로서의 청년문화는 성립하기 어렵다는 게 그의 진단이었다. 팝송·청바지·통기타 등의 청년문화는 표피적 청년문화이지, 기성

문화에 맞서 이를 극복하는 창조적 대항 정신의 청년문화는 아니라는 게 그의 결론이었다.

이러한 한완상의 문제의식은 자연스레 사회적 주체와 구성에 대한 관심으로 이어졌다. 유신독재가 절정에 달했던 1970년대 후반 그는 그 탐구의 결과로《지식인과 허위의식》(1977),《민중과 지식인》(1978)을 내놓았다.

《민중과 지식인》은《민중사회학》과 함께 한완상의 사회학을 대표하는 저작이다. 민중이란 누구인가. 그는 민중을 "정치적 통치 수단과 경제적 생산수단과 사회문화적 군림(君臨)수단으로부터 소외되어서 부당하게 억압받고 빼앗기고 냉대받는 사람들"이라고 정의한다. 이렇듯 민중은 계급보다 포괄적인 개념이다.

한완상은 민중을 '즉자적 민중'과 '대자적 민중'으로 나눈다. 즉자적 민중이 객관적으로 자기 모습을 볼 수 없는 이들이라면, 대자적 민중은 자기 잠재력과 저력을 객관화해 볼 수 있는 능력을 지닌 이들이다. 의식화되지 못한 민중이 즉자적 민중이라면, 역사의 주체가 될 수 있음을 깨달은 민중이 대자적 민중이라 할 수 있다.

이런 대자적 민중의 한 집단으로 한완상은 지식인을 주목한다. 먼저 그는 '지식기사'와 '지식인'을 구분한다. 지식기사가 현상 관찰과 분석에 주력하는, 가치중립성을 중시하는, 현실 세계를 외면하는 이들이라면, 지식인은 관찰과 분석을 넘어 아픔에 공감하고 진실을 증언하는, 가치중립성을 넘어 지배집단의 허위의식을 통찰하고 폭로하는 이들이다. 이러한 특징을 가진 지식인은 즉자적 민중을 대자적 민중으로 승화시키는 사명을 부여받는다고 그는 강조한다.

민중과 지식인에 대한 한완상의 이론은 카를 마르크스와 사회학자 C. 라이트 밀스의 이론으로부터 영향받은 것으로 보인다. 장 폴 사르트르의 지식인론을 떠올리게 하기도 한다. 이러한 민중과 지식인론으로 한완상은, 밀스와 사르트르가 자기 사회에서 그랬던 것처럼, 1970년대 이후 우리 사회를 대표하는 '공공 지식인'으로 부상했다. 민중과 지식인론의 연장선에서 그는《민중시대의 문제의식》(1983),《민중사회학》(1989) 등을 발표했다.

'사회 의사'로서의 지식인

한완상과 함께 민중 담론에 크게 기여한 이들은 민중신학자 서남동, 문학평론가 백낙청, 그리고 경제학자 박현채였다. 서남동은 하나님의 뜻인 인간해방이 우리 사회에선 '민중해방'으로 나타난다고 주장했고, 백낙청은 역사의 주체인 민중의 삶을 반영한 '민중적 민족문학'을 내세웠다.

박현채는 민중을 노동자 계급에 더한 농민, 소상공업자, 도시빈민, 그리고 일부 지식인으로 파악했다. 이러한 박현채의 민중론은 한완상의 민중사회학과 함께 1980년대 학생운동을 위시한 사회운동에 지대한 영향을 미쳤다. 우리 사회를 산업화 시대에서 민주화 시대로 전환시킨 1987년 6월항쟁의 주체도 다름 아닌 민중이었다.

민중 담론은 민주화 시대가 열리면서 새로운 상황을 맞이했다.

시민운동의 부상과 함께 '시민 담론'이 경쟁자로 등장했다. 민중 담론과 비교해 시민 담론은 상대적으로 온건했다. 민중이 사회 변혁의 주체라면 시민은 사회 개혁의 주체라는 게 그 핵심 아이디어였다.

1990년대와 2000년대 첫 10년은 시민 담론의 르네상스였다. '국가 대 시민사회'가 정치사회의 기본 구도로 자리 잡으면서 경제정의실천시민연합(경실련)·참여연대·여성단체연합·환경운동연합 등 진보적 시민단체들은 물론 '뉴라이트'를 표방한 보수적 시민단체들의 정치적·사회적 영향력이 작지 않았다. 가히 '시민의 시대'라 부를 만한 시기였다.

2008년 촛불집회를 계기로 새로운 주체 담론이 등장했다. '다중 담론'이었다. 사회이론가 안토니오 네그리와 마이클 하트가 주조한 다중이란 자본의 지배 아래 노동하고 생산하는 모든 사람을 지칭한다. 다중은 공장 안의 노동자뿐만 아니라 공장 밖의 노동자를 포괄한다. 이 다중 담론에는 탈근대적 지구자본주의의 변동이 반영돼 있다.

한완상의 민중사회학에 대해선 그동안 비판이 없지 않았다. 엄밀하지 못하고 과잉 규범적이라는 게 그 요지였다. 그럼에도 불구하고 한완상의 민중사회학은 우리 지성사에 두 가지 기여를 한 것으로 보인다. 첫째, 지식인의 사회 계몽적 역할에 대한 그의 주장은 여전히 유효하다. 둘째, 민중에 대한 그의 이론은 역사발전의 주체에 관한 선구적 담론으로 평가할 수 있다. 그가 반복해 강조하듯, 민중은 역사의 주인이다.

한완상은 광복 이후 사회학자들 가운데 가장 먼 길을 걸어온 지식인이다. 대학 교수, 정부 장관, 대한적십자사 총재, 그리고 무엇보다 '공공 지식인'으로 살아왔다. 독재정권에 맞서 싸우다 대학을 떠나야 했고 정부에 참여해 정책 입안가로서 활동했던 그는 스스로에게 약속한 사회를 고치고 개혁하는 '사회 의사'로서의 역할을 충실히 수행했던 것으로 보인다.

국민의 미래

21세기가 20년이 지난 현재, 지구적 차원에서 가장 많이 호명되는 주체는 '국민'이다. 세계화가 빠른 속도로 진행돼 왔음에도 불구하고 국민국가를 구성하는 국민이란 말이 새롭게 주목받는 것은 대단히 역설적인 현상이다.

이러한 '국민 담론'의 등장에는 두 가지 배경을 주목할 수 있다. 첫째, 세계화의 진전이 낳은 결과다. 경제적 세계화가 심화될수록 이 경향에 맞서 정치·문화적 차원에선 민족주의가 부상한다. 이때 민족주의의 주체로서 국민이 호명된다.

둘째, 포퓰리즘의 발흥이 가져온 결과다. 포퓰리즘은 '엘리트 대 국민'이라는 이분법으로 지지 세력을 결집한다. 포퓰리스트들에게 엘리트란 기득권의 다른 호칭이다. 포퓰리스트 정치가들은 정치의 목표가 엘리트 기득권에 맞서서 인민주권을 회복하는 데 있다고 주장하고, 이때 인민주권의 주체로서 국민을 호명한다.

우리 사회에서 민중 담론은 시민 담론을 거쳐 이제 국민 담론으로 변화하고 있는 것으로 보인다. 이 국민 담론 안에는 민족주의적 국민과 지구주의적 세계시민 간의 정치적·문화적 긴장이 담겨 있다. 민족주의적 국민과 지구주의적 세계시민을 어떻게 공존시키고 화해시키며, 나아가 결합시킬 것인가는 앞으로 전개될 21세기에 부여된 가장 중요한 사회·문화적 과제들 중 하나라고 나는 생각한다.

나의 문화유산답사기

창작과비평사

49. 유홍준:
《나의 문화유산 답사기》와 문화의 미래

　어느 나라든 그 나라를 대표하는 '공적 지식인'이 있다. 전문적 지식인이 학술 연구에 주력하는 이들이라면, 공적 지식인은 시민들과의 적극적 소통을 통해 정치·문화적 계몽을 추구하는 이들이다. 예를 들어, 미국의 놈 촘스키와 대니얼 벨, 프랑스의 장 폴 사르트르와 이탈리아의 움베르토 에코는 전후 서구사회의 대표적인 공적 지식인들이었다.

　광복 이후 우리 사회를 대표하는 공적 지식인들로는 함석헌, 리영희, 이효재, 백낙청, 최장집, 박세일, 그리고 강준만을 꼽을 수 있다. 문화 영역에서는 이어령, 김우창, 그리고 유홍준이 대표적인 공적 지식인들이라고 나는 생각해왔다. 유홍준을 주목한 까닭은 세 가지다.

첫째,《나의 문화유산 답사기》등의 책들을 통해 우리 문화유산을 알리는 데 크게 공헌했다. 둘째,《화인열전》등의 저작들을 통해 미술사를 체계화하는 데 작지 않게 기여했다. 셋째, 수많은 강연을 통해 대중과 활발히 소통함으로써 문화유산은 물론 미술사에 대한 시민적 계몽에 앞장서왔다.

유홍준을 생각하면 자연스레 헝가리 태생의 예술사가 아르놀트 하우저가 떠오른다. 서구사회의 경우 문화사의 중심을 이룬 것은 미술사였다. 하우저는《문학과 예술의 사회사》에서 조토에서 피카소에 이르는 미술사를 변화무쌍하게 추적함으로써 서구 예술과 문화에 대한 입체적 이해를 제공했다. 우리 사회의 경우 전통문화는 물론 현대미술에 많은 국민이 좀 더 가깝게 다가설 수 있게 한 지식인은 바로 유홍준이다.

'전 국토가 박물관'

유홍준은 1949년 서울에서 태어났다. 서울대와 홍익대에서 미학 및 미술사학을 공부한 그는 미술평론으로 공적 활동을 시작했다. 그의 이름이 널리 알려진 것은 1993년 출간한《나의 문화유산 답사기》를 통해서였다. 그동안 그는《나의 문화유산 답사기》국내편 11권, 일본편 4권, 중국편 3권을 내놓았다. 2015년 기준으로 《나의 문화유산 답사기》(1~7)는 350만 권이, 이 가운데 제1권은 100만 권이 훌쩍 넘게 판매된 것으로 알려졌다. 가히 우리 문화유산에 대한 국민적 교과서라 할 수 있다.

소설이 아닌 답사기가 이렇게 널리 읽힌 까닭 중 하나는 박물관으로서의 국토 인식에 있다. "우리나라는 전 국토가 박물관이다." 《나의 문화유산 답사기》 제1권의 첫 문장이다. 전 국토가 박물관이라면, 그 대표적 유물은 문화유산이다. 제1권 제1장 '남도답사 일번지-강진·해남(1)'의 첫 쪽에서 유홍준은 말한다.

"월출산, 도갑사, 월남사지, 무위사, 다산초당, 백련사, 칠량면의 옹기마을, 사당리의 고려청자 가마터, 해남 대흥사와 일지암, 고산 윤선도 고택인 녹우당, 그리고 달마산 미황사와 땅끝(土末)에 이르는 이 답사길을 나는 언제부터인가 '남도답사 일번지'라고 명명하였다."

이 구절을 읽으면 절로 강진과 해남의 풍광을 떠올리게 된다. 그리고 문화유산이 곳곳에 놓인 우리 국토야말로 진정한 박물관임을 깨닫게 된다. 이런 문화유산에는 미술·건축·문학 등 다양한 예술양식이 공존한다. 미술과 인문학에 대한 현란한 지식을 바탕으로 유홍준은 우리 예술에 대한 폭넓은 이해를 선사한다.

이 책은 답사 여행기인 동시에 우리 문화의 전통과 현대에 대한 생생한 보고서다. 답사기를 따라가다 보면 정겨운 국토 안에서 살아온 선조들의 인생과 그 인생들이 주조한 역사를 만나게 되고, 그 현재적 의미를 돌아보게 된다. 이 여행기는 망원경처럼 북한 지역까지 확대됐다가 현미경처럼 서울 문화유산에 초점을 맞춘다.

주목할 것은 《나의 문화유산 답사기》가 오랜 시간 읽히게 된 비결이다. 유홍준은 답사 지역을 넓혀가는 과정에서 우리 미술과 문화, 역사에 대한 이해의 깊이를 능수능란하게 더함으로써 독자들의 흥미를 잃지 않게 한다. 흥미가 감동으로 바뀌고, 그 감동이

다시 전통예술과 문화에 대한 성찰로 이어지는 게 이 책의 장점
이다.

인문학으로서의 미술사

유홍준의 본령은 미술비평과 미술사학에 있다. 미술가와 미
술사를 아우르는 연구가 그의 일차적인 정체성이다.《나의 문화
유산 답사기》의 대중적 명성에 가려져 있어 그렇지 그가 펴낸 미
술평론집과 미술사 연구들은 주목받아 마땅하다.

개인적으로 가장 좋아하는 유홍준의 저작은《다시 현실과 전
통의 지평에서》(1996)다. 이 평론집에서 그는 이응로, 변관식, 박수
근, 이중섭에 더하여 오윤, 신학철, 김정헌, 이종구, 임옥상, 강요
배의 작품을 주목하고 분석한다. 신학철과 임옥상 등 민중미술가
들을 널리 알리는 데 유홍준의 기여는 결코 작지 않다.

미술사는 유홍준이 가장 공들인 분야다.《조선시대 화론 연
구》(1998),《화인열전 1·2》(2001),《완당평전 1·2·3》(2002),《추사 김
정희》(2018), 그리고《유홍준의 한국 미술사 강의 1·2·3》(2010~13)
는 그동안 펴낸 미술사 저작들이다. 그에 따르면, 인문학의 꽃이
문화사라면 문화사의 꽃은 미술사다. 그가 겨냥한 것은 미술사를
통해 문화사를 연구하고 그 과정에서 우리 문화의 정체성을 탐구
하는 데 있다.

《화인열전》과《추사 김정희》에서 유홍준이 채택한 미술사의
방법은 평전이다. 이탈리아의 화가이자 건축가, 미술사가인 조르
조 바사리의《르네상스 미술가 평전》에서 볼 수 있듯, 평전은 미

술사학과 인문학이 결합된 영역이다. 연담 김명국에서 공재 윤두서, 관아재 조영석, 겸재 정선, 현재 심사정, 능호관 이인상, 호생관 최북, 단원 김홍도를 거쳐 추사 김정희에 이르는 평전은 인문학으로서의 미술사의 새로운 지평을 열어 보인다.

그동안 유홍준의 저작과 활동에 대해 좋은 평가만 있던 것은 아니다.《추사 김정희》를 위시한 그의 연구에 대해 학문적 엄격성이 떨어진다는 비판이 제기된 바 있다. 또 왕성한 그의 대중적 활동에 대해선 아카데미의 관점에서 비우호적인 시각이 존재한다. 후자의 문제에 대해 나는 유홍준의 활동을 긍정적으로 파악하고 싶다. 시민들과의 생산적 소통은 공적 지식인이 가져야 할 미덕이기 때문이다.

1990년대 초반부터 최근까지 유홍준은 우리 미술과 문화유산에 대한 책을 열정적으로 발표해왔다. 그의 저작들이 선풍적 인기를 모은 까닭은 해박한 지식과 설득력 높은 논리에 있다.

이 못지않게 주목할 것은 이 시기에 문화의 세계화가 본격적으로 진행됐다는 사실이다. 문화의 세계화에 맞서 전통을 어떻게 계승하고 문화적 정체성을 어떻게 확립할 것인지를 미술사 연구와 문화유산 답사를 통해 유홍준은 성실하고 깊이 있게 모색해왔다. 바로 이 점이 '유홍준 열풍'의 또 하나의 이유이자 우리 현대 지성사에 대한 유홍준의 기여라고 나는 생각한다.

문화의 미래

문화는 정치·경제와 더불어 사회를 구성하는 주요 영역이다.

이 문화는 이중적 의미를 갖는다. 한 집단이 갖는 공동의 생활양식과 삶의 이유를 제공하는 의미체계가 그것이다. 문화를 이루는 요소들 가운데 예술이 갖는 위상은 각별하다. 예술은 미적 즐거움을 안겨준다. 더하여, 인간의 존재 이유에 대한 의미와 통찰을 선사한다.

1980년대 이후 예술을 포함한 우리 문화가 직면한 중요한 문제 중 하나는 앞서 말한 문화의 세계화다. 문화의 세계화란 고급문화는 물론 대중문화가 세계 시민들이 누릴 수 있도록 지구적으로 확산되는 것을 말한다. 문화의 세계화는 지구적 차원에서 문화의 '동질화'를 낳아온 한편, 미국문화로 대표되는 서구문화에의 '종속화'를 가져왔다.

이 문화의 세계화를 부정적으로만 볼 필요는 없다. 어느 시대든 전통문화는 외래문화와의 '혼융'을 이루고, 이 혼융을 통해 문화는 성숙하고 발전하게 된다.

"전통이란 과거에 존재하는 유물이 아니라 우리가 확보하고 세워가야 하고, 또 가게끔 되어 있는 흐름인 것이다. '개화바람'과 '신문화운동'의 과정에서 한때 단절이 있었고 굴절이 있었지만 이제는 또 세월이 흘러 그 자체가 전통의 맥이 되고 있다."

《다시 현실과 전통의 지평에서》에서 유홍준이 강조한 말이다. 전통문화를 존중하되 변화된 현실을 반영하는 새로운 전통문화를 일궈야 한다는 그의 주장은 여전히 유효하다.

문화가 존재의 이유를 안겨주는 의미체계라면, 바람직한 의미를 위한 전통문화와 외래문화의 '창조적 혼융'은 오늘날 더없이 중요하다. 문화에 내재된 자발성을 존중하면서도 인권과 민주주의라는 보편적 가치를 구현할 창조적 혼융을 어떻게 이룰 것인지는 우리 문화의 미래에 부여된 매우 중대한 과제라고 나는 생각한다.

서강학술총서
086

투 트랙 민주주의 1권
-제도정치와 운동정치의 병행 접근

조희연 지음

서강대학교출판부

50. 조희연:
《투 트랙 민주주의》와 시민사회의 미래

지난 100년 동안 이 땅에서 활동해온 지식인들에게 이론과 실천의 관계란 어떤 의미를 갖는 걸까. 이 둘의 관계는 학문에 따라 사뭇 다르다. 자연과학이 이론의 영역인 진리 탐구에 주력한다면, 사회과학은 진리 탐구에 더해 그에 기반한 정치적 실천을 추구한다. 이때 정치적 실천이란 정치 전략은 물론 정책 개발을 아우르는 의미를 갖는다.

사회과학 안에서 이론과 실천의 결합을 특히 강조해온 흐름은 진보적 사회과학이다. 진보적 사회과학은 한편에선 이론과 실천의 변증법적 통일을 중시한 마르크스주의로부터, 다른 한편에선 사회개혁 및 변혁에서의 지식인의 선도적 역할을 주창한 사회운동론으로부터 큰 영향을 받았다.

지난 100년 우리 지성사에서 이론과 실천의 결합을 추구했던 대표적인 지식인 중 한 사람이 사회학자 조희연이다. 1990년대 조희연은 진보적 사회운동론에 기반한 진보적 시민운동을 이끈 실천적 지식인이었다. 시민운동은 노동운동과 함께 '사회운동으로서의 민주화'로 특징지어지는 한국 민주화의 양대 축을 이뤘다. 조희연의 역할이 시민운동 이론가에만 그친 것은 아니었다. 그는 사회운동과 민주주의에 관한 새로운 담론을 주조하고 이를 현실 속에서 구현하려 했던 전방위적 지식인이었다.

진보적 사회운동의 이론가

조희연은 1956년 전북 정읍에서 태어났다. 서울대와 연세대에서 사회학을 공부했고, 1990년부터 2014년까지 성공회대에서 사회학을 가르쳤다. 조희연은 사회학자에서 교육 행정가로의 변신을 시도했다. 2014년 서울시 교육감으로 당선됐고, 2018년 재선됐다.

교육감이 되기 전 조희연은 지식사회 안에서 널리 알려진 인물이었다. 1987년 민주화 시대가 열리면서 그는 진보적 학술운동 및 시민운동을 이끌었다. 1988년 진보적 연구단체들의 연합체인 학술단체협의회 창립을, 1994년 박원순 전 서울시장, 김기식 전 국회의원 등과 함께 참여연대 창립을 주도했다. 이론과 실천의 변증법적 결합이라는 진보적 가치에 그 누구보다 충실했던 지식인이 바로 조희연이었다.

조희연의 사회학은 여러 사상적 전통이 결합돼 있다. 칼 마르크스에서 밥 제숍으로 이어지는 네오 마르크스주의 국가론, 국가에 맞선 시민사회의 저항을 부각시키는 안토니오 그람시의 시민사회론, 오리엔탈리즘을 비판하고 '우리 안의 보편성'을 주목하는 한국적 사회과학 방법론이 그것이다. 이 가운데 마르크스가 염원한 인간해방과 그람시가 추구한 대항 헤게모니는 그의 사상을 지탱하는 양대 지주였다.

지난 30여 년 동안 조희연의 사회학적 탐구는 '진보적 사회운동론'에서 '투 트랙 민주주의론'으로 진화해왔다.《비정상성에 대한 저항에서 정상성에 대한 저항으로》(2004)는 그의 진보적 사회운동론을 대표하는 저작이다.

조희연은 우리나라 사회운동이 '개발독재적 예외국가'의 비정상성에 대한 투쟁에서 출발했다고 진단한다. 그런데 이제 그 투쟁의 초점을 자본주의 정상성을 보여주는 신자유주의에 대한 투쟁으로 이동해야 한다고 주장한다. 그에 따르면, 노동 유연화, 비정규직 증가, 성 불평등, 환경 파괴, 동성애 차별 등은 신자유주의 정상성 안에 존재하는 다양한 비정상성들이다. 이 비정상성들에 맞서서 투쟁하는 급진 민주주의야말로 진보적 사회운동의 새로운 패러다임이 돼야 한다고 그는 강조한다.

조희연이 제시하는 급진 민주주의는 노동운동에 더해 여성·환경·평화운동은 물론 소수자운동까지를 포괄하는 사회운동 전략이다. 그가 추구하는 사회운동의 목표는 왜곡된 근대를 정상화하는 과제뿐만 아니라 세계화·정보사회·생태주의·페미니즘 등 탈근대적 변동과 담론에도 적극적으로 대처하는 과제를 동시에 겨냥한다. 이러한 조희연의 진보적 사회운동론은 시민운동을 위시해 사회운동 전반에 작지 않은 영향을 미쳤다.

제도정치와 운동정치의 병행

한국 민주주의를 연구하는 데 정치학자와 사회학자 사이에는 주목할 만한 차이가 존재한다. 정치학자들은 정당정치로 대표되는 제도정치를 중시하는 반면, 사회학자들은 사회운동으로 나타나는 운동정치를 강조한다. 조희연의 진보적 사회운동론은 운동정치를 대변하는 담론이었다.

흥미로운 것은 조희연이 이러한 운동정치 중심론에서 운동정치와 제도정치가 함께 가는 병행론으로 나아갔다는 점이다.《투 트랙 민주주의》(2016)는 이 병행론을 다룬 저작이다. '제도정치와 운동정치의 병행 접근'이 그 부제다.

투 트랙 민주주의란 뭘까. 조희연은 한국 민주주의를 정당체제에 기반한 제도정치 혹은 사회운동에 주력하는 운동정치의 어느 한 관점에서만 분석할 수 없다고 주장한다. 민주주의란 제도정치와 운동정치 간의 부단한 각축 속에서 변화해 간다고 그는 파악한다. 그는 말한다.

"근대 이후 대의민주주의는 인민의 자기정치로서의 사회적 정치와 일체화된 적이 없고, 오히려 제도화된 정치와 정당정치 '외부'의 사회적 정치, 그 일부로서의 운동정치와의 역동적 상호작용 속에서 보아야 제대로 볼 수 있다."

투 트랙 민주주의는 조희연에게 한국 민주주의를 분석할 수 있는 경험적 분석틀이자 한국 민주주의가 지향해야 할 규범적 프레임이다. 제도정치와 운동정치가 병행할 때 민주주의가 더욱 성숙할 수 있다는 게 투 트랙 민주주의론의 핵심이다. 이런 조희연의 투 트랙 민주주의론은 정당 중심의 제도정치를 설파해온 최장집의 민주주의론에 대한 비판적 성찰이자 사회운동 중심의 운동정치를 주장해온 자신의 민주주의론에 대한 비판적 반성으로 제출한 담론이라 할 수 있다.

분석적 측면에서 투 트랙 민주주의는 한국 민주주의 변동을 설명하는 데 유용하다. 한국 민주주의는 정치사회의 제도정치와 시민사회의 운동정치 간의 역동적 상호작용을 통해 발전해왔기 때문이다. 하지만 규범적 측면에서 조희연의 대안은 그렇게 새로운 것은 아니다. 철학자 위르겐 하버마스는 일찍이 정치사회의 정당정치와 시민사회의 사회운동 간의 생산적 교류를 제안한 바 있다. '쌍선적 심의정치'가 바로 그것이다.

조희연은 교육 행정가로 자신의 새로운 역할을 찾음으로써 지식사회를 떠났다. 그러나 그가 민주화 시대를 대표하는 지식인의 한 사람이었던 것은 분명하다. 사회구성체 논쟁의 주역, 진보적 시민운동의 주창자, 사회운동의 자율과 연대를 중시한 급진 민주주의자, 그리고 제도정치와 운동정치의 병행을 강조한 투 트랙 민주주의자로서의 조희연을 우리 지식사회는 기억하게 될 것이라고 나는 생각한다.

시민사회의 미래

일본에서 활동하는 지식인 윤건차는 현대 한국 사상의 지도에서 조희연을 사회학자 김동춘과 함께 '좌파적 시민사회론자'로 분류한 바 있다. 시민사회는 조희연의 학문 세계를 이끌어온 키워드였다.

시민사회란 국가·시장과 함께 사회를 이루는 세 주체이자 영역 중 하나다. 정치학자 진 코헨과 사회학자 앤드루 아라토에 따르면, 시민사회는 가족, 결사체, 사회운동, 공공 의사소통 형태로 이뤄져 있다. 우리 사회에서 시민사회라면 먼저 시민단체인 자발적 결사체와 환경·여성·평화운동 등의 시민운동을 떠올리게 된다. 시민사회와 시민운동 시대가 활짝 열린 시기는 1990년대였다.

최근 시민사회에 대한 관심은 세계화의 강화에 따른 '지구 시민사회'의 부상과 정보사회의 진전에 따른 '온라인 시민사회'의 등장에 맞춰졌다. 특히 온라인 시민사회는 온라인 매체에서 사회관계망서비스(SNS)에 이르기까지 공론장의 또 하나의 중심을 이루고 있다. 오늘날 우리나라 시민사회는 오프라인 영역과 온라인 영역이 유기적으로 결합돼 있다.

21세기에 들어와 우리 시민사회가 갖는 특징 가운데 하나는 '보수적 시민사회 대 진보적 시민사회'의 대립 구도가 등장했고 공고화됐다는 점이다. '이중적 시민사회'라 부를 수 있는 이 대립 구도는 우리 사회를 '두 국민' 사회로 나눠왔고, 이념갈등을 위시한 격렬한 사회갈등의 배경을 이뤄왔다.

다원화된 민주주의 사회에서 사회갈등을 부정적으로만 볼 필요는 없다. 하지만 시민사회의 지나친 분열과 갈등의 과도한 비용 지불은 우리 민주주의와 사회발전에서 바람직한 현상은 아니다. 시민사회는 본디 서로 다른 차이를 승인하고 더불어 살아가는 연대를 추구하는 공간이다. 다가올 100년 동안 이러한 차이와 연대가 생산적으로 공존하는 시민사회를 어떻게 일구어나갈지는 우리 사회의 미래에 부여된 중대한 과제의 하나라고 나는 생각한다.

국가에서 공동체로

한국의 근대화에 대한 비판과 대안

安勝駿 著　● 安昌植 譯

장하석·에릭 새이릅슨 編

환경운동연합 출판국

51. 안승준:
《국가에서 공동체로》와 공동체의 미래 ①

이 책에서 다루는 인물들 가운데 이 장에서 주목하는 이는 가장 덜 알려진 사람일 것이다. 자신의 학문 세계를 제대로 펼쳐 보이지 못한 채 스물다섯의 나이로 안타깝게 세상을 떠났기 때문이다. 그의 전공을 어떻게 봐야 할까. 철학을 거쳐 사회생태학과 인류학을 공부했으니 생태학 연구자라 하는 게 좋을 것으로 보인다. 안승준이 바로 그 청년이다.

안승준을 다루는 까닭은 두 가지다. 첫째, 우리 현대 지성사에서 그는 생태학적 계몽의 선구자라 부를 만하다. 그는 생태학적 문제의식을 공동체성의 회복으로 심화시킴으로써 현대성의 그늘을 극복하려 했다. 둘째, 그의 삶이 안겨주는 감동이다. 그가 남긴 청춘의 기록은 마음 시리다. 동시에 그의 고뇌와 성찰은 우리 사회가 선 자리와 갈 길을 돌아보게 한다.

캄캄한 밤하늘을 바라보면 거기엔 무수한 별들이 빛난다. 안승준이란 별이 크게 빛난다고 보긴 어렵다. 그러나 밤하늘이 아름다운 것은 큰 별들 때문만이 아니다. 비록 작은 별들이라 하더라도 밤하늘을 빛내고 있고, 그들이 내비치는 은은한 별빛들은 밤하늘을 더욱 아름답게 만들고 있다. 우리 현대 지성사에서 안승준은 그런 작지만 소중한 별이라고 나는 생각한다.

《살아는 있는 것이오》

안승준은 1966년 서울에서 태어났다. 중학교를 다니다가 아버지 근무지를 따라 일본 도쿄로 전학해 그곳에서 공부했다. 고등학교 때는 미국으로 건너가 학업을 이어갔다. 고등학교를 졸업한 다음 세인트 존스 칼리지에 입학해 철학을 공부하다가 뉴욕에 있는 뉴스쿨포소셜리서치 학·석사 통합과정에 편입해서 생태학과 인류학을 전공으로 삼았다. 1991년 학사학위를 받은 그는 버몬트 주 더머스톤에서 불의의 추락 사고로 안타깝게도 일찍 세상을 떠났다.

"나의 이름은 SNG-JUNE이라고 읽습니다. 당신이 6월을 노래하고 싶다고(to SING the month of JUNE) 생각하시면 내 이름이 됩니다. (…) 나는 인류학과 사회생태학을 함께 공부하고 있습니다. 혹시 여러분 중에 누구든지 '공동체'나 '환경문제'에 관심이 있는 분이 있으면 나에게 오십시오. (…) 혹시 나무판화에 관심이 있는 분은 들러주십시오. 나는 요리와 좋은 음식 먹기를 좋아하는 사람임을 잊지 마십시오. (…) 당신이 뉴욕에서 보내는 이번 여름이 즐겁게 되시기를 바랍니다."

안승준이 뉴스쿨포소셜리서치에서 공부하고 있었을 때 기숙사에 새로 들어온 학생들에게 자기소개를 하기 위해 작성한 글의 일부다. 그는 발랄하면서 진지한 학생이었다. 1986년에서 1987년까지는 잠시 귀국해 연세대에서 동양철학과 국문학을 공부하면서 서울 민주통일민중운동연합(민통련)이 열었던 민족학교를 수료하기도 했다. 그는 세계시민을 지향하면서도 두고 온 조국에 대한 사랑이 남달랐다.

안승준은 세 권의 책을 남겼다. 학사학위논문인《국가에서 공동체로(From State to Community)》(1994), 시·에세이·편지 등을 묶은 《살아는 있는 것이오》(1992), 그리고 후카시로 준로가 쓴《후카시로 준로의 청춘일기》(1994) 번역서가 그것이다.

《살아는 있는 것이오》는 안승준의 아버지 안창식과 어머니 고순자가 엮은 것이다. 아버지가 서문을, 어머니가 발문을 썼다. 부제 '가슴 뜨겁게 살다간 한 젊은이의 초상'처럼 열정과 고뇌의 청춘이 들려주는 생생한 목소리가 담겨 있다. 동생에게 보낸 편지의 한 구절은 우리 사회의 미래에 대한 그의 생각을 엿보게 한다.

"'현대화된' 한국사회를 바라보며 '발전'이란 개념을 다시 한번 생각해 본다. (…) 요새는 점점 보수자본주의의 사상과 마르크스주의의 바탕에 깔려 있는 공통된 가치, 공통된 세계관에 눈이 뜨인다. 역사발전주의, 경제주의 등등. 대체될 수 있는 세계관, 삶의 모습이 그 어떤 것이라 하더라도, 홍대 앞 네거리에서 모두가 흥에

겨워 장구소리에 맞추어 춤을 출 수 있는 문화가 생활 속에 들어
올 수 있다면, 건전한 삶의 모습이라 할 수 있지 않을까 하는 생각
을 해본다."

안승준이 꿈꿨던 것은 격렬한 산업화 과정에서 잃어버렸던 공
동체성의 현대적 복원이었다. 그는 이 가능성을 사회생태학적 구상
과 실천에서 찾았다. 그의 저작《국가에서 공동체로》는 바로 이 문
제를 다룬다.

《국가에서 공동체로》

《국가에서 공동체로》는 영어로 출간됐다. 그의 오랜 벗 장하석
과 미국 사회생태연구소의 에릭 제이콥슨에 의해 편집됐다. '한국
의 근대화에 대한 비판과 대안'이 그 부제다. 아버지인 안창식에
의해 우리말로 옮겨졌다.

안승준이 전하려는 메시지는 뭘까. 안승준은 한국의 성공적인
근대화가 고도로 중앙 집중화된 국가가 강력한 통제를 행사함으
로써 달성된 것이었다고 평가한다. 그런데 이 산업화는 가시적 성
과에도 불구하고 세계시장에의 의존 심화, 경제적 집중과 소득 불
평등, 농민계층의 희생 등과 같은 구조적 문제들을 안고 있었다
고 그는 비판한다.

안승준은 이런 구조적 문제들 가운데 특히 생태 위기에 주목
한다. 그에 따르면, 한국 산업화의 역사는 국가에의 예속과 자율
적 공동체 붕괴의 역사였고, 특히 식민지 시대의 근대 국가 형성
이 생태 파괴와 위기를 가져왔다고 진단한다. 식민지 국가는 자치

적인 마을공동체를 무력화하는 동시에 파괴했고, 이러한 과정은 1960년대 이후 급속한 산업화와 함께 가속화됐다는 게 그의 분석이다.

그렇다면 이런 일방적 자연 지배와 중앙집권적 국가관료제를 넘어설 수 있는 새로운 대안은 어떻게 가능할까. 이에 대한 해법으로 안승준이 주목한 것은 생태사상가 머레이 북친의 사회생태학적 구상이다. 생산자를 생산과정에서 분리시키는 게 근대 국가 형성의 핵심을 이뤘다면, 이를 극복하는 것은 그 생산과정에 생산자의 새로운 참여를 모색하는 데서 시작할 수 있다는 게 안승준의 대안이다.

이 대안의 구체적인 방법으로 안승준은 '공동체 토지 신탁'을 제시한다. 공동체 토지 신탁은 토지를 사용하는 개인들이 투자한 가치는 보유할 수 있으되, 그 토지 자체는 공동체가 관리하도록 하는 것을 말한다. 이 전략은 고유한 문화와 상호결속에 의해 형성되는 지역 공동체의 활성화를 겨냥하고, 나아가 그 공동체 속에서 인간이 자연과 공존하는 삶을 실현해 가는 것을 목표로 한다.

학사학위 논문인 만큼 《국가에서 공동체로》가 매우 탁월한 학술 저작이라고 보기는 어렵다. 그러나 이 책은 우리 사회의 미래에 대한 한 젊은 생태학 연구자의 패기만만한 문제의식을 담고 있다. 광복 이후 우리 사회가 걸어온 길은 명암이 선명한 현대성의 과정이었다. 그 그늘 가운데 대표적인 것은 '공동체로서의 사회'의 위기다. 안승준은 공동체의 중요성을 계몽하고 생태학적 대안을 모색한 선구적인 생태학 연구자로 기억될 것이라고 나는 생각한다.

공동체의 미래 ①

내가 공부하는 사회학의 핵심 연구 대상은 다름 아닌 '사회'다. 사회학적 시각에서 사회란 개인들로 구성돼 있는 동시에 공동체를 이루고 있다. 그런데 민주공화국을 연 지 100년이 된 현재, 우리 사회에선 함께 살아가는 '공동체로서의 사회'가 작지 않은 위험에 처해 있다.

사회가 갖는 개인성과 공동체성 가운데 어느 하나를 일방적으로 강조할 순 없다. 개인성이 강화되면 사회는 각자도생의 영역이 되고, 공동체성이 강화되면 권위주의의 공간이 되기 때문이다. 분명한 사실은, 사회란 약육강식의 사냥터가 아니라 더불어 살아가는 공동체이며, 이러한 공동체성을 회복하는 게 사회에 내재된 본연의 과제라는 점이다.

《국가에서 공동체로》에서 안승준은 말한다. "우리의 욕구는 (…) 우리의 지각 있는 선택들에 의해 형성돼야만 한다. (…) 이것이야말로, 일상생활의 작은 구석에까지 개입하는 근대 국가의 난폭과 이데올로기를 배제하고, 우리들 자신과 우리들의 공동체 안에서 생태적 균형을 되찾을 유일한 길인 것이다."

안승준의 꿈이 결코 쉬운 과제는 아니다. 자연과 인간이 공존하는 공동체성을 회복하기 위해선 물질적 욕망에 대한 자기제한적 이성을 발휘해야 할 뿐만 아니라 민주적 절차에 기반한 사회적 합의를 일궈야 한다. 그러나 동시에 안승준의 꿈이 미뤄둬야 할 목표도 아니다. 개인의 자율성을 존중하되 더불어 살아가는 공동체성을 회복하는, 다시 말해 미래지향적인 공동체를 추구하고 모색하는 것은 미래 100년의 우리 사회에 부여된 매우 중대한 과제의 하나라고 나는 생각한다.

IX. 여성과 환경

나 혜 석 전 집

이 상 경
편집교열

태학사

52. 나혜석:
《나혜석 전집》과 선각자의 미래

역사가 현재와 과거의 끊임없는 대화라고 말한 이는 역사학자 에드워드 카다. 과거는 현재의 관점에서 늘 새롭게 해석된다. 지성사의 경우도 마찬가지다. 잊혔던 인물이 새롭게 발견되고 독해되어 지성사를 더욱 역동적이고 풍요롭게 한다. 예를 들어, 광복 직후 이육사와 윤동주의 시가 발굴됨으로써 암울했던 일제강점기 말기에도 민족독립을 염원하는 등불이 꺼지지 않았음을 알게 됐다.

우리 현대 지성사에서 현재와 과거의 대화로서의 역사의 의미를 일깨워준 대표적인 인물로는 나혜석을 꼽을 수 있다. 나혜석은 근대 최초의 여성 서양화가로만 기억됐을 뿐 적잖이 잊힌 존재였다. 그런데 미술평론가 이구열은 1970년대 초반 나혜석을 재발견했다. 이후 나혜석의 삶과 예술은 새롭게 조명되고 해석됐다. 여성학자 김은실은 나혜석의 문제제기가 우리 사회에서 1990년대에 들어와 여성들의 역사에 편입되기 시작했다고 지적했다. 국문학자 이상경 역시 나혜석이 화가이자 작가였고 민족주의자였으며 또 시대를 앞서 여성해방론을 주창한 인물이었다고 평가했다.

현재의 시점에서 볼 때 나혜석은 우리 현대사에서·여성해방과 성평등을 선구적으로 추구한 선각자였다. 김은실의 말처럼 영국에 버지니아 울프가, 프랑스에 시몬 드 보부아르가 있었다면, 우리 현대 지성사에선 나혜석이 존재했다. 나혜석은 선각자로서의 영광을 누린 동시에 그 고독을 감내해야 했다. 내가 나혜석을 주목하는 까닭이다.

나혜석의 삶과 활동

나혜석은 1896년 경기도 수원에서 태어났다. 1910년 서울 진명여학교에 입학해 1913년 최우수로 졸업했다. 1914년 일본 도쿄 사립여자미술학교 서양화부에 입학해 화가의 꿈을 키우면서 에세이와 소설을 쓰기 시작했다. 1918년 사립여자미술학교를 졸업했고, 소설 〈경희〉를 발표했다.

나혜석의 삶에서 주목할 것은 독립운동 참여였다. 1919년 3·1운동에 적극적으로 관여했고, 이로 인해 5개월의 옥고를 치렀다. 1920년 김우영과 결혼한 다음 1921년 경성일보사에서 우리나라 두 번째로 유화 개인전을 열었다. 이후 그의 활동은 눈부셨다. 조선미술전람회에서 연이어 수상했고, 화제의 에세이들을 잇달아 발표했다.

나혜석의 삶에서 전기를 이룬 것은 1927년에서 1929년까지의 유럽과 미국 여행이었다. 이 기간 동안 그는 파리, 베를린, 런던, 뉴욕, 샌프란시스코 등에 체류했다. 그림을 공부하고 여성운동에 관심을 가지면서 서구 문화와 문명을 체험하며 배웠다. 파리에 머물렀을 때 그는 천도교 지도자인 최린과 만나 알게 됐는데, 두 사람의 관계는 이후 나혜석의 삶에 중요한 영향을 미쳤다.

귀국한 나혜석은 전시회를 열고 여행기를 쓰는 등 활발한 활동을 펼쳤다. 그런데 나혜석과 최린의 연애에 관한 소문이 퍼지면서 1930년 김우영과 이혼했다. 이런 개인적 변화에도 그는 꾸준히 글과 그림을 발표했고, 1933년 여자미술학사를 설립했다. 이때 나혜석은 잡지《삼천리》에 전통적 인습에 구속받는 정조 관념을 비판하는 〈이혼 고백장〉(1934)과 〈신생활에 들면서〉(1935)를 잇달아 실어 사회적으로 큰 파장을 일으켰다.

이후 나혜석은 글을 쓰고 그림을 그렸지만 과거와 같은 주목을 끌지는 못했다. 수덕사 등 여러 사찰에 머물렀고, 양로원에 맡겨졌다. 나혜석이란 이름은 서서히 잊혔다. 광복을 이룬 지 3년이 지난 1948년 그는 서울 원효로에 있는 시립 자제원에서 행려병자로 세상을 떠났다. 지난 20세기 전반을 대표했던 '신여성'의 삶의 마지막으로선 너무 쓸쓸하고 안타까웠다.

'에미는 선각자였느니라'

나혜석을 우리 지성사에 복원시킨 이는 이구열이다. 그는 1974년

《나혜석 일대기: 에미는 선각자였느니라》를 발표해 나혜석의 삶과 예술을 새롭게 조명했다. 이구열은 말한다.

"정월(晶月) 나혜석은 (…) 한국 최초의 여성 서양화가로 이 땅의 근대 문화 개창기에 깃발 하나를 꽂고 나왔던 혜성이었다. 그러나 (…) 급기야 사회에서 이탈당하고, 그러면서도 끝끝내 독자(獨自)를 빛내려고 안간힘을 썼건만 지탱할 수 없었던 한스런 유성이기도 했다. (…) 정월의 비운의 생애는 이 땅의 최초의 여성 유화가라는 명예로만 그치지 않았다. (…) 신문학 운동에 참가한 다감한 시인이었고, (…) 글을 많이 쓰고 잘 쓴 문필가였다."

이구열의 선구적 저작 이후 나혜석에 대한 관심과 연구는 크게 세 방향으로 진행되고 구체화됐다. 첫째, 나혜석의 업적이 정리되기 시작했다. 서지학자 김종욱은 나혜석의 작품들을 모은《라혜석: 날아간 청조(靑鳥)》(1981)를 펴냈고, 이상경은 나혜석 작품들을 편집하고 교열한《나혜석 전집》(2000)을 출간했다. 국문학자 서정자는《원본 정월 라혜석 전집》(2001)과 그 개정증보판(2013)을 나혜석기념사업회 간행으로 내놓았다.

둘째, 나혜석의 문화적 복권이 이뤄졌다. 문화관광부는 2000년 '2월 문화인물'로 나혜석을 선정했고, 나혜석기념사업회는 1999년부터 '나혜석 바로 알기' 심포지엄을 연속 개최했다. 2005년 나혜석의 고향인 수원시는 나혜석을 기념하는 '나혜석 거리'를 조성했다. 이러한 나혜석의 복권에는 나혜석기념사업회 회장인 유동준의 역할이 컸다.

셋째, 선구적 페미니스트로서의 나혜석이 재발견됐다. 나혜석

은 누구였는가. 그는 한국 최초의 여성 서양화가이자 근대 작가
였고, 근대적 신여성의 효시였다. 무엇보다 그는 여성운동의 선
각자였다. 서정자의 말처럼 그는 여성해방을 꿈꾸고 추구한 '한
국 최초의 페미니스트 작가'였다. 1990년대 이후 국문학자와 여
성학자들은 나혜석의 삶과 예술과 실천을 재평가함으로써 그의
위상을 우리 현대사 속에 올바로 위치시키려는 노력을 기울여
왔다.

　페미니스트로서의 나혜석을 잘 보여주는 텍스트는 〈이혼 고
백장〉과 〈신생활에 들면서〉, 그리고 입센의 희곡 《인형의 가(家)》
우리말 번역의 마지막에 실린 노래 가사인 〈인형의 가(家)〉(1921)
다. 나혜석은 말한다.

　"내가 인형을 가지고 놀 때 / 기뻐하듯 / 아버지의 딸인 인형
으로 / 남편의 아내 인형으로 / 그들을 기쁘게 하는 위안물 되도
다 (…) 남편과 자식들에게 대한 / 의무같이 / 내게는 신성한 의
무 있네 / 나를 사람으로 만드는 / 사명의 길로 밟아서 / 사람이
되고저."

　이처럼 나혜석은 여성이기 이전에 사람으로 존중받기를 열
망했다. 그의 삶은 파란만장했다. 그러나 그에게 가장 중요한 것의
하나는 남성과 평등한 존재로서의 여성에 대한 자각이자 실천이
었다. 이상경은 말한다.

　"여성에게 자아가 있다는 것, 여성의 육체적 조건과 사회적
불평등에 대해서 여성의 입장에서 공론화시켜야겠다는 것, 그것
이 물의를 일으키고 욕을 먹는 일이라고 할지라도 여성의 역사

에서 의의 있는 일이라면 해야 한다는 것, 이것이 근대 조선여성으로서의 나혜석이 지닌 자의식이었다."

선각자의 미래

나혜석이 남긴 말 가운데 가장 널리 알려진 것은 다음의 구절이다.

"사 남매 아이들아, 에미를 원망치 말고 사회 제도와 도덕과 법률과 인습을 원망하라. 네 에미는 과도기에 선각자로 그 운명의 줄에 희생된 자이었더니라."

〈신생활에 들면서〉의 마지막에 나오는 말이다. 그리고 나혜석은 시를 덧붙인다.

"펄펄 날던 저 제비 / 참혹한 사람의 손에 / 두 쭉지 두 다리 / 모두 상하였네. (…) 그러나 모른다 / 제비에게는 / 아직 따듯한 기운 있고 / 숨 쉬는 소리가 들린다. / 다시 중천에 떠오를 / 활력과 용기와 / 인내와 노력이 / 다시 있을지 / 뉘 능히 알 이가 있으랴."

자신의 말처럼 나혜석은 선각자였다. 그러나 이 선각자는 사회 제도와 도덕과 법률과 인습에 거부당했고, 더없는 고통 속에 세상을 떠났다. 선각자의 고독을 온 정신과 온몸으로 견뎌낸 이가 바로 나혜석이었다. 그래도 다행인 것은 그가 고투했던 여성해방과 성평등이 이제 새로운 시대정신의 하나로 자리매김하고 있다는 점이다. 선각자는 비록 고독한 삶을 살았더라도 그가 꿈꾼 미래는 결국 실현되는 법이다.

21세기 현재, 어느 나라든 인권, 자연과의 공존, 그리고 성평등은 결코 양도할 수 없는 시대적 가치들이다. 당당한 인간으로 살고 싶어 했던 나혜석의 꿈을 어떻게 현실화하고 구체화할 것인지는 우리 민주주의의 현재와 미래에 부여된 중대한 과제라고 나는 생각한다.

无爲堂 장일순의 이야기 모음

나락 한 알 속의 우주

녹색평론사

53. 장일순:
《나락 한 알 속의 우주》와 공동체의 미래 ②

시대정신이 사회 구성원 다수가 지향하는 가치의 집약이라면, 지난 100년 우리나라를 이끌어온 시대정신은 독립, 산업화, 민주화였다. 이 시대정신은 사상 및 지성에 지대한 영향을 미쳤다. 독립을 위한 민족주의, 산업화를 위한 발전국가, 민주화를 위한 민주주의는 지난 100년 동안 가장 중요한 사상 및 지성의 주제였다. 현대 한국 지성사는 민주주의·발전국가·민족주의를 향한 사상의 모험이었다.

주목할 것은 민주주의·발전국가·민족주의가 지난 100년 지성사의 모든 게 아니었다는 점이다. 산업화가 가져온 환경 파괴를 비판한 생태주의, 가부장제에 맞서 성평등을 요구한 페미니즘, 이기적 개인주의의 폐해를 극복하려는 공동체 사상 또한 우리 지성사를 풍요롭게 했다. 이러한 생태주의와 공동체 사상을 선구적으로 일군 이가 장일순이다.

장일순은 두 가지 점에서 이채로운 사상가다. 첫째, 그는 저작을 거의 남기지 않았다. 《녹색평론》이 펴낸 《나락 한 알 속의 우주》와 목사 이현주와 나눈 대담 《무위당 장일순의 노자 이야기》가 우리가 만날 수 있는 장일순의 생각이다. 그가 책을 쓰지 않은 까닭은 자신의 글이 다른 이들에게 정치적 피해를 줄지 모른다고 배려했고, 글보다는 삶을 더 소중하게 생각했기 때문인 것으로 보인다. 장일순은 글이 아니라 말을 남긴 인류의 오래된 사상가들과 닮아 있다.

둘째, 장일순의 생각이 미친 영향은 결코 작지 않았다. 시인 김지하와 《녹색평론》 편집인 김종철의 생명사상은 물론 협동조합을 포함한 공동체운동은 장일순 사상으로부터 큰 영감을 얻었다. 장일순은 평생 서예가와 사회운동가로서의 삶을 살았다. 자본주의 문명이 한계에 도달한 현재, 그가 남긴 생명사상은 갈수록 빛을 더하고 있다.

거룩하고 평등한 생명

장일순은 1928년 강원도 원주에서 태어났다. 1946년부터 서울대 미학과를 다니다가 한국전쟁이 일어나자 원주로 돌아와 교육운동을 시작했다. 중립화 통일론을 주장해 1961년 5·16쿠데타 직후 3년간 옥고를 치르고 나와 협동조합운동을 벌였다. 민주화운동의 든든한 후원자였던 그는 1977년 생명운동으로 방향을 전환했고, 1983년 도농 직거래 조직인 '한살림'을 창립했다. 이후 그는 활발히 생명사상을 전파하고 생명운동을 전개하다 1994년 세상을 떠났다.

《나락 한 알 속의 우주》의 부제는 '무위당 장일순의 이야기 모음'이다. 장일순이 남긴 글, 강연, 대담을 모은 것이다. 1997년 초판이 나왔고, 2016년 개정증보판이 나왔다. 이 책에서 글과 강연은 150쪽을 넘지 않는다. 하지만 분량이 적다고 해서 사상의 무게가 가벼운 것은 아니다.

장일순으로부터 생명사상을 배운 김지하는 장일순의 사상적 거처가 동학, 유학, 노자, 기독교, 간디와 비노바 바베의 사상에 있다고 말한 바 있다. 이 가운데 특히 인상적인 것은 최시형의 동학 사상으로부터의 영향이다. 모든 생명을 존중하고 영원한 생명의 자리가 자기 안에 있다는 최시형의 사상은 장일순에게 심원한 영향을 미쳤다. 동양과 서양의 고전 사상들을 장일순은 창의적으로 접목해 생명사상으로 탄생시켰다.

장일순의 사상적 적자라 할 수 있는 김종철은 장일순의 생명사상을 모든 생명의 거룩성과 평등성을 받아들이는 사상으로 요약한다. 장일순은 말한다.

"산업문명이 인간을 파괴하고 생태계마저 파괴하고 있는 것이 오늘의 현실 아닌가. 돌 하나, 풀 한 포기의 존엄성도 인정해주어야 해. (…) 동학에서도 경물(敬物)·경인(敬人)·경천(敬天) 사상을 얘기했지 않나. (…) 자연과 인간이 따로 있는 게 아니야. 자연이나 인간이나 다 자연이야. 자연과 인간이 다 존경받는 그러한 속에서 일원론으로 돼야 해. 전부가 하나가 돼야 해."

인간은 물론 자연을 존중하고 이 둘의 공생을 추구한 사상가가 바로 장일순이다. 장일순의 통찰은, 생물과 무생물 모두가 이지구의 주인이라고 설파한 '산처럼 생각하라'의 알도 레오폴드와 아르네 네스의 생태학을 떠올리게 한다. 주목할 것은 장일순이 도달한 생명사상이 다양한 동서양 사상들의 탐구에 기반한 독창적인 사유의 결과라는 점이다.

장일순의 생명사상이 갖는 의의는 한국 현대성에 대한 근본적 성찰을 계몽한다는 데 있다. 현대성이 추구해온 민족자결, 경제성장, 민주주의를 마다할 이들은 없을 것이다. 그러나 이 현대성은 국가주의, 환경 위기, 관료제 심화로부터 자유로울 수 없다. 현대성의 가치를 보존하면서도 그 그늘을 극복할 수 있는 새로운 삶과 사회의 방향을 장일순은 이 세상 모든 존재를 공경하는 생명사상에서 찾았다.

생명사상과 공동체운동

장일순의 사상은 협동조합에서 공동체운동에 이르기까지 사회운동과 늘 결합돼 있었다. 1980년대 이후 그는 농민운동가 박재일과 함께 한살림에 주력했다. 한살림의 사상적 기반은 장일순의 생명사상이다.

장일순이 중시하는 것은 '호혜(互惠)의 원리'다. 호혜의 원리는 시장의 '경쟁의 원리'와 국가의 '권력의 원리'와 구별된다. 그것은

상호 협력과 공존을 강조하는 대안적인 삶의 방식과 사회발전을
추구한다.

공동체운동에 대해선 그 실현가능성과 지속가능성에 의문을
제기하는 이들이 있다. 분화와 복합성이 고도로 증대된 현대사회
에서 호혜의 원리에 기반해 전체 사회를 재조직하는 것은 불가능
하다는 주장이다.

그러나 이러한 시각은 공동체운동이 갖는 의미를 과소평가한
다. 공동체운동이 새로운 대안의 하나로 주목받는 까닭은 자본주
의 문명이 그 한계에 도달했다는 데 있다. 자본주의 물질문명과 정
신문명은 인간과 인간, 인간과 자연의 조화로운 관계를 파괴하고,
약육강식·적자생존·각자도생을 강제해왔다.

공동체 사상과 운동은 이러한 경향에 맞서는 대안적인 철학
적·정치적 기획이다. 이 사상과 운동의 목표는 우리 삶을 황폐화
하는 경쟁의 원리와 권력의 원리를 넘어서 인간과 자연의 공생
을 추구하는 데 있다. '만인 대 만인의 투쟁 사회'를 넘어서 모든
생명이 존중받는 사회를 일구는 것보다 더 중요한 가치는 없을 것
이다.

"나락 한 알 속에도 (…) 우주의 존재가 내포되어 있다 그 말이
에요. (…) 너희들 속에 생명에 대한 신념이 요만큼이라도 있다면
안 되는 일이 없다는 말이에요. 그래서 들에 피는 그 조그만 꽃 속
에 무한함이 있다"고 장일순은 말한다. 사람이 먼저고, 자연이 먼
저고, 생명이 먼저라는 장일순의 가르침은 현재보다 미래에 더 의
미 있는 사상이라고 나는 생각한다.

장일순이 남겨준 사상적 화두는 생명, 공동체, 동서양 사상의 융합 등 다양하다. 한살림에서 볼 수 있듯 장일순은 공동체를 위한 생각을 가다듬고 실천을 모색했다.

오늘날 공동체의 의미는 재발견되고 있다. 근대화 과정에서 공동체주의는 개인주의를 억압했지만, 최근 각자도생의 사회는 공동체의 가치에 대한 재평가를 요구한다. 서구 사회에서 마이클 왈저 등은 존 롤스의 자유주의에 맞서 공동체주의 정치철학을 펼쳤고, 로버트 퍼트넘 등은 네트워크의 사회적 자본을 주목해 공동체적 유대의 회복을 강조했다. 우리나라에서도, '혼자만 잘 살믄 무슨 재민겨'라는 농부작가 전우익의 말이 상징하듯, 공동체는 새로운 사상적 화두가 되고 있다.

누구는 공동체가 소박한 대안에 머물러 있을 수밖에 없다고 말할지 모른다. 이러한 비판에 나 역시 어느 정도 동의하지 않는 것은 아니다. 그러나 무한경쟁 및 소비를 부추기는 물질문명을 쇄신하지 않는 한 현대사회가 지속 불가능한 것은 분명하다. 환경 위기에서 기후 변화에 이르기까지 자본주의 문명은 일대 전환을 요청받고 있다.

공동체의 재발견이 중요한 것은 사회의 재구성에서 새로운 출발점을 제공하기 때문이다. 사회는 개인들의 계약에 기반을 두는 공적 조직이자 그 구성원들이 더불어 살아가는 공동체다. '아프냐, 나도 아프다. 그러니 함께 풀어가자'의 응답은 공동체로서의 사회라면 가져야 할 당연한 존재적 조건이다.

지난 100년을 마감한 현재, 개인의 자율성과 공동체의 연대는 결코 양도할 수 없는 두 가치다. 이 둘을 생산적으로 공존시키고 결합하는 것을 나는 '연대적 개인주의'라 부르고 싶다. 이 연대적 개인주의야말로 새로운 100년으로 가는 시대정신의 하나라고 나는 생각한다.

증보판

한국의 여성운동
—어제와 오늘

이효재 지음

正宇社

54. 이효재:
《한국의 여성운동》과 여성운동의 미래

서구 현대사상사에서 가장 주목할 현상의 하나는 페미니즘의 도전이다. 페미니즘이란 여성이 처한 불평등한 현실에 주목해 여성의 권리와 해방을 모색한 이론 및 실천을 말한다. 페미니즘의 기원은 현대성 초기까지 올라간다. 메리 울스턴크래프트의 《여성의 권리 옹호》는 고전적인 연구다. 서구 페미니즘은 자유주의·사회주의·마르크스주의·급진주의 페미니즘에 더하여 포스트모던·탈식민주의·에코 페미니즘 등 다양한 담론과 실천으로 분화되고 발전해왔다.

사회학적 시각에서 여성문제에 접근하는 데는 성(sex)과 젠더(gender)의 구분이 중요하다. 성이 남성과 여성 간의 해부학적 차이를 말한다면, 젠더는 양성 간에 존재하는 사회·문화적 차이를 의미한다. 주목할 것은 이 젠더가 교육과 사회화를 통한 사회적 구성물이라는 점이다. 남성과 여성 간의 사회적 불평등은 타고난 게 아니라 만들어진 것이다. 바로 이 점에서 성평등과 이를 위한 여성운동은 민주주의의 중대한 과제라 할 수 있다.

지난 100년 우리 지성사에서 운동과 더불어 담론으로서의 여성해방에 가장 큰 기여를 한 지식인으로 나는 이효재를 주목하고 싶다. 2003년 교수신문이 펴낸《오늘의 우리 이론 어디로 가는가: 현대 한국의 자생이론 20》에서 이효재는 여성학을 대표하는 지식인으로 꼽혔다. 개인적인 이야기를 덧붙이면, 1979년 대학에 입학한 내게 이효재는 조형, 조한혜정과 함께 여성문제의 중요성을 깨우쳐준 여성학자이자 사회학자였다.

여성과 분단의 선구적 연구

이효재는 1924년 경남 마산에서 태어났다. 이화여대에서 영문학을, 미국 앨라배마주립대, 컬럼비아대, 캘리포니아주립대(버클리)에서 사회학을 공부한 다음, 이화여대 등에서 사회학과 여성학을 가르쳤다. 그는 실천적 지식인의 전형이었다. 여성문제를 진지하게 연구해온 동시에 여성운동에 적극적으로 개입했다.

이효재의 학문적 업적을 그와 동시대에 활동했던 사회학자 김진균은 세 가지 측면에서 평가한 바 있다. 김진균에 따르면, 이효재는 우리 학계에 처음으로 여성이라는 변수를 도입했고, 여성학에서도 역사적 이해를 중시해 토종이론을 만들었으며, 나아가 분단 시대의 사회학을 개척했다. 이효재의 학문 세계를 돌아볼 때 공감할 수 있는 견해다.

여성문제, 여성운동, 여성해방을 다룬 이효재의 주목할 저작들로는《여성해방의 이론과 현실》(1979),《분단 시대의 사회학》(1985),《한국의 여성운동: 어제와 오늘》(1989)을 들 수 있다.

《여성해방의 이론과 현실》은 1980년대에 여성문제와 여성운동에 관심을 가진 이들에겐 필독서였다. 이효재는 이 책에서 베티 프리단, 줄리엣 미첼 등의 서구 페미니즘을 위시해 제3세계 여성문제와 한국 여성운동에 관한 글과 논문을 엮어 소개한다. 산업화 시대에서 민주화 시대로 넘어가던 당시 여성해방의 사회적 계몽에 작지 않은 영향을 미친 저작이다.

《분단 시대의 사회학》또한 문제적인 저작이다. 이효재는 여성문제는 물론 분단 현실을 선구적으로 분석한 사회학자였다. 이 책에서 그는 "몰가치적인 실증주의를 과학적 사회학과 동일시하려는 그 시대적 풍조에도 불구하고 한국사회 변화를 가족의 민주화나 여권의 평등화를 전제한 가치지향적 입장에서 가족과 여성의 연구를 일관해 왔다"고 자신의 학문을 회고한 다음, "분단으로 인한 피해를 가족과 여성문제의 차원에서뿐만 아니라 분단국가를 유지하려는 체제로서 형성된 사회구조적 성격의 차원에서도 관심"을 가져야 한다고 역설한다.

이효재의 분단 시대 사회학은 역사학자 강만길의 분단 시대 역사학과 함께 분단을 극복하고 통일을 모색한 실천적 학문이다. 분단이 가족과 여성, 자아정체성과 사회구조에 미치는 영향을 분석함으로써 이효재는 분단에 대한 이론적 인식의 지평을 넓히고, 통일에 대한 정치적 실천의 가능성을 탐색한다. 현재의 시점에서 돌아볼 때 개척자적인 연구였던 셈이다.

성평등을 향한 여성운동

《한국의 여성운동》은 이효재의 대표 저작이다. 우리 여성학을 다룬 글인 〈한국 여성학과 여성운동〉을 더하여 1996년 증보판이 나왔다. 이 책은 근대 여성 민족운동부터 분단 시대 여성운동에 이르기까지 우리 사회 여성운동이 걸어온 과거와 나아갈 미래에 대한 이효재의 분석 및 전망을 결산한 저작이다.

우리나라 여성운동의 역사에 대해 이효재는 "조선조 말 망국의 위기에서 시작한 여성개화는 구국운동 참여로 나타났고, 식민지 시대를 통해 여성해방을 민족해방과 연결해서 인식했다"고 파악한다. 그리고 민주화 시대가 막 열린 1980년대 후반의 시점에서 "여성노동운동과 근우회의 전통 위에서 성장해온 한국 여성운동의 성격"을 다시 주목하고 추구해야 한다고 주장한다.

이효재의 연구가 갖는 의의는 우리 사회 여성이 처한 사회적 억압에 대한 이론적·실천적 계몽에 있다. 식민 지배, 분단 현실, 가부장적 사회, 자본주의 산업화는 여성의 일방적 희생을 강제함으로써 여성을 다중적 억압 아래 놓이게 했다는 게 그의 분석이다. 이러한 현실을 극복하기 위해 이효재는 가족과 사회의 민주화, 무엇보다 성평등과 여성해방을 향한 여성운동의 적극적 역할을 부각시킨다.

이효재가 주도적으로 열어온 페미니즘은 1980년대 이후 새롭게 등장한 여성학자들에 의해 더욱 발전됐다. 이들은 '여성사연구회', '또 하나의 문화' 등을 창립해 페미니즘 담론을 펼치고, 이를 여성운동에 접목해왔다. 민주화 시대가 열린 이후 여성운동은 노동운동, 환경운동과 함께 사회운동의 한 축을 이뤄왔다.

지난 100년 우리 지성사에서 그의 시대라 이름 붙일 수 있는 지식인들이 그렇게 많아 보이지 않는다. 여성학의 경우 1970~1980년대는 '이효재 시대'였다. 가부장적 권위주의가 유독 두드러진 우리 사회에서 학문과 운동의 영역을 모두 아우르며 성평등과 여성해방의 중요성을 일깨워온 이효재는 '여성학과 여성운동의 대모'라는 호칭이 잘 어울리는 사상가라고 나는 생각한다.

여성운동의 미래

민주화 시대를 돌아볼 때, 우리 사회 여성의 지위는 호주제 폐지, 전문직의 여성 비중 증가에서 볼 수 있듯 더디지만 꾸준히 향상돼왔다. 하지만 사회 전반에서 여성은 여전히 크게 소외되고 배제되고 있다. 성평등은 정의롭고 민주적인 사회로 나아가기 위한 중요한 조건의 하나다.

우리 사회에서 성평등을 실현하기 위해선 무엇보다 세 가지가 중요하다. 첫째, 남녀 차별 해소를 위한 고용정책이 강화돼야 한다. 여전히 우리 사회에선 여성의 노동시장 참여율이 저조하다. 또 상당수 여성 노동자는 비정규직에 종사하고 있다. 국가와 시민사회는 여성들의 안정된 일자리 창출에 더 큰 관심을 기울여

야 하고, 이를 위해 보육 및 노인 부양 등 공적 서비스를 개혁해야
한다.

둘째, 여성 전문인력이 적극 활용돼야 한다. 사회학자 앤서니
기든스는 우리 사회가 선진국이 되기 위해서 여성의 더 많은 사회
적 진출을 제도적으로 보장하고 남녀 간 차별을 해결해야 한다고
충고한 바 있다. 절반의 인재만으로는 세계화가 강제하는 국가 간
경쟁에 적극적으로 대처하기 어렵다. 또 이러한 차별은 인권의 관
점에서도 정당하지 않다.

셋째, 가부장적 조직과 문화 또한 변화돼야 한다. 우리나라 사
회조직 및 문화는 여전히 남성중심적이다. 이효재는 일찍이 우리
사회구조의 성격을 '가부장적 권위주의 사회'로 개념화한 바 있다.
이러한 가부장적 조직 및 문화가 지속되는 한 성평등은 요원하다.
공적 조직과 함께 가족을 포함한 사적 영역에서도 성평등 문화의
정착은 매우 중대한 과제다.

지구적 차원에서 여성해방은 도도한 역사적 물결을 이뤄왔다.
인구의 절반을 이루는 여성이 남성과 동등한 권리를 누리는 것은
양도할 수 없는 인류의 보편적 가치다. 서구와 우리 사회의 경우
모두 고전적인 여성운동에서 최근 '미투 운동'에 이르기까지 여성
해방을 위한 일련의 사회운동들은 성평등의 구현에 큰 기여를 해
왔다.

오늘날 성평등은 노동 존중, 인권 보호와 더불어 민주주의의
핵심 가치를 이룬다. 성평등을 실현하는 데 일차적인 과제는 각종
차별을 해결할 수 있는 제도 개혁이다. 동시에 이 못지않게 중요한

것은 성평등을 위한 개인적·집합적 태도 및 의지다. '지금, 여기서'의 일상적 실천이 이뤄져야 한다. 이러한 성평등과 여성해방을 성취할 때 우리 사회는 진정한 민주주의에 도달할 수 있다고 나는 생각한다.

비판적 상상력을 위하여

녹색평론 서문집

김종철

녹색평론사

55. 김종철:
《비판적 상상력을 위하여》와 생태학의 미래

    사상을 공부하다 보면 취향이라는 게 생긴다. 비슷한 위상에 놓인 지식인들 가운데 관심이 더 가는 이들이 있기 마련이다. 나의 경우 미셸 푸코보다는 위르겐 하버마스에, 에릭 홉스봄보다는 토니 주트에, 밀란 쿤데라보다는 움베르토 에코에 더 애착이 간다. 왜일까. 아마도 그 까닭은 내가 하버마스와 주트와 에코의 사상에 더 깊게 공감하고 그로부터 의식적·무의식적으로 더 큰 영향을 받았기 때문일 터다.

    한국 현대 사상에서 내가 가장 좋아해온 지식인들 가운데 한 사람이 문학평론가 김종철이다. 요즘에는 생태학자라는 호칭이 더 잘 어울린다. 김종철을 내가 존경하는 까닭은 우리 사회를 대표하는 생태사상가이기 때문이다. 더하여, 진리에 대한 그의 태도에 깊이 공감하고 그의 통찰로부터 작지 않은 영향을 받았다.

사회학자 막스 베버는 지식인의 덕목으로 신념윤리를 제시한 바 있다. 행위의 결과에 책임을 지는 게 정치가의 책임윤리라면, 옳고 그름의 진리를 최고의 가치로 삼아야 하는 것이 지식인의 신념윤리다. 우리 사회에서 이 신념윤리에 가장 충실한 이로 나는 김종철을 꼽고 싶다. 문학평론가에서 생태사상가로의 지적 여정에서 그와 언제나 함께한 것은 인간과 자연의 존중이라는 지식인의 양심이었다.

문학평론가에서 생태사상가로

김종철은 1947년 경남 함양에서 태어났다. 서울대에서 영문학을 공부하고 영남대 등에서 가르쳤다. 1970년대 이후 김종철은 백낙청, 염무웅, 김현, 김병익, 김주연, 유종호, 김우창 등과 함께 문학평론가로 활동했다. 1978년에는 문학평론집《시와 역사적 상상력》을 발표하기도 했다. 김종철의 문학평론에 대해 김우창은 "주어진 대상의 가능성을 철저하게 검토함으로써 어떠한 결론에 이르려는 그의 논리의 끈기는 당대에 달리 찾아보기 어려운 것"이었다고 고평했다.

김종철이 지식사회에서 관심을 크게 모은 것은 1991년 격월간지《녹색평론》을 창간한 이후부터였다. 그는《녹색평론》의 발행인이자 편집인의 역할을 맡았고, 생태학과 생명사상 담론을 주도해왔다.《시적 인간과 생태적 인간》(1999),《간디의 물레》(1999),《땅의 옹호》(2008),《비판적 상상력을 위하여》(2008), 그리고《발언

1·2》(2016) 등은 그동안 김종철이 발표한 저작들이었다.

이 가운데《비판적 상상력을 위하여》는《녹색평론》을 펴내면서 쓴 서문들을 모은 것이다. 서문 모음집이라고 해서 이 책의 무게가 가벼워지는 것은 아니다. 각 권의《녹색평론》을 대표하는 글들인 만큼 김종철 사유의 넓이와 깊이를 엿볼 수 있다. 그는 말한다.

"오늘날 우리가 경험하고 있는 전대미문의 생태학적 재난은 (…) 서구적 산업문명에 내재한 논리의 필연적인 결과로서의 사회적, 인간적, 자연적 위기라는 사실을 명확히 인식하는 것이 무엇보다 중요하다. 다시 말해서, 이것은 (…) 이 지구상에서 사람이 삶을 영위한 올바른 방식은 과연 무엇이어야 하는가를 근본적으로 성찰할 것을 요구하는 진실로 심오한 철학적, 종교적 문제에 직결되어 있다고 할 수 있다."

이어 김종철은 강조한다. "우리와 우리의 자식들이 살아남고, 살아남을 뿐만 아니라 진실로 사람다운 삶을 누릴 수 있기 위해서 우리가 할 수 있는 것은 협동적인 공동체를 만들고, 상부상조의 사회관계를 회복하고, 하늘과 땅의 이치에 따르는 농업 중심의 경제생활을 창조적으로 복구하는 것과 같은 생태학적으로 건강한 생활을 조직하는 일밖에 다른 선택이 없다."

1991년 11월《녹색평론》창간호 서문에서 펼친 김종철의 생각이다. 오늘날에도 경청할 만한 주장이다. 시간이 흐르면서 외려 설득력이 더 높아졌다고 볼 수 있다.《비판적 상상력을 위하여》의 '책머리에'에서 그는 경고한다. "인간적인 덕성과 자질을 뿌리로부터 부정하는 물신주의의 일방적인 위세 속에서 걷잡을 수 없이 망가지는 인간관계, 그에 따른 인간성의 황폐화… '근대의 어둠'은 훨씬 더 깊어졌다고 할 수밖에 없다."

《비판적 상상력을 위하여》에서 다뤄지는 주제들이 이런 생태학적 분석과 처방만은 아니다. 삼풍백화점 붕괴, 외환위기와 IMF 사태, 황우석 사건과 생명공학, 월드컵 거리 응원과 공동체, 그리고 한미 FTA 등에 이르기까지 1990년대 이후 우리 사회를 달궜던 주요 이슈들을 비판적으로 성찰하고 지속 가능한 대안을 모색한다. 길지 않은 서문들의 모음집임에도 불구하고 이 책은 '근대의 어둠'에 맞서는 생태학적 계몽과 인문학적 비판정신을 선사한다.

정신적 교감의 공동체를 위하여

《발언 1·2》는 2008년부터 2015년까지 김종철이 언론에 발표한 글들을 모은 것이다. 두 권으로 이뤄진 이 책은 자연과 인간, 생명과 사회, 미래와 대안에 대해 더욱 원숙한 통찰을 선보인다. 그는 말한다.

"지금 우리에게 가장 절박한 과제는 (…) 자연과 사회적 약자를 끊임없이 파괴하고 희생시키지 않고는 한순간도 지탱할 수 없는 이 비인간적인 시스템을 어떻게 벗어날 것이며, 그리하여 조금이라도 더 인간적이고 지속 가능한 사회를 어떻게 만들어낼 것인가 하는 것이다. 그 문제를 안고 이 암울한 시대를 비통한 심정으로 견뎌내고 있는 사람들에게 무엇보다 필요한 것은 정신적 교감의 공동체일 것이다."

김종철을 생각하면 자연스레 떠오르는 이는 무위당 장일순이다. 장일순은 우리 사회에서 환경과 생명의 소중함을 선구적으로 일깨워준 사상가였다. 《녹색평론》은 장일순의 글들을 모아 《나락 한 알 속의 우주》를 편집해 출간하기도 했다. 김종철은 최시형에서 장일순으로 이어지는 생명사상을 서구 생태학 담론과 접목시켜 한국적 생태사상을 모색했다.

김종철의 생태사상은 서구의 심층생태학에 가깝다. 하지만 사회생태학과 정치생태학을 경시하는 것은 아니다. 그가 제시하는 대안은 협동의 공동체, 상부상조의 사회관계, 연대와 협력에 기반한 호혜적 경제, 생태적 생활의 조직화다. 우리 사회와 문화 속에서 인간과 자연, 개인과 공동체 사이의 공존 및 공생을 모색하는 생태학적 계몽이 김종철이 추구해온 한국적 생태사상이다.

어느 나라든 사상가에겐 두 그룹의 독자가 있다. 현재의 독자뿐만 아니라 미래의 독자도 존재한다. 김종철은 현재의 독자는 물론 미래의 독자에게 그가 말한 '정신적 교감의 공동체'를 위한 생태학적 메시지들을 타전한다. 우리 사회에선 드문 미래지향적 사상가는 바로 김종철이라고 나는 생각한다.

생태사상의 미래

서구 인문·사회과학에서 생태학은 아르네 네스의 심층생태학, 머레이 북친의 사회생태학, 앙드레 고르의 정치생태학으로 분화되면서 발전해왔다. 심층생태학이 환경위기를 해결하기 위한 사유 방식의 근본적 전환을 역설한다면, 사회생태학은 의식 변화와 제도 개선을 동시에 강조한다. 그리고 정치생태학은 자본주의 생산 및 소비체제의 급진적 개혁을 대안으로 제시한다.

생태사상과 그 대안에는 이상주의와 현실주의가 공존한다. 단기적 시각에서 볼 때는 생태학적 대안이 원칙은 옳으나 다소 한가로운 이상적인 주장으로 평가될 수 있다. 그러나 장기적 시각에서 볼 때 생태학적 대안은 이상주의가 아니라 현실의 문제를 근본적으로 해결하려는 진정한 현실주의적 주장으로 파악할 수 있다.

김종철의 생태사상이 갖는 의의는 바로 여기에 있다. 오늘날 자본주의가 기존의 생산과 소비 시스템을 바꾸지 않으면 지속 가능하지 않다는 것은 분명한 사실이다. 나아가, 이 지속 불가능한 제도를 변화시키기 위해선 무엇보다 대량생산과 대량소비에 대한 우리의 물질주의적 의식 및 문화를 근본적으로 혁신해야 하는 것도 분명한 것으로 보인다. 김종철은 절박하게 주장한다.

"지금 세계는 벼랑 끝에 있다. (…) 가장 무서운 것은 임박한 생태적 파국이다. (…) 인간은 자기 자신의 소멸을 자초하고 있는 소행성인지도 모른다. (…) 인간이 지구라는 행성에서 살아남으려면 지금 절실한 것은 장기적인 비전과 공생의 윤리이다."

자연 파괴에서 기후 변화에 이르기까지 오늘날 지구의 미래는 암울하다. 장기적 비전과 공생의 윤리를 탐구하는 생태학은 현재의 사상인 동시에 미래의 사상이다. '근대의 어둠'을 올바로 인식하며 그 근본적 해결책을 제대로 추진하기 위해 '정신적 교감의 공동체'를 일궈가야 하는 것은 신념윤리를 가진 지식인들에게 가장 중요한 과제 가운데 하나라고 나는 생각한다.

X. 자연과학

石宙明

나비採集 二十年의 回顧錄

圖書出版 朝陽社

56. 석주명:
《석주명 나비채집 20년의 회고록》과
자연과학의 미래

미국 사회학자 이매뉴얼 월러스틴은 현대성을 '기술의 현대성' 과 '해방의 현대성'으로 구분한 바 있다. 기술의 현대성이란 비행기, 텔레비전, 컴퓨터로 상징되는 서구의 기술적 진보와 지속적 혁신을 뜻한다. 이 기술의 현대성을 이끌었던 이들이 바로 자연과학자들이었다.

한국 현대 지성사에서도 결코 작지 않은 역할을 담당했던 이들은 이러한 자연과학자들이었다. 이 책을 쓰며 안타깝게 생각하는 것은 지난 100년 동안 우리 자연과학자들을 충분히 다루지 못했다는 점이다. 사회학 연구자인 내가 자연과학 공부와 지식이 부족했기 때문이다. 이 장에서 나는 이채로운 한 명의 자연과학자를 살펴보려고 한다. 생물학자 석주명이 바로 그 인물이다.

마흔두 살이라는 짧은 생애 동안 석주명이 남긴 업적은 눈부셨다. 일제강점기와 광복 직후 그는 '나비 학자'로 널리 알려졌다. 하지만 예기치 않은 죽음과 함께 그는 이내 잊혔다. 그런데 1970년대 이후 그는 재발견됐고, 2000년대에 들어와 우리나라를 대표하는 자연과학자들 가운데 한 사람으로 자리매김됐다. 석주명을 다루는 까닭이 여기에 있다.

석주명의 일생과 재발견

석주명의 삶과 학문을 알리는 데 크게 공헌한 이들은 그의 동생인 복식학자 석주선과 언론인 이병철이다. 이병철은 평전《석주명》(1985)을 선구적으로 발표했고, 이후 보완해 다시 내놓음으로써 그의 존재를 널리 알리는 데 결정적으로 기여했다.

학계 안에선 과학사학자 문만용이 〈'조선적 생물학자' 석주명의 나비 분류학〉(1997)을, 철학자 윤용택이《한국의 르네상스인 석주명》(2018)을 발표해 석주명의 연구와 업적을 재발견하는 데 도움을 더했다. 또 석주명선생기념사업회는 2011년 석주명 선생 탄생 103주년 기념학술대회 발표논문들을 묶어《학문 융복합의 선구자 석주명》(2012)을 펴냈다. 이병철의 평전에 따르면 석주명의 일생은 다음과 같다.

석주명은 1908년 평남 평양에서 태어났다. 평양 숭실고보와 개성 송도고보에서 공부했고, 일본 가고시마 고등농림학교 박물과를 졸업했다. 함흥 영생고보를 거쳐 1931년 송도고보 박물교사로 취임해 가르쳤다. 송도고보 교사 시절 그는 우리나라 나비 조사에 몰두

해 그 결과를 발표했다. 그의 연구는 해외에서도 높은 평가를 받았다. 1942년 그는 경성제국대학 의학부 미생물학교실 소속인 개성 생약연구소에서 촉탁으로 일했고, 1943년 제주도에 신설된 생약연구소 제주도 시험장으로 자리를 옮겼다.

1945년 광복 후 석주명은 국립 과학박물관 동물학 연구부장을 맡아 주전공인 나비 연구를 이어나갔다. 1947년에는 조선 나비를 248종으로 최종 분류해 우리말 이름을 지었고, 이를 조선생물학회에 통과시켰다. 석주명의 관심이 나비에만 머문 것은 아니었다. 그는 에스페란토 보급과 제주도 연구에도 기여했고, 한국산악회 부회장을 맡기도 했다. 안타까운 것은 그의 때 이른 사망이었다. 1950년 한국전쟁 와중에 서울에서 술 취한 청년들과 사소한 시비 끝에 피격당해 그는 돌연 세상을 떠났다.

이후 석주명은 한동안 주목받지 못했다. 1964년에 와서 건국공로훈장이 추서됐다. 1960년대 후반부터 그의 유고들이 발간되면서 그의 이름이 다시 알려지기 시작했다. 이 과정에선 석주선의 헌신적인 기여가 매우 컸다. 1980년대 이후 방송에 석주명에 대한 프로그램이 방영되고, 이병철의 평전이 발표되면서 우리 현대 과학사에서 그의 존재는 분명해졌다. 1990년대에 들어와 초등학교 교과서에 석주명에 관한 이야기가 실렸고, 1998년에는 '4월의 문화 인물'로 선정됐다. 2009년 그는 한국과학기술 한림원 명예의 전당에 헌정됐다.

'나비 박사'이자 '한국의 파브르'

《석주명 나비채집 20년의 회고록》은 1992년 석주선이 석주명이 남긴 글들을 편집해 출간한 것이다. 이 책은 신문과 학회지에 발표된 글들과 미발표 원고를 모아 석주명의 연구와 학문에 좀 더 쉽게 다가갈 수 있도록 펴낸 저작이다. 서문 격인 '사랑하는 오빠를 생각하며'에서 석주선은 말한다.

"6·25동란으로 1·4후퇴 시 체온도 미처 가시지 않은 오빠의 원고 배낭만을 등에 메고 진눈깨비 내리는 아수라장 같은 인천부두에서 해군 LST 배에 올라 피란을 떠났던 일이 (…) 내 생명보다 더 귀중한 오빠의 원고가 진눈깨비에 젖는 것이 안타까워 코트를 벗어 배낭을 덮어씌우고 뱃전에서 오들오들 떨던 기억이 아직도 눈에 선합니다."

이 책은 〈나비채집 20년의 회고록〉, 〈국학과 생물학〉, 〈제주도의 여다 현상〉, 〈에스페란토론〉, 〈덕적군도의 학술조사대 보고〉 그리고 '부록'으로 구성돼 있다. 석주명의 학문 세계를 그가 쓴 글들로 직접 엿볼 수 있게 하는 저작이다. 맨 앞에 놓인 글 〈나비채집 20년의 회고록〉에서 그는 자신의 나비 연구를 돌아보며, 한반도는 물론 일본, 중국, 대만의 나비까지 다채롭게 소개한다. 그는 말한다.

"조선산 접류(蝶類)는 약 이백오십종이고 종류마다 조선지도와 세계지도에 기분포(其分布) 상태를 표시했으니 나에게는 이백오십 종류의 분포를 표시한 조선지도와 세계지도가 이백 오십매씩 있다. 이 지도들을 보면 각 종류의 분포 상태를 일견으로 알 수가 있게끔 되어 있다."

문만용은 석주명의 나비 연구를 다음과 같이 요약한다. "자연에 존재하는 나비를 대상으로 한 석주명의 연구는 단순한 목록 작성에서 개체 변이 중요성을 확인하고 동종이명을 제거하는 방향으로 단계적인 발전을 이루었으며, 자연이 아닌 역사 속에 존재하는 나비를 찾는 단계로 나아갔다."

1940년 영어로 출간한 《A Synonymic List of Butterflies of Korea (조선산 접류 총목록)》와 1973년 발간된 《한국산 접류 분포도》는 그의 대표작들이다. 특히 전자의 《조선산 접류 총목록》은 영국 왕립 아시아학회 한국지회 요청을 받아 집필됐고, 석주명이란 이름을 서구 학계에 알리게 했다.

석주명이 남긴 흥미로운 저작이 《조선 나비 이름의 유래기》 (1947)다. '가락지장사', '까마귀 부전', '각씨멧노랑나비'에서 '흰뱀눈나비', '흰점팔랑나비', '흰줄표범나비'까지 그가 주로 지은 나비이름들은 우리말에 대한 그의 감각과 애정을 짐작하게 한다.

길지 않은 생애에서 석주명은 학술논저 128편, 기고문 180편, 유고집 8권을 남겼다. 장시간의 나비 채집까지 포함하면 그는 우리나라 나비 연구에 자신의 모든 것을 걸었다. 윤용택은 석주명이 '나비 박사', '한국의 파브르', '에스페란토 초기운동가', '제주학의 선구자'로 불린다고 지적한 바 있다. 지난 20세기 전반 참혹했던 일제강점기에 우리나라 자연과학을 황량하지 않게 했던 이 경이로운 생물학자를 마땅히 기억하고 기려야 할 이유는 너무도 분명하다.

자연과학의 미래

앞서 말했듯, 서구 현대성을 이끌어온 것은 기술의 현대성과 해방의 현대성이다. 기술의 현대성의 방법적 기초를 놓은 자연과학자들은 해방의 현대성의 담론적 토대를 세운 사회과학자들에게 큰 영향을 미쳤다. 자연과학의 방법 위에 사회과학의 담론이 발전한 셈이다. 이처럼 자연과학은 현대성 발전에서 매우 중요한 위치를 점한다.

2018년 정부는 한국 과학기술 발전에 큰 업적을 남긴 32명의 한국과학기술유공자를 선정해 발표한 바 있다. 석주명은 육종학자 우장춘, 이론물리학자 이휘소 등과 함께 그 명단에 포함됐다. 32명은 한국 현대 과학기술을 주도해온 이들이었다. 《석주명 평전》에서 이병철은 말한다.

"나비 분류지리학을 위한 석주명의 발길은, 20년 동안 우리나라 최북단인 함경북도 온성군 풍서동에서 최남단인 제주도 남쪽 마라도에까지 안 미친 데가 없고, 나라 밖으로는 일본과 몽골, 사할린과 만주 그리고 대만에까지 이르렀다. 그것도 모자라 그는 제자들을 여러 곳에 학교 교사로 파견해 나비를 채집하게 했다."

석주명과 같은 선각자들의 헌신적인 노력이 지난 100년 우리 현대 과학사를 풍요롭게 했던 것으로 보인다. 새로운 대한민국 100년으로 가는 현재, 자연과학과 기술공학의 중요성은 아무리 강조해도 지나침이 없다.

과학기술이 대한민국의 미래를 결정짓는 제일의 관건임은 두말할 필요가 없다. 제4차 산업혁명의 도래와 진전에서 볼 수 있듯,

과학기술 발전을 놓고 나라 간 경쟁은 더욱 치열해질 것이다. 창의
적인 자연과학과 기술공학을 위한 국가와 시민사회의 역할이 더
없이 중요한 시점이라고 나는 생각한다.

57. 최재천:
《최재천의 인간과 동물》과 환경의 미래

이 책에서 개인적으로 미안하게 생각하지 않을 수 없는 지식인들은 자연과학자들이다. 서구 근현대 사상에서 자연과학자의 역할은 매우 중요했다. 아이작 뉴턴에서 알베르트 아인슈타인까지, 찰스 다윈에서 에드워드 윌슨까지, 그리고 토마스 쿤에서 일리야 프리고진까지의 연구들은 서구 현대성에 중대한 영향을 미친 과학사상들이었다.

지난 100년 우리 지성사에서 주목할 자연과학자들은 적지 않다. 2001~2002년 교수신문이 진행한 학술기획 '우리 이론을 재검토한다'에서는 물리학자 장회익의 '온생명' 사상을 조명하기도 했다. 이 장에서 다루려는 자연과학자는 생물학자 최재천이다. 그를 주목하는 까닭은 두 가지다.

첫째, 그는 세계적인 동물학자다. 열대 우림을 누비며 동물행동학을 공부한 그는 민벌레 등 곤충들에 대해 세계적 권위를 갖고 있다. 미국곤충학회의 젊은 과학자상과 대한민국 과학문화상을 받기도 했다.

둘째, 그는 자연과학과 시민과의 소통을 쉼 없이 모색한 지식인이다. 그가 내놓은 베스트셀러들은 '과학의 대중화'를 넘어서 '대중의 과학화'에 크게 이바지했다. 연구와 저술에 중심을 두되 환경에 관한 사회 활동에도 적극적으로 참여한 이가 바로 최재천이다.

최재천의 지적 모험

최재천은 1954년 강원도 강릉에서 태어났다. 서울대와 미국 하버드대에서 동물학을 공부했다. 하버드대·미시간대·서울대에서 가르쳤고, 현재 이화여대 석좌교수로 일하고 있다. 그는 대학 안에서만 활동하지 않았다. 초대 국립생태원장을 지냈고, 기후변화센터 공동대표 등을 맡아왔다.

자연과학자 최재천의 존재를 우리 사회에 널리 알린 것은《개미 제국의 발견》(1999)이다. '소설보다 재미있는 개미사회 이야기'라는 부제가 보여주듯, 고도의 분업에서 치열한 권력투쟁에 이르기까지 그가 펼쳐 보인 개미의 세계는 경이로움 그 자체다.

최재천이 이채로운 자연과학자인 까닭은 학문적 깊이와 대중적 흥미를 겸비한 지식인이라는 데 있다. 사회학자인 내가 최재천의 학문적 기여를 제대로 평가하기는 어렵다. 내가 관심을 둔 것은 대중의 과학화를 위해 최재천이 펴낸 책들이다. 그 가운데 내 시선을 사로잡은 저작들은《최재천의 인간과 동물》(2007),《호모 심비우스》(2011),《다윈 지능》(2012), 그리고 장대익과 함께 우리말로 옮긴 에드워드 윌슨의《통섭》(2005)이다.

《최재천의 인간과 동물》은 동물행동학에 관한 한국교육방송 (EBS) 연속 강의를 바탕으로 한 책이다. 동물행동학의 대학 교재로 사용해도 좋을 풍부한 내용을 알기 쉽고 흥미진진하게 전달한다.

"동물을 연구하다 보면 그들의 행동을 자세히 들여다보게 되는데, 현재의 인간도 진화의 산물이기에 이런 관찰 속에서 인간의 본성을 찾는 데 많은 실마리를 얻을 수 있다고 생각하게 되었습니다. 이것이 바로 동물행동학자들이 동물을 연구하는 궁극적인 목적이지요."

동물행동학에 대한 최재천의 설명이다. 이 책의 장점은 재미와 사고와 성찰을 동시에 안겨준다는 데 있다. 인간 사회와 다름없는 동물들의 세계는 재미를, 그 동물들의 세계로부터 우리 현실을 돌아보는 사고를, 나아가 생명이란 무엇인지에 대한 성찰을 선사하는 책이다.

《호모 심비우스》와《다윈 지능》또한 주목할 만하다.《호모 심비우스》가 극단적 경쟁과 환경 파괴로 인한 미증유의 위기에 맞설 수 있는 새로운 인간형인 호모 심비우스(공생인)를 제안한다면,《다윈 지능》은 다윈 탄생 200주년을 맞이해 다윈의 진화론과 그 발전 과정을 추적한다. 그리고 번역본《통섭》은 생물학을 바탕으로 한 자연과학과 인문·사회과학의 통합을 제시한 논쟁적인 저작이다.

최재천의 기여는 인간보다 지구를 더 오래 지켜온 동물들의 세계에 대한 넓고 깊은 이해를 안겨준다는 데 있다. 그는 협애한 인간 중심의 관점을 넘어서 보편적 생물과 지구적 존재의 관점에서 자연에 대한 창의적이고 통합적인 사유의 모험을 선사해왔다. 이러한 모험은 인문·사회과학이 담론을 주도한 우리 지성사에서 이례적인 것이자 높이 평가받아 마땅한 것이다.

범학문적 통섭의 지식인

우리 사회에서 사회생물학에 관한 관심을 높인 것은 최재천의 또 하나의 기여다. 1990년대에 윌슨의 《사회생물학》, 리처드 도킨스의 《이기적 유전자》, 스티븐 로즈 등의 《우리 유전자 안에 없다》 등이 번역되면서 사회생물학은 국내에서도 선풍적 인기를 끌었다. 이런 사회생물학에 대한 전문적 연구는 물론 대중적 계몽을 주도한 이가 최재천이다.

최재천은 자연과학과 인문·사회과학의 소통을 중시해왔다. 이런 소통에서 특별한 주목을 받을 만한 것은 2009년 서울대 사회과학연구원, 이화여대 통섭원, 한국과학기술학회가 공동으로 개최한 심포지엄 '부분과 전체: 다윈, 사회생물학, 그리고 한국'이다. 이 심포지엄에서 발표된 논문들은 과학저술가 김동광, 정치학자 김세균, 그리고 최재천이 편집해 《사회생물학 대논쟁》으로 출간됐다.

이 저작은 사회생물학의 환원주의, 생물학 관점에서의 문화에 대한 설명, 사회생물학의 국내 수용을 다룬다. 논문 발표자들은 물

론 책의 편집자들 역시 서로 다른 견해를 내놓는다. 김세균이 사회
과학자답게 생물학적 환원주의는 배격돼야 한다고 주장한다면,
최재천은 자연과학자답게 사회생물학에 우호적인 견해를 제시한
다. 최채천은 말한다. "모든 생명 현상은 유전자가 깔아놓은 멍석
위에서 벌어질 수밖에 없다. 인간 문화 역시 궁극적으로는 긴 유전
자의 팔 안에 있는 셈이다."

동물행동학으로 학문적 여정을 시작한 최재천의 호칭은 여럿
이다. 사회생물학자, 진화생물학자, 동물학자, 생물학자 등 그가 활
동을 펼쳐온 영역은 넓다. 그는 최용상과 함께 《기후변화 교과서》
를 편집한 뛰어난 생태학자이기도 하다. 통섭(統攝, consilience)이란
분과학문의 경계를 넘어서 자연과학과 인문·사회과학을 새롭게
통합한다는 의미를 갖는다. 최재천은 학문의 경계를 허물고 일관된
이론의 실로 모두를 꿰려고 한 범학문적 통섭의 탁월한 지식인이
라고 나는 생각한다.

환경의 미래

생태학이란 말을 주조한 이는 독일 생물학자 에른스트 헤켈이
다. 생물들이 서로 환경을 형성하고 결합하면서 어떻게 살아가는지
를 다루는 생물학의 한 분야다. 오늘날 생태학은 자연과학은 물론
인문·사회과학에도 널리 쓰인다. 인간, 사회와 함께 세계를 구성하
는 제3의 영역인 환경으로서의 자연에 대한 관심이 높아졌기 때문
이다.

지구의 환경을 보호해야 할 이유는 분명하다. 대기·수질·토양

오염은 물론 생물다양성 감소와 기후 변화를 더 이상 이렇게 놓아 둘 순 없다. 현재의 환경위기는 과거의 환경위기와 다르다. 과거의 위기가 자연의 순환에 내재됐다면, 우리 인간이 초래한 현재의 위기는 인류의 미래를 위태롭게 한다.

지구 환경의 위기로부터 벗어나기 위해선 두 가지가 중요하다. 첫째, 환경을 대하는 태도 및 사고방식의 변화가 이뤄져야 한다. 인간과 자연을 분리시키고 자연을 인간의 욕구 충족 수단으로만 생각하는 한 환경위기는 해결될 수 없다. 자연과 인간이 하나의 생물권을 이루는 동등한 존재라는 생태학적 자기계몽이 요구된다.

최재천은 말한다. 인간은 "다른 동물과 다르지만, (…) 그렇게 많이 다른 것이 아닙니다. (…) 지구의 역사를 하루로 본다면 태어난 지 몇 초밖에 안 되는 동물입니다. 게다가 몇 초 만에 사라질지도 모른다는 것이 생물학자들의 생각입니다." 최재천은 하나밖에 없는 이 지구에서 우리 인간이 동물, 식물과 함께 살아가는 지혜를 가져야 한다고 충고한다.

둘째, 기후변화 대책을 포함해 지구 환경을 보호하려는 제도적 실천이 이뤄져야 한다. 환경파괴적 산업구조와 기술체계가 유지되는 한 환경 보호를 위한 노력은 미봉책에 머물 가능성이 높다. 지구 환경이 처한 현실을 객관적으로 인식하고 이를 근본적으로 해결할 구조적 방안을 추진해야 한다.

이 지구는 현재 세대만을 위한 것이 아니다. 지구는 다음 세대를 위해서도 존재하며, 살아 있는 모든 존재의 공유물이기도 하다. 환경을 보호하고 생명을 존중하려는 생태학적 사유와 실천은 축복받은 행성 지구의 지속가능성을 위한 필요조건이다. 이 아름다운 생명의 지구를 지켜야 하는 것이 우리 인류에게 부여된 더없이 중대한 미래 과제임은 너무나도 분명하다고 나는 생각한다.

XI. 밖으로부터의 시선

58. 강상중:
《동북아시아 공동의 집을 향하여》와
동북아의 미래

19세기 중반부터 우리 한민족은 농민, 노동자, 강제 징용, 이민 등으로 다른 나라로 이주했다. 해외에 살고 있는 한국인 혈통의 사람들인 '코리안 디아스포라'는 현재 750만 명에 이른다. 지난 100년 우리 지성사에서 주목할 한 그룹은 이 코리안 디아스포라 출신의 지식인들이다.

강상중은 재일 디아스포라 지식인이다. 일본에서 태어나 활동해온 그는 일본 지식사회는 물론 우리 지식사회에서 작지 않은 관심을 모아왔다. 그는 한국 국적자로 도쿄대학 최초의 정교수가 됐고, 오리엔탈리즘, 민족주의, 동북아시아에 대한 주목할 저작들을 잇달아 발표했다. 이 책에서 강상중을 다루는 첫 번째 까닭이다.

지난 100년 우리 지성사의 공간을 한반도에 국한할 필요는 없다. 지식은 본디 특수하면서도 보편적이다. 더구나 지난 20세기 후반 이후 빠른 속도로 진행해온 지식의 세계화에서 디아스포라 지식인들은 한국 지식사회와 세계 지식사회 사이에 가교의 역할을 담당하고 있다. 강상중을 다루는 두 번째 까닭이다.

오리엔탈리즘과 민족주의를 넘어서

강상중은 1950년 일본 구마모토현에서 태어났다. 와세다대와 독일 뉘른베르크대에서 정치학을 공부했고, 도쿄대에서 가르쳤다. 그는 문제적인 전문 연구서와 대중 에세이집을 발표함으로써 '지식 스타'로 부상했다. 도쿄대를 떠나 세이카쿠인대로 자리를 옮긴 그는 이 대학 학장을 맡기도 했다.

강상중이란 존재를 우리 사회에 널리 알린 책은 그의 베스트셀러 《고민하는 힘》(2009)이었다. 그러나 이에 앞서 《오리엔탈리즘을 넘어서》(1996)는 우리 지식사회에서 상당한 주목을 받았다. 이 책은 에드워드 사이드의 오리엔탈리즘 이론에 입각해 근대 일본의 정체성에 대한 역사적 탐구를 시도한 저작이다. 강상중은 말한다.

"미국에서 활약하는 이 팔레스타인 지식인은 실로 강력한 청소기로 내 머릿속에 쌓인 먼지를 빨아들이듯 그때까지 안개가 싸인 것만 같던 나의 의문을 말끔히 거두어 가주었던 것이다. 그 상쾌한 체험을 통해서 나는 민족주의적인 입장에서 근대와 식민지주의 문제에 접근하기보다는 좀 더 보편적인 컨텍스트 가운데서 그 문제를 근원적으로 생각할 확실한 예감 같은 것을 느끼게 되었다."

강상중이 겨냥한 것은 '일본적 오리엔탈리즘'이다. 그에 따르면, 사이드가 분석한 동양에 대한 서양의 우월주의가 일본에선 동양에 대한 일본의 우월주의로 재현됐다. 강상중이 도달한 결론은 아시아 또는 동양이란 바로 일본의 제국주의적 침략에 의해 형성된 지역적 질서를 지칭하고, 동양에 대한 이런 일본식 식민주의 담론은 전후에도 계속해 그 영향력을 발휘해왔다는 점이다. 일본적 오리엔탈리즘에 대한 이러한 분석은 일본 식민주의 담론에 대한 근본적인 비판이라는 점에서 우리 지식사회에도 안겨준 의미가 작지 않다.

《내셔널리즘》(2001)도 주목할 만한 강상중의 책이다. 이 저작에서 강상중은 일본 네오내셔널리즘의 사상적 계보를 추적한다. 그는 민족주의를 '상상된 공동체의 의식'으로 파악하는 국제정치학자 베네딕트 앤더슨의 이론으로부터 큰 영향을 받았다. 민족적 공동체를 특권화시키는 이러한 근대 민족주의가 가져오는 차별, 억압, 전쟁 등과 같은 그늘을 강상중은 우려한다. 협애한 민족주의의 구속을 넘어선 개방적 탈민족주의의 상상력을 요청하는 그의 결론은 민족주의와 국가주의를 비판할 수 있는 유용한 통찰을 선사한다.

역사학자 임성모는《내셔널리즘》의 우리말 번역본 '옮긴이의 말'에서 강상중을 '일본 네오내셔널리즘의 황야에서 기만의 폭풍에 맞서 고군분투하고 있는 디아스포라 지식인'이라고 평가한다.

민족주의를 부정적으로만 볼 필요는 없다. 그러나 민족주의가 지구적 차원에서 다른 민족의 차별과 같은 나라 안에서 소수 민족의 억압을 정당화하는 이데올로기로 기능할 수 있다는 점 또한 주목해야 한다.

동북아 공동의 집을 향한 꿈

강상중의 담론이 식민주의와 민족주의에만 머문 것은 아니었다. 강상중은 2001년 일본 중의원의 헌법조사회에서 '동북아시아 공동의 집'에 대한 구상을 발표하고 토론한 바 있다. 이를 주요 텍스트로 삼고 동북아의 평화와 번영에 관한 글들을 묶은 저작이 《동북아시아 공동의 집을 향하여》(2001)다. 강상중은 일본의 현실을 진단하고 자신의 구상을 피력한다.

"정치가 마이너스 섬(부의 감소)을 강요하는 시대이기 때문에 더더욱 21세기를 향한 유연한 구상력이 있는 정치가 필요하지 않을까 하고 생각합니다. 이 비전을 한마디로 '동북아시아 공동의 집'이라고 부르고 싶습니다. (…) 21세기를 향한 동북아시아의 공동의 집이 가능할 수도 있다는 것을 일본의 입장에서 깊이 검토하고 일본이 무엇을 해야 할 것인가를 생각해 주시기를 바라면서 오늘 말씀드리려고 합니다."

평화와 번영으로 향하는 동북아시아 공동의 집을 위해 강상중이 일본 사회에 제안하는 전략들은 다양하다. 기존의 종속관계에서 대등한 미일 동반자관계로의 전환과 아시아 국가들과의 다극적 안전보장, 불량 채권 처리와 구조개혁, 한반도의 영세중립화, 북일교섭과 납치의혹·미사일문제를 동시 병행하는 투 트랙, '2(남북한) 더하기 2(미국·중국) 더하기 2(일본·러시아)'의 다양한 국제기관들의 서울 유치 등이 그것들이다. 여기에 더해 강상중은 21세기 일본 정치의 구체적인 과제들을 제시한 다음, 일본 사회가 다민족·다문화사회로 나아가야 한다는 결론을 이끌어낸다.

이러한 강상중의 구상은 동북아의 상황을 고려할 때 소망적 사고에 가깝다. 21세기에 들어와 동북아 국가들 사이에선 긴장과 갈등이 외려 고조돼 왔기 때문이다. 그러나 그의 구상은 두 가지 점에서 여전히 현재적인 의미를 갖는다. 첫째, 강상중은 일본의 우경화를 경고하고 일본 정치의 개혁을 요구한다. 둘째, 동북아의 미래를 고려할 때 이 지역의 안정적인 평화와 번영은 중장기적 차원의 매우 중대한 과제라 할 수 있다.

그동안 강상중의 이론과 분석에 대한 비판이 없지 않았다. 또 다른 재일 디아스포라 지식인인 윤건차는 강상중이 천황제, 인종차별주의, 종군위안부 문제 등을 거의 다루지 않는다고 지적한다. 탈민족주의적 상상력을 요청하지만 현실의 지평에 존재하는 현안들을 회피하는 이중적 태도를 윤건차는 날카롭게 비판한다. 국문학자 권성우가 평가하듯, 강상중의 담론은 포스트모더니즘과 포스트콜로니얼리즘의 한계에 대한 성찰을 결여하고 있다고 볼 수 있다.

이 장에 이어 나는 미국에서 활동하는 신기욱과 영국에서 활동하는 장하준을 연달아 다룰 것이다. 장하준, 신기욱, 강상중과 같은 디아스포라 지식인들의 존재는 우리 현대 지성사의 영역을 넓혀왔다. 지난 30년 동안 강상중은 일본 민족주의와 국가주의의 그늘을 비판하고, 나아가 동북아의 평화와 번영을 모색해왔다. 이러한 강상중의 지적 모험은 지난 100년 우리 지성사를 한층 풍요롭게 해온 것으로 평가할 수 있다.

동북아의 미래

강상중은 《동북아시아 공동의 집을 향하여》 한국어판 서문에서 한반도 평화 공존의 중요성을 설파한다. 남북한의 공존과 평화는 동북아의 다극적인 국제협력 없이 실현될 수 없고, 거꾸로 남북통일의 전망이 열리는 게 동북아의 국제적 협조에 필수불가결하다고 그는 말한다. 한반도 평화와 동북아 평화가 서로의 조건을 이루는 셈이다.

오늘날 적지 않은 이들은 21세기가 '아시아의 시대'가 될 것이라고 전망하고 있다. 이 아시아의 시대를 이끌 주역은 의당 동북아시아다. 최근 중국의 거센 도전이 상징하듯, 아시아의 시대는 점점 구체적인 현실로 다가오고 있다.

분명한 것은 이러한 시대적 전환이 자연스럽게 이뤄지지 않을 것이라는 점이다. 20세기 미국의 시대에서 21세기 아시아의 시대로 장기적으로 변화하는 과정에서 미국과 중국의 패권 경쟁이 격렬해질 가능성이 높다. 최근 미중 무역전쟁은 단적인 사례다. 여기에 더해, 동북아 안에는 국가들 사이에 과거사, 영토, 미국과의 관계 등 여러 문제가 복합적으로 얽혀 있다.

주목할 것은 아시아 시대의 개막에서 우리나라의 역할이다.

동북아라는 지정학적이고 지경학적인 조건은 우리 미래의 생존과 번영을 위한 구조적 배경을 이루고 있다. 이러한 구조적 강제 아래 동북아의 평화와 아시아의 번영을 위한 최선의 전략적 선택을 어떻게 강구할 것인지는 우리 사회의 미래에 부여된 매우 중대한 대외적 과제라고 나는 생각한다.

한국 **민족주의의**
계보와 정치

신기욱 지음

이진준 옮김

창비
Changbi Publishers

59. 신기욱:
《한국 민족주의의 계보와 정치》와
지식인의 미래 ④

지식의 본질적 속성 중 하나는 개별 국민국가의 경계를 넘어 선다는 점이다. 자연과학과 인문·사회과학 모두 보편성과 일반 성을 추구하기 때문이다. 이러한 지식의 속성은 지식인의 국제적 이동을 활발히 촉진시켰고, 이러한 경향은 세계화 시대를 맞이하 여 더욱 강화돼왔다. 이 장에서 주목하는 신기욱은 바로 그런 지 식과 지식인의 세계화를 보여주는 인물이다.

신기욱을 다루는 까닭은 두 가지다. 첫째, 그는 미국에서 활동 해온 뛰어난 한국학자다. 다른 나라에서 우리 역사와 사회를 연구 하는 것을 한국학이라 부른다. 한국학이 가장 크게 발달한 곳은 미국이다. 오랜 한미관계의 역사와 동아시아에 대한 미국의 관 심은 자연스레 한국학을 활성화했다. 신기욱은 브루스 커밍스, 제임스 팔레 등을 이은 대표적인 한국학자이자 동북아 국제관계 전문가다.

둘째, 그는 민족주의에 대한 탁월한 사회학자다. 민족주의는 자본주의, 민주주의와 함께 현대성의 핵심 요소를 이뤄왔다. 특히 우리나라의 경우 일제 식민주의에 맞서는 투쟁 이념으로 민족주의가 갖는 함의는 각별했다. 광복 이후 민족주의는 현대성의 형성 과정에도 지대한 영향을 미쳤다. 신기욱의 민족주의 연구는 우리나라 밖에서 우리 사회 민족주의를 분석하는 외부로부터의 시각을 대변하고 대표한다.

식민지 근대성의 탐구

신기욱은 1961년 경기도 부천에서 태어났다. 연세대 사회학과를 졸업하고 미국으로 건너가 워싱턴대에서 사회학을 공부한 다음 아이오와대, 캘리포니아주립대(UCLA)를 거쳐 스탠퍼드대에서 사회학을 가르쳐왔다. 또 그는 스탠퍼드대 아시아·태평양연구소 소장을 맡아 한미관계, 남북관계, 동북아 국제관계를 연구해왔다. 사회학과 국제관계는 그의 학문적 정체성을 이루는 양대 분야라 할 수 있다.

신기욱은 일제강점기 사회운동을 주제로 박사학위 논문을 썼다. 신기욱이라는 이름이 국내 지식사회에 알려지기 시작한 것은 그가 한국학자 마이클 로빈슨과 함께 편집한 《한국의 식민지 근대성(Colonial Modernity in Korea)》(2001)을 발표하면서부터였다. 우리말 번역본에는 '내재적 발전론과 식민지 근대화론을 넘어서'라는 부제가 달려 있다.

《한국의 식민지 근대성》이 주목받은 까닭은 식민지 시대를 탈민족주의적 시각에서 접근하고 분석하는 데 있다. 이 책의 저자 다수는 '식민지 수탈론'과 '식민지 근대화론'을 모두 비판하는 관점을 취한다. 그리고 식민지 지배를 위한 헤게모니가 어떻게 형성되고, 그 과정에서 정체성이 어떻게 변화되는지를 추적한다.

이 저작은, 신기욱과 로빈슨이 밝히듯, "민족주의 거대 담론의 볼모로 잡혀 있는 역사 주체들과 침묵을 강요당한 목소리들을 복원함으로써 보다 복잡하고 미묘한 식민지 사회상"을 재현하는 데 기여한 것으로 보인다. 하지만 동시에, 이 책을 번역한 도면회가 지적하듯, '식민주의'보다는 '근대성' 분석에 치중하고 있는 문제를 안고 있는 것으로도 보인다.

한국의 종족적 민족주의

《한국 민족주의의 계보와 정치(Ethnic Nationalism in Korea)》(2006)는 신기욱의 대표 저작이다. 민족주의의 다양한 이론적 토론을 바탕으로 신기욱은 한국 민족주의의 역사·정치·유산을 분석하고 그 미래를 전망한다. 민족주의를 주목한 까닭에 대해 그는 말한다.

"과연 한국사회를 움직이는 원리는 무엇일까. (…) 유교주의, 가족주의, 집단주의를 한국사회의 구성원리로 거론하지만 내게는 어딘가 만족스럽지 못했다. (…) 한국사회를 이해하는 가장 중요한 원리는 혈연에 기인한 단일민족주의 내지 의식이다. 특히 한국인의 단일민족주의를 이해하지 않고는 20세기 한국사회와 정치의 변화를 제대로 읽을 수 없다고 생각했다."

신기욱은 한국 민족주의를 '종족적 민족주의(ethnic nationalism)'로 파악한다. 종족적 민족주의는 혈통과 인종이라는 생물학적 특성을 부각시키는 담론이다.

주목할 것은 종족적 민족주의에 내재한 양면성이다. 신기욱에 따르면, 종족적 민족주의는 한편에서 반식민주의와 반제국주의의 이데올로기로 기능했을 뿐만 아니라 산업화를 위한 '개발 윤리'의 기초를 이뤘고, 나아가 통일 과정에서도 통합의 역할을 수행할 수 있다. 하지만 다른 한편에서 종족적 민족주의는 경쟁 관계에 있는 다른 정체성들을 주변화시키거나 억압함으로써 인권과 시민권의 침해를 정당화했다.

세계화 시대를 맞이해 신기욱은 종족적 민족주의의 한계를 극복해야 한다고 말한다. "한국인들에게는 단순히 잘못된 통합을 장려하고 그것에 대한 순응을 강화하는 경향이 있는 인종의식에 호소하기보다는 대중 사이의 다양성과 유연성을 허용해 줄 민주적 민족정체성을 촉진할 제도적 틀이 필요하다. 한국인들은 단순히 종족적 한국동포로서가 아니라 민주적 정치조직의 평등한 시민으로서 함께 살 수 있는 사회를 상상해야 한다."

요컨대, 신기욱은 민주주의의 상상력을 강조한다. 민족주의에 내재된 배타성과 억압성을 극복하기 위해선 그 출신이 어느 나라든 모두가 민주주의 사회의 평등한 시민으로 더불어 생활할 수 있도록 제도 개혁과 문화 혁신을 동시에 이뤄야 한다는 게 그의 결론이다. 위태로운 인종적 민족주의에 대한, 미래의 통일 한국이 가져야 할 통합의 민족주의에 대한 신기욱의 이러한 충고는 한국 민족주의와 민주주의가 이론적·실천적으로 숙고할 내용을 담고 있다고 볼 수 있다.

《한국 민족주의의 계보와 정치》이후 신기욱은 한미관계와 남북관계를 다룬 저작들을 잇달아 발표했다.《하나의 동맹, 두 개의 렌즈(One Alliance, Two Lenses)》(2010)가 한미동맹에 대한 한국의 렌즈와 미국의 렌즈를 비교한다면, 한국학자 데이비드 스트로브, 조이스 리와 함께 쓴《남북관계, 어떻게 풀어야 하는가(Tailored Engagement)》(2014)는 대북정책에서 효과적이고 지속 가능한 맞춤형 '인게이지먼트' 로드맵을 제시한다. 그는 한국이 강대국들 사이에 낀 '새우'가 아니라 이제 '돌고래'가 돼야 한다고 주장한다. 중견국가로서의 한국의 적극적 역할을 주문하는 게 그의 '돌고래 외교론'이다.

신기욱은 한국에서 태어나 미국에서 활동한 '외부의 지식인'으로서의 삶을 살아왔다. 우리 사회 문제를 파악하는 시각이 하나일 순 없다. 외부의 지식인이 제안하는 '외부로부터의 시각'은 우리 사회 문제를 분석하고 대안을 마련해온 '내부로부터의 시각'에 넓이와 깊이를 더한다. 우리 학문과 사상에 대한 신기욱의 기여는 바로 여기에 있다고 나는 생각한다.

지식인의 미래 ④

신기욱의 삶은 지식인의 세계화를 돌아보게 한다. 지식인이 자신이 태어난 곳을 떠나 다른 나라에서 활동하는 것은 오랜 역사를 갖는다. 서양에서 고대 그리스 지식인들은 지중해 각 지역에서 자유롭게 활동했다. 동아시아에서 중국 춘추전국시대 지식인들은 여러 나라를 유랑하면서 자신의 학설을 다채롭게 펼쳤다. 지식이 보편적이듯 지식인 역시 세계적인 존재다.

"자기 고향을 아름답다고 생각하는 사람은 아직도 상냥한 초보자다. 모든 땅을 자신의 고향으로 보는 사람은 이미 강한 사람이다. 그러나 전 세계를 하나의 타향으로 보는 사람은 완벽하다."

12세기에 서유럽에서 활동했던 성 빅토르 수도원의 위고가 남긴 말이다. 이 말에 담긴 의미가 외부로부터의 시각이 내부로부터의 시각보다 더 탁월하다는 점을 강조하려는 데 있는 것은 아니다. 외부로부터의 시각은 내부로부터의 시각이 갖는 역사적 특수성에 대한 분석적 섬세함이 부족할 수 있다. 위고의 말에 담긴 메시지는 분석 대상인 사회에 대해 지식인이 가져야 할 거리와 그 거리 속에서 이뤄져야 할 성찰의 중요성에서 찾을 수 있다.

21세기에 세계화가 비가역적인 한, 지식인의 세계화 현상 또한 갈수록 두드러질 것이다. 신기욱은 "한국의 역사와 문화, 사회를 미국 등 서구사회에 제대로 소개하고, 한미 간의 상호이해를 높이고 교류도 활성화하는" 일이 지식인으로서의 자신에게 부여된 역할이라고 말한 바 있다.

다가올 미래 100년 우리 지성사에서 지식과 지식인의 세계화 경향은 더욱 증대할 것이다. 자연과학은 이미 보편화돼 있고, 인문·사회과학에서도 국가 간 비교 연구와 지구적 차원의 학문 교류가 더욱 활발히 이뤄질 것이다. 지식과 지식인의 세계화가 이렇게 진행되는 과정에서 우리 학문과 사상은 더욱 넓어지고 깊어질 것이라고 나는 생각한다.

60. 장하준:
《사다리 걷어차기》와 세계화의 미래

지난 100년 우리 지식인들의 무대를 국내에 한정할 필요는 없다. 유학을 가서 그 나라에 머물며 연구를 계속하거나 외국에서 태어나 그곳에서 자신의 학문을 일구어 국제적으로 높은 평가를 받은 학자들이 적지 않다. 대표적인 인물들로는 앞서 살펴본 일본의 강상중과 미국의 신기욱, 그리고 영국의 장하준을 꼽을 수 있다. 이 가운데 가장 널리 알려진 이는 경제학자 장하준일 것이다.

지난 100년의 지성사에서 상대적으로 젊은 지식인인 장하준을 여기서 다루는 까닭은 두 가지다. 첫째, 장하준은 뛰어난 경제학자다. 1963년 서울에서 태어나 서울대를 졸업하고 영국 캠브리지대로 유학을 가 석사와 박사를 마친 다음 1990년부터 캠브리지대 교수로 학생들을 가르쳤다. 2003년 뮈르달상과 2005년 레온티에프상을 연거푸 수상함으로써 세계적인 경제학자로 부상했다.

둘째, 장하준은 시민들과의 소통이 활발한 경제학자다. 2002년 영어로 발표한《사다리 걷어차기》를 위시해 그가 출간한《나쁜 사마리아인들》(2007),《그들이 말하지 않는 23가지》(2010),《장하준의 경제학 강의》(2014) 등은 지식사회는 물론 시민사회에서 큰 관심을 모았다. 그는 전문적인 경제학 원리를 분명하면서도 이해하기 쉽게 전달하는 글쓰기 능력을 갖춘 이례적인 경제학자다. 전문성과 대중성을 동시에 성취한 사회과학자가 다름 아닌 장하준이다.

사다리를 걷어차는 선진국

장하준이라는 이름을 우리 사회에 본격적으로 알린 저작은《사다리 걷어차기》다. 이 책에서 장하준이 주목하는 것은 오늘날 선진국이 후진국에 강제하는 정책 및 제도가 과거 자신의 경험과는 정작 무관한, 외려 그 반대인 경우가 많다는 사실이다.

장하준은 일반적으로 받아들여지고 있는 경제학적 생각들에 의문을 표한다. 예를 들어, 재산권 보호가 경제발전의 전제이고, 적극적 산업정책은 결국 경제발전에 부정적인 영향을 미치며, 신자유주의가 경제성장을 이뤄낼 수 있다는 가정들에 대해 그는 역사적 진실을 파헤침으로써 그 통념들에 이의를 제기한다.

'사다리 걷어차기(Kicking away the ladder)'란 말을 처음 쓴 이는 독일 경제학자 프리드리히 리스트다. 리스트는 영국 경제학자 데이비드 리카도의 자유무역론에 맞서 보호무역론을 주창했다. 장하준은 리스트의 말을 인용한다.

"사다리를 타고 정상에 오른 사람이 그 사다리를 걷어차 버리는 것은 다른 이들이 그 뒤를 이어 정상에 오를 수단을 빼앗아 버리는 행위로, 매우 잘 알려진 교활한 방법이다."

미국을 위시해 오늘날 세계경제를 주도하는 국가들은 시장주의와 자유무역이 아니라 국가개입과 보호무역을 통해 선진국이 됐고, 사다리 걷어차기를 통해 후진국과의 경제적 격차를 유지해왔다는 게 장하준의 주장이다.

비교역사적 관점에서 장하준은 선진국에서 신흥공업국에 이르는 국가들의 산업·무역·기술정책이 경제 성장과 산업화를 가능하게 한 요인임을 주목한다. 그리고 재산권 보호 제도, 기업 지배구조 제도, 금융 제도, 사회복지와 노동 제도가 성장과 산업화의 원인이 아니라 결과라는 제도 발전의 역사를 추적한다.

이러한 분석을 통해 장하준이 전하려는 것은, 1980년대 이후 광범위하게 유포된 신자유주의에 대한 신뢰가 근거 없는 맹목적 믿음에 불과하고 경제적 성공이 아닌 실패로 귀결될 것이라는 경고다. 이 책이 출간된 지 6년 후 2008년 금융위기를 통해 신자유주의가 위기에 처한 것을 돌아보면 장하준의 통찰은 선구적이었다.

학문과 계몽에서 모두 탁월한 경제학자

《사다리 걷어차기》이후 장하준은 잇달아 문제작들을 내놓았다. 《나쁜 사마리아인들》과 《그들이 말하지 않는 23가지》는 베스트셀러를 기록할 만큼 관심이 뜨거웠다. 장하준이 말하는 나쁜 사마리아인들이란 선진국들을 지칭한다. 《나쁜 사마리아인들》은 보호무역주의를 통해 산업화에 성공했음에도 개발도상국에는 자유무역주의를 요구하는 선진국의 이중성을 날카롭게 비판한다.

《그들이 말하지 않는 23가지》는 구성부터 흥미롭다. 그릇된 경제 이론 또는 지식을 바로잡으려는 23가지 명제로 이뤄져 있다. '자유시장이라는 것은 없다', '기업은 소유주 이익을 위해 경영하면 안 된다', '자유시장 정책으로 부자가 된 나라는 거의 없다', '자본에도 국적은 있다', '부자를 더 부자로 만든다고 우리 모두 부자가 되는 것은 아니다', '우리는 모든 것을 시장에 맡겨도 될 정도로 영리하지 못하다', '좋은 경제정책을 세우는 데 좋은 경제학자가 필요한 건 아니다' 등 흥미진진한 주장을 알기 쉽고 설득력 있게 설명한다.

장하준이 이러한 연구들을 통해 전달하려는 경제학적 메시지는 크게 보아 두 가지다. 경제발전을 위해 개발도상국은 자유무역 정책이 아니라 보호무역 정책을 추진해야 한다는 게 하나라면, 성장과 분배를 위해서는 신자유주의 정책이 아니라 복지국가 정책을 강구해야 한다는 게 다른 하나다.

장하준 경제학에 대한 고평은 국내외에서 두루 이뤄졌다. 《사다리 걷어차기》는 신고전학파 경제학에 대한 대안을 제시한 이에게 수여하는 뮈르달상을 안겨줬다. 《그들이 말하지 않는 23가지》에 대해 경제학자 이병천은 우리 시대 경제 시민을 위한 훌륭한 길잡이라고 칭찬했고, 경제학자 이근식은 신자유주의에 대한 장하준 비판의 결정판이라고 평가했다. 이근식은 물론 장하준의 주장이 시장만능주의를 대신해 국가만능주의로 흐를 위험성이 있음을 우려하기도 했다.

군이 분류한다면 장하준은 제도주의 경제학자다. 제도주의 경제학은 경제를 분석하는 데 사회 제도 및 환경을 중시하는 접근을 말한다. 시장주의에 입각한 주류경제학의 시각에서는 장하준의 연구 결과에 동의하지 않을 수 있다. 그러나 경제는 기본적으로 정치와 문화를 포함한 사회 안에 놓여 있고, 경제와 사회 간의 상호작용이 중요하다는 점을 고려할 때 장하준의 연구는 사회과학 전반에서 주목받아 마땅하다.

장하준은 2014년 영국 정치평론지 《프로스펙트》가 선정한 '올해의 사상가 50인' 가운데 9위에 올랐다. 그동안 미국과 유럽에서 활동한 우리나라 지식인들이 적지 않았지만, 장하준만큼 국제적 명성을 누려온 이를 찾기는 어렵다. 경제학의 학문적 발전은 물론 시민적 계몽에서 앞으로 장하준의 더욱 왕성한 활동을 기대하는 이가 나만은 아닐 것이다.

세계화의 미래

《장하준의 경제학 강의》에서 장하준은 말한다. "초고속 세계화가 진행된 지난 30여 년 사이 경제 성장은 둔화되었고, 불평등이 증가했으며, 대부분의 나라가 금융위기를 더 빈번히 겪어야 했다." 바야흐로 세계경제는 2008년 금융위기 이후 신자유주의에서

'포스트 신자유주의'로 이동해왔다.

이 포스트 신자유주의를 무엇보다 특징짓는 것은 불확실성이다. 사회학자 콜린 크라우치의 주장처럼 신자유주의는 쉽게 사멸하지 않는다. 그렇다고 신자유주의가 금융위기 이전처럼 지구적 표준으로서의 영향력을 계속 행사하는 것도 아니다. 저성장과 불평등 경향이 두드러지는 '뉴노멀' 시대가 열려온 셈이다. 이 와중에 세계경제 헤게모니를 놓고 미국과 중국 간의 경제 전쟁이 본격화됐다.

오늘날 세계경제의 미래를 예측하기는 어렵다. 불확실성의 시대임에도 불구하고 몇 가지 경향은 분명해 보인다. 첫째, 세계화는 계속 강화될 것이다. 정보사회의 진전이 비가역적인 한 경제의 지구적 네트워크는 더욱 촘촘해지고 긴밀해질 것으로 보인다. 둘째, 'AMI(Advanced Manufacturing Initiative)', '인더스트리 4.0', '소사이어티 5.0'으로도 불리는 제4차 산업혁명이 경제를 주도하는 동력이 될 것이다. 인공지능 등으로 대표되는 이 새로운 기술혁명은 중장기적으로 경제는 물론 정치·사회를 크게 뒤바꾸어 놓을 것으로 보인다. 셋째, 이러한 미래의 진행에서 정부의 분배와 복지정책이 적극적으로 추진되지 않는다면 사회 불평등은 점점 증가할 것이다. 21세기가 경제학자 토마 피케티의 우려처럼 세습자본주의가 더욱 공고화되는 세기가 될 가능성을 배제하기 어렵다.

"미래는 이미 와 있다. 단지 널리 퍼져 있지 않을 뿐이다." SF 소설가 윌리엄 깁슨의 말이다. 불확실한 미래를 두려워만 할 필요는 없다. 하지만 그렇다고 미래에의 대비를 게을리해서도 안 된다. 세계화, 제4차 산업혁명, 불평등에 어떻게 대응하느냐에 우리 경제의 미래가 달려 있다고 나는 생각한다.

현대 한국 지성의 모험

100년의 기억,
100년의 미래

김호기 지음

초판 1쇄 2020년 9월 20일 발행

ISBN 979-11-5706-202-7 (03100)

만든사람들

기획편집	한진우
편집도움	이상희
디자인	this-cover
마케팅	김성현 김규리
인쇄	천광인쇄사

펴낸이	김현종
펴낸곳	(주)메디치미디어
경영지원	전선정 김유라
등록일	2008년 8월 20일 제300-2008-76호
주소	서울시 종로구 사직로 9길 22 2층
	(필운동 32-1)
전화	02-735-3308
팩스	02-735-3309
이메일	medici@medicimedia.co.kr
페이스북	facebook.com/medicimedia
인스타그램	@medicimedia
홈페이지	www.medicimedia.co.kr

이 도서의 국립중앙도서관 출판예정도서목록(CIP)은
서지정보유통지원시스템 홈페이지(http://seoji.nl.go.kr)와
국가자료종합목록시스템(http://www.nl.go.kr/kolisnet)에서
이용하실 수 있습니다. (CIP제어번호: CIP2020035216)